utb 5898

Eine Arbeitsgemeinschaft der Verlage

Brill | Schöningh – Fink · Paderborn
Brill | Vandenhoeck & Ruprecht · Göttingen – Böhlau · Wien · Köln
Verlag Barbara Budrich · Opladen · Toronto
facultas · Wien
Haupt Verlag · Bern
Verlag Julius Klinkhardt · Bad Heilbrunn
Mohr Siebeck · Tübingen
Narr Francke Attempto Verlag – expert verlag · Tübingen
Psychiatrie Verlag · Köln
Ernst Reinhardt Verlag · München
transcript Verlag · Bielefeld
Verlag Eugen Ulmer · Stuttgart
UVK Verlag · München
Waxmann · Münster · New York
wbv Publikation · Bielefeld
Wochenschau Verlag · Frankfurt am Main

Psychologie für Lehramtsstudierende

herausgegeben von Heike M. Buhl und Katrin B. Klingsieck

Julian Roelle · Andreas Lachner · Svenja Heitmann

Lernen

Theorien und Techniken

BRILL | SCHÖNINGH

*Die Autor*innen*
Julian Roelle hat in Freiburg Psychologie studiert und in Bielefeld promoviert und habilitiert. Er ist Inhaber einer Professur für Bildungspsychologie an der Ruhr-Universität Bochum. Zentrale Forschungsschwerpunkte sind die Förderung selbstregulierten Lernens mittels des Lerntagebuchs, das Zusammenspiel von Wissenskonstruktion und Abrufübung beim Lernen, sowie die Förderung metakognitiver Urteilsgenauigkeit von Lernenden.

Andreas Lachner hat in Freiburg Bildungsplanung/Kognitionswissenschaft und Erziehungswissenschaft studiert und promoviert. Er ist an der Universität Tübingen Professor für Erziehungswissenschaft sowie Co-Director des Tübingen Center for Digital Education. Seine Forschungsaktivitäten umfassen die Förderung (meta-)kognitiver und motivationaler Lernprozesse bei der Nutzung digitaler Medien sowie Professionalisierungsstrategien.

Svenja Heitmann hat in Würzburg Psychologie studiert und in Bielefeld promoviert. Als wissenschaftliche Mitarbeiterin hat sie an der Universität Bielefeld und der Ruhr-Universität Bochum zum Thema abrufbasiertes Lernen geforscht. Inzwischen ist sie als Projektmanagerin in der Human Resources Abteilung eines großen Unternehmens tätig.

Umschlagabbildung: © lvnl/Adobe Stock #177645488

Online-Angebote oder elektronische Ausgaben sind erhältlich unter www.utb.de

Bibliografische Information Der Deutschen Nationalbibliothek

Die Deutsche Nationalbibliothek verzeichnet diese Publikation in der Deutschen Nationalbibliografie; detaillierte bibliografische Daten sind im Internet über https://www.dnb.de abrufbar.

Internet: www.schoeningh.de

Printed in Germany.
Herstellung: Brill Deutschland GmbH, Paderborn
Einbandgestaltung: siegel konzeption | gestaltung

UTB-Band-Nr: 5898
ISBN 978-3-8252-5898-6
eISBN 978-3-8385-5898-1

Inhaltsverzeichnis

Vorwort der Herausgeberinnen

Lehrkräfte haben eine Vielzahl von Aufgaben. Unter anderem unterstützen sie Schülerinnen und Schüler beim Lernen, sie motivieren sie zu mehr Anstrengung, sie berücksichtigen die besonderen Fähigkeiten, das Vorwissen und den Entwicklungsstand der Lernenden, sie diagnostizieren ihren Lernfortschritt, sie kooperieren mit anderen Lehrkräften sowie Eltern – kurz, Lehrkräfte arbeiten mit und für Menschen. Daher ist die Psychologie, die Lehre vom Erleben und Verhalten der Menschen, ein zentraler Bestandteil im bildungswissenschaftlichen Teil des Lehramtsstudiums. Viele Elemente aus der Psychologie fließen beispielsweise auch in die Erziehungswissenschaft, die Didaktik und die Sozialpädagogik ein. Die Reihe „Psychologie für Lehramtsstudierende" bringt diese psychologischen Grundlagen professionellen Lehrerwissens und -handelns in mehreren Bänden auf den Punkt. Alle Bände werden von Expert*innen mit einem breiten Erfahrungshintergrund in der psychologischen Forschung und Praxis geschrieben, beziehen sich konsequent auf die Anwendung des psychologischen Wissens im Berufsalltag von Lehrkräften und regen dazu an, das eigene Denken und Handeln zu reflektieren. Zielgruppe der Buchreihe sind dabei Lehramtsstudierende sowie Referendar*innen und Lehrer*innen.

Alle Bände stehen für sich und können unabhängig von den anderen Bänden gelesen werden. Es wird jeweils praxisnah ein Schwerpunkt gesetzt, der für Studium und Beruf relevant ist. Die Bände sind so konzipiert, dass sie sowohl für die Verwendung in Lehrveranstaltungen als auch für das Selbststudium und die Prüfungsvorbereitung sowie als Nachschlagewerk im Berufsalltag geeignet sind. Dabei wird kein psychologisches Wissen vorausgesetzt, alle zentralen Begriffe werden eingeführt und erläutert. Durch Fallbespiele und Reflexionsanlässe wird konsequent Praxisbezug hergestellt. Gleichzeitig wird durch die Erläuterungen von Theorien, Methoden, Befunden und ihrem Zusammenspiel in das psychologische Denken und Arbeiten eingeführt.

Im vorliegenden Band „Lernen – Theorien und Techniken" führen die Autor*innen, Julian Roelle, Andreas Lachner und Svenja Heitmann, grundlegend in den Begriff, in Prozesse und Theorien des Lernens ein. Auf dieser Grundlage erarbeiten sie Lerntechniken, die nicht nur für den späteren Unterricht, sondern auch für das eigene Studium hilfreich sind. Der Band wird durch ein separates Kapitel zur Lehr-Lern-Forschung unterstützt und durch einen Blick in die relevanten Lernkontexte Digitale Medien, Heterogenität und eine Lebenspannenperspektive abgerundet.

Vorwort der Autor*innen

Liebe Leser*innen,
in Standards für die Lehrer*innenbildung wird, neben vielen weiteren wichtigen Aspekten, festgehalten, dass Lehrer*innen Fachleute für das Lernen sind und sie Lernprozesse entsprechend nach wissenschaftlichen Kriterien gestalten können sollten. Vor diesem Hintergrund ist der vorliegende Band *Lernen – Theorien und Techniken* an dem Ziel orientiert, Lehramtsstudierenden einen Einblick in pädagogisch-psychologische Lerntheorien sowie in effektive Lerntechniken, die auf diesen Lerntheorien basieren, zu geben. Zentrale Kriterien bei der Auswahl der Lerntheorien und -techniken waren deren Aktualität und Praxisnähe. Dieser Band adressiert somit insbesondere praxisrelevante Grundlagen der pädagogisch-psychologisch orientierten Lehr-Lernforschung.

Der Band *Lernen – Theorien und Techniken* nähert sich dem Thema Lernen zunächst vom Ende her und widmet sich folglich in Kapitel 1 dem, was durch das Lernen erworben bzw. erweitert werden soll: dem Wissen. Hierzu werden beispielsweise die Fragen „Was ist Wissen?“, „Was macht ‚gutes‘ Wissen aus?“ und „Wie ist Wissen im Gedächtnis abgespeichert?“ adressiert. Hierdurch wird das Konzept des Wissens als zentrale kognitive Zielvariable von Lehr-Lernprozessen greifbar gemacht.

Das zweite Kapitel ist Theorien über das Lernen gewidmet. Dieses Wissen zu Lerntheorien ist essenziell, um sich anschließend der Förderung von Lernaktivitäten und folglich des Wissenserwerbs durch spezifische Lerntechniken theoretisch fundiert nähern zu können. Nach einem kurzen historischen Abriss psychologischer Lerntheorien liegt der Hauptfokus auf sogenannten „konstruktionsorientierten Lerntheorien“, die Prozessen der Konstruktion von Wissen eine tragende Rolle zuschreiben. Auch selbstregulationsorientierte und ressourcenorientierte Lerntheorien werden hier thematisiert, wenn auch in geringerem Umfang.

Basierend auf den konstruktionsorientierten (und teilweise auch den selbstregulations- und ressourcenorientierten) Lerntheorien werden in Kapitel 3, dem Herzstück des Bandes, neun evidenzbasierte Techniken zur Förderung von Wissenskonstruktionsaktivitäten (sog. „generative Lernaktivitäten“) dargestellt. Die vergleichsweise ausführliche Beschreibung dieser evidenzbasierten Lerntechniken stellt aus unserer Sicht ein Alleinstellungsmerkmal des Bandes unter den im deutschsprachigen Raum derzeit einschlägigen Lehrbüchern zum Lernen aus pädagogisch-psychologischer Sicht dar. Die Lerntechniken, wie beispielsweise das Lernen durch Erklären (Kapitel 3.1), das Lernen durch Zeichnen (Kapitel 3.2), das Lernen durch Abrufübung (Kapitel 3.5) oder das verkörperte Lernen (Kapitel 3.7), werden jeweils zunächst hinsichtlich ihrer theoretischen Funktionen verortet und entsprechend mit den in Kapitel 2 behandelten theoretischen Betrachtungen in Verbindung gesetzt. Anschließend wird die empirische Befundlage zu jeder Lerntechnik zusammengefasst und es werden praxisnahe Anwendungsbeispiele beschrieben. Hierbei wird an konkreten Fällen illustriert, welche Möglichkeiten die Lerntechniken bieten und wie sie auf das Lernen bestimmter Fachinhalte übertragen werden können. Neben zentralen Befunden werden zudem auch Risiken sowie aktuelle Unwägbarkeiten beim Einsatz der Lerntechniken thematisiert. Für die Entscheidung, ob bestimmte Lerntechniken (beim eigenen Lernen oder bei der Förderung des Lernens von Schüler*innen) eingesetzt werden sollen, ist auch dieses Wissen zu den Grenzen der jeweiligen Techniken essenziell.

Lernen findet nicht kontextlos statt, sondern ist in gesellschaftliche und bildungspolitische Kontexte eingebettet. Deshalb widmen wir uns in Kapitel 4 drei tragenden Transformationsprozessen (sogenannten Hot Topics), die das Lernen und die Bildung derzeit und in naher Zukunft stark beeinflussen werden: Digitalisierung, Heterogenität und lebenslanges Lernen. Dahingehend werden explizite Querbezüge zu einschlägigen Nachbardisziplinen der pädagogisch-psychologischen Lehr-Lernforschung hergestellt (z. B. Erziehungswissenschaft, empirische Bildungsforschung, Bildungssoziologie). Hierdurch soll dieser Band zu einem aktuellen Verständnis von Lernen im gegenwärtigen gesellschaftlichen Kontext beitragen.

Kapitel 5 ist dazu gedacht, Leser*innen mit noch geringen forschungsmethodischen Kenntnissen den Einstieg in die Interpretation von empirischen Befunden aus der pädagogisch-psychologischen Lehr-Lernforschung zu erleichtern. Auch wenn die in diesem Band berichteten empirischen Befunde, die sich vorwiegend in Kapitel 3 befinden, jeweils erklärt und interpretiert werden, sollte dieses Kapitel bei Bedarf vorangestellt gelesen werden. Es behandelt typische Forschungsdesigns, Grundlagenwissen zu statistischen Kennwerten und gibt einen Überblick über gängige Ziele pädagogisch-psychologischer Lehr-Lernforschung. Dieses Grundlagenwissen ist natürlich nicht nur für die Rezeption dieses Bandes nützlich, sondern hilft auch bei der darüber hinausgehenden Auseinandersetzung mit bildungswissenschaftlichen Forschungsbefunden, die für das lebenslange Lernen von Lehrer*innen von großer Bedeutung ist.

Der Band endet mit einem kurzen Fazit, in dem zwei zentrale kapitelübergreifende Botschaften herausgestellt werden.

Die einzelnen Kapitel des Bandes sind so verfasst, dass sie in sich geschlossene Einheiten bilden und im Prinzip unabhängig voneinander gelesen werden können. Unsere Empfehlung ist jedoch, zumindest bei eher geringem Vorwissen zum Thema „Lernen und Wissenserwerb“, die Kapitel 1 bis 3 in der vorliegenden Reihenfolge zu lesen, da über die Kapitel hinweg Vorwissen aufgebaut werden kann, das für das Verständnis der späteren Kapitel relevant ist. Um Klarheit zu den jeweils relevanten Grundbegriffen zu schaffen, finden sich in jedem Buchkapitel kurze Definitionen zentraler Begriffe. Um Wissenskonstruktionsaktivitäten anzuregen, haben wir zudem zahlreiche Denkanstöße in Form von Leitfragen integriert. Am Ende jedes Kapitels finden sich zudem jeweils kurze Take-Home Messages, die der Konsolidierung des erworbenen Wissens dienen und zur Überprüfung des eigenen Wissensstands genutzt werden können. Fragen Sie sich dazu jeweils einfach, ob Sie verstehen, wie die Take-Home Messages aus dem Kapitel folgen.

Wir wünschen Ihnen viel Freude beim Lesen und hoffen, dass wir mit diesem Band eine lernförderliche Einführung in die pädagogisch-psychologische Welt des Lernens bieten können, die zudem dazu motiviert, sich auch mit dem eigenen Lernen auseinanderzusetzen.

Julian Roelle Andreas Lachner Svenja Heitmann

1. Der Begriff des Wissens: Was soll gelernt werden?

Lernen und Wissen sind zwei unweigerlich miteinander verwobene Begriffe. Insbesondere, wenn es um kognitive Aktivitäten geht, wird Wissen als integrale Voraussetzung von Lernen (siehe Kapitel 2) sowie auch als zentrales Ziel von Lernaktivitäten begriffen.

Lernen
Lernen bezeichnet den Prozess einer (relativ überdauernden) Veränderung des Wissens oder Verhaltens von Lernenden, welcher eine Bandbreite von unterschiedlichen Handlungs- und Verhaltensweisen umfasst. In der Regel geht Lernen mit einem Zuwachs an Wissen oder einer Umstrukturierung bereits vorhandenen Wissens einher. Verhalten kann stetig ausgebaut und optimiert werden und umfasst schlussendlich einen hohen Grad an Automatisierung

Um den Prozess des Lernens zu verstehen, ist es also notwendig, sich mit dem Begriff des Wissens zu beschäftigen. Wenn man nicht weiß, was genau sich durch Lernen eigentlich verändern soll, ist es schwierig, den Nutzen bestimmter Lernaktivitäten nachvollziehen zu können. Im vorliegenden Band stellen wir dementsprechend eine Auseinandersetzung mit dem Begriff des Wissens einer Auseinandersetzung mit dem Begriff des Lernens (siehe Kapitel 2) voran. Was ist Wissen? Welche Arten von Wissen gibt es? Wie entwickelt sich Wissen? Diesen Fragen wollen wir im folgenden Kapitel genauer nachgehen.

1.1 Was ist Wissen?

Primäres und sekundäres Wissen

Unter Wissen wird aus kognitionspsychologischer Perspektive ein im Langzeitgedächtnis eines Individuums relativ stabil verfügbarer Inhalt bezeichnet. Nach Sweller (2011) kann Wissen in zwei Kategorien eingeteilt werden: biologisch (oder evolutionär) primäres Wissen und sekundäres Wissen. Biologisch primäres Wissen bezeichnet dabei das Resultat biologischer Reifungsprozesse (z. B. Erwerb der Muttersprache). Es muss nicht bewusst erlernt werden, sondern kann relativ einfach und automatisiert erworben werden (Sweller, 2011). Lernende müssen für den Erwerb primären Wissens folglich nicht unterrichtet werden, denn primäres Wissen wird quasi nebenbei erworben, häufig schon in frühen Lebensphasen. Sekundäres Wissen dagegen bezeichnet Wissen, welches bewusst erworben werden muss und einer substanziellen mentalen Anstrengung bedarf (siehe auch Cognitive Load Theory, Kapitel 2.4). Es wird im Gegensatz zu primärem Wissen nicht automatisch erworben, sondern bedarf gezielter Lernaktivitäten und Instruktionen. Sekundäres Wissen umfasst beispielsweise Wissen darüber, wie man liest oder schreibt, Wissen über mathematische Inhalte oder Wissen zu Fremdsprachen. Sekundäres Wissen umfasst also erlernte Informationen, welche in einem bestimmten Kulturkreis als wichtig erachtet und daher gezielt vermittelt werden. Daher sind praktisch alle Lerninhalte, die in formellen Bildungseinrichtungen, wie Schulen oder Hochschulen, vermittelt werden, Beispiele für sekundäres Wissen. Der Erwerb sekundären Wissens steht darüber hinaus in Verbindung zum Konzept des „bedeutungshaltigen Lernens". Wenn sekundäres Wissen erworben wird, das verstanden werden soll bzw. kann, dann wird dies auch als bedeutungshaltiges Lernen bezeichnet. Es gibt gleichwohl auch sekundäres Wissen, dessen Erwerb nicht mit bedeutungshaltigem Lernen einhergeht. Wenn beispielsweise Inhalte lediglich auswendig gelernt aber nicht verstanden werden sollen, würde dies nicht als bedeutungshaltiges Lernen eingeordnet werden.

Bedeutungshaltiges Lernen

1.2 Qualitätsmerkmale und Arten von Wissen

Gelegentlich werden in Forschung und Praxis Unterschiede im Wissen lediglich über die Quantität des Wissens abgebildet. Demzufolge verfügt eine Person mit mehr Erfahrung über mehr Wissen als eine Person mit weniger Erfahrung. Forschung zur Entwicklung von Expertise zeigt jedoch, dass sich Expert*innen und Noviz*innen nicht nur in der Quantität des Wissens unterscheiden, sondern insbesondere in der Qualität der vorhandenen Wissensstrukturen bzw. der Wissensorganisation. So verfügen beispielsweise Expert*innen über stärker vernetzte (Lachner & Nückles, 2015; Rottman, Gentner & Goldwater, 2012) und gleichwohl abstraktere Wissensstrukturen (Boshuizen & Schmidt, 1992; Chi, Feltovich & Glaser, 1981) als Noviz*innen. Zudem scheint sich Expert*innenwissen durch eine höhere Automatisierung, die durch langjährige zielorientierte Übung entsteht, auszuzeichnen.

Expert*innen vs. Noviz*innen: Studie von Chi et al. (1981)

Ein prominentes Beispiel, welches qualitative Unterschiede in der Wissensorganisation zwischen Expert*innen und Noviz*innen beschreibt, ist die Studie von Chi et al. (1981). Die Autor*innen baten Physikexpert*innen (Doktorand*innen im Fach Physik) und Noviz*innen (Bachelorstudierende im Fach Physik) verschiedene Physikaufgaben zu kategorisieren und währenddessen laut zu denken. Chi und Kollegen konnten zeigen, dass Noviz*innen die verschiedenen Probleme eher nach oberflächlichen Merkmalen (z. B. gemeinsame Schlüsselwörter) gruppierten, wohingegen Expert*innen die Probleme eher nach abstrakten physikalischen Prinzipien kategorisierten. Dieses empirische Beispiel verdeutlicht, dass ein Hauptunterschied in der Wissensstruktur von Expert*innen und Noviz*innen in der Organisation von Wissen besteht.

Wissensarten

In der Pädagogischen Psychologie wurden in ähnlicher Weise unterschiedliche Lernzieltaxonomien entwickelt, die auf qualitativen Unterschieden von Wissen beruhen. Diese Taxonomien finden auch in ähnlicher Weise in (Hoch-)Schulen Anwendung. Die wohl bekannteste Lernzieltaxonomie stammt von Bloom, Engelhart, Furst, Hill und Krathwohl (1956), welche qualitative Unterschiede im Wissen granular aufsteigend von Faktenwissen bis zu evaluativem als bewertendem Wissen beschreibt (siehe auch L. W. Anderson & Krathwohl, 2001 für eine Aktualisierung der Lernzieltaxonomie). Eine Taxonomie, welche stärker auf Forschungserkenntnissen aus der Kognitiven Psychologie und Pädagogischen Psychologie fußt, ist die Taxonomie von De Jong und Ferguson-Hessler (1996; siehe Tabelle 1.1). Diese Taxonomie unterscheidet zunächst vier unterschiedliche Wissensarten: Konzeptuelles Wissen, prozedurales Wissen, situationales Wissen und strategisches Wissen. Diese Wissensarten bezeichnen unterschiedliche und voneinander weitgehend unabhängige Wissensbereiche. **Konzeptuelles Wissen** bezeichnet Wissen über Fakten, Begriffe und Prinzipien (z. B. Faktenwissen über Evolution oder Wissen über Prinzipien effektiver Unterrichtsgestaltung) und umfasst dahingehend bedeutungshaltige Informationen. **Prozedurales Wissen** dagegen umfasst Wissen zu Handlungen oder Routinen (z. B. Wissen, wie man Fahrrad fährt, oder Wissen, wie man ein Gedicht interpretiert). Es wird oft auch als Grundlage für die Ausübung von Fertigkeiten betrachtet. Wichtig ist hierbei, dass damit nicht gemeint ist, dass Lernende die zentralen Schritte einer Gedichtinterpretation benennen. Dies wäre als konzeptuelles Wissen zu verorten. Vielmehr würde das prozedurale Wissen das Wissen bezeichnen, was die Ausführung unserer Handlungen (z. B. beim Interpretieren eines Gedichts) anleitet. Prozedurales Wissen wird in Bildungsplänen oft unter prozessorientierten Kompetenzen gefasst. **Situationales Wissen** bezeichnet Wissen über allgemeine Anforderungen und Merkmale von domänenspezifischen Problemen (z. B. fallbasiertes Wissen, dass im Spanischen gewisse Endungen auf das Geschlecht des Substantivs hinweisen). **Strategisches Wissen** wiederum bezeichnet Wissen über die Überwachung und Regulation der eigenen Lern- und Problemlöseprozesse (z. B. Wissen, dass es hilft, eine große Aufgabe in mehrere kleinere zu unterteilen und die Aufgabe somit schrittweise anzugehen). Dieses Wissen über Wissen bzw. Wissen über das Lernen wird auch als **metakognitives Wissen** bezeichnet.

Wissensmerkmale

Quer zu diesen vier Wissensarten liegend werden nach dem Modell von De Jong und Ferguson-Hessler (1996) fünf verschiedene Wissensmerkmale unterschieden, die die Qualität des Wissens beschreiben. Das Wissensmerkmal **Verarbeitungstiefe** beschreibt, wie elaboriert das vorhandene Wissen ist. Das Wissen kann dabei zwischen oberflächlich (z. B. weiß ein Schüler, in welchen Schritten eine Dreisatzaufgabe zu lösen ist, aber weiß nicht, welche Funktionen die einzelnen Schritte erfüllen) und tief (z. B. weiß ein Schüler sowohl, in welchen Schritten eine Dreisatzaufgaben zu lösen ist, als auch die Funktionen der einzelnen Schritte) erarbeitet variieren. Die Verarbeitungstiefe spiegelt auch wider, wie stark Wissen in dem bisherigen Vorwissen integriert ist. Die Qualität der Verarbeitungstiefe hängt entsprechend von den Lernaktivitäten ab, mittels derer das Wissen erworben wurde (siehe Kapitel 2.2). Die **Struktur** des Wissens bezeichnet, wie zusammenhängend das Wissen organisiert ist und variiert von isolierten Wissenseinheiten bis gut zusammenhängenden Wissensbasen (siehe auch Fallbeispiel). Mit dem **Grad der Automatisierung** wird allgemein bezeichnet, wie viel intentionaler (d. h. zielgerichteter) Aufwand während der Informationsverarbeitung bzw. der Anwendung von Wissen aufgewendet werden muss. Hoch automatisiertes Wissen zeichnet sich durch stark prozeduralisierte (kompilierte) Wissensbestände aus, für die wenig Aufmerksamkeit aufgewendet werden muss, wohingegen schwach automatisiertes (deklaratives) Wissen noch explizit verfügbar ist und für die Ausführung einer stärkeren Handlungskontrolle bedarf. Ein Beispiel, das viele Leser*innen dieses Buches wohl kennen, ist der Erwerb der Fertigkeit, ein Auto fahren zu können. In den ersten Fahrstunden ist das Autofahren kognitiv äußerst anstrengend, da das Wissen noch kaum automatisiert ist. Mit etwas Fahrpraxis hingegen erfordert die Mechanik des Autofahrens kaum mehr Aufmerksamkeit (dies meint freilich nicht, dass nicht auf den Straßenverkehr geachtet werden müsste – hier geht es lediglich um den Prozess, das Auto korrekt zu bedienen und zu bewegen). Insbesondere die Merkmale Verarbeitungstiefe, Struktur und Automatisierung von Wissen sind wichtige Kriterien, die sich durch langandauernde Lernprozesse (Expertiseentwicklung) in einer gewissen Domäne auszeichnen und dahingehend Qualitätsmerkmale von Wissen beschreiben. Die **Modalität** von Wissen bezeichnet die Art des Repräsentationsformats, wie also Information im Langzeitgedächtnis abgespeichert ist. Wissen kann entweder bildlich-analog abgespeichert sein oder propositional, also als abstrakte Wissensstruktur von Konzepten und deren Verbindungen. Beispielsweise ist Wissen über bestimmte motorische Handlungssequenzen eher bildlich abgespeichert (z. B. Fahrradfahren), wohingegen konzeptuelles Wissen (z. B. Wissen über die Evolutionstheorie) eher in Propositionen vorhanden ist. Die **Spezifizität** des Wissens bezeichnet, wie verallgemeinerbar der Wissensbestand ist, also ob dieser eher bereichsspezifisch (z. B. nur für das Fach Physik) oder bereichsübergreifend (z. B. Wissen über das Lernen bzw. metakognitives Wissen) ist. Die beiden letztgenannten Merkmale von Wissen (Modalität, Spezifizität) bezeichnen, im Gegensatz zu den zuvor genannten Merkmalen (Verarbeitungstiefe, Struktur, Automatisierung), keine Qualität im eigentlichen Sinne von schlechter oder besser, sondern lediglich Merkmale, wie Wissen abgespeichert werden kann und welche Wissensbestände dieses auszeichnet.

	Wissensarten			
Wissensmerkmale	**Situational**	**Konzeptuell**	**Prozedural**	**Strategisch**
Verarbeitungstiefe Oberflächlich ↔ tief	Fallbasiertes Verständnis ↔ Übersetzung in Hauptkonzepte	Symbole und Formeln ↔ Konzepte und Beziehungen	Regeln/ Rezepte/ algebraische Umformungen ↔ bedeutungshaltige Aktionen	Symbol-geleitete Suche nach Formeln ↔ Analyse und Planung
Struktur Isoliert ↔ zusammenhängend	Isolierte Eigenschaften ↔ gruppierte Eigenschaften (Situationsmodell)	Unabhängige Konzepte und Regeln ↔ bedeutsame (hierarchische) Struktur	Isolierte Algorithmen ↔ Konzept- oder prinzipiengeleitetes Handeln	Isolierte Handlungen ↔ Zusammenhängende aufeinanderfolgende Handlungen
Grad der Automatisierung Deklarativ ↔ kompiliert	Bewusst und schrittweise ↔ automatische Übersetzung in Domänenkonzepte	Verbalisierbare Prinzipien, Definitionen, etc. ↔ intuitives, stillschweigendes Verständnis	Bewusste Entscheidung und schrittweise Ausführung ↔ automatischer Zugriff und routinierte Ausführung	Schrittweise Entscheidungen und Handlungen ↔ automatische Analyse und Planung; parallele Kontrolle
Modalität propositional ↔ bildlich-analog	Wörter und Symbole ↔ Bilder und Diagramme	Propositionen und Formeln ↔ Bilder und Diagramme	Produktionsregeln ↔ bildliche Darstellung (Diagramme, Abbildungen, Graphen)	Produktionsregeln ↔ bildliche Darstellung (Diagramme, Abbildungen, Graphen)

	Wissensarten			
Wissensmerkmale	**Situational**	**Konzeptuell**	**Prozedural**	**Strategisch**
Spezifität Bereichsübergreifend ↔ bereichsspezifisch	Generelle Eigenschaften (bspw. homogen, zeitunabhängig) ↔ domänenspezifische Eigenschaften	Generelle Strukturen von Domänen ↔ Struktur einer Domäne, außerdem: Erhaltungssatz ↔ Einzelfälle dieser Regel	System für die Anwendung des Erhaltungssatzes ↔ Kontrollpunkte, an denen physikalische Kräfte interagieren	Generelle Schritte (Analyse, Planung, etc.) ↔ spezifische Schritte (Thermodynamik; System, Interaktion, Prozess etc.)

Tabelle 1.1. Beispiele für die Charakterisierung von Wissen mittels Wissensmerkmalen und Wissensarten. Tabelle nach De Jong und Ferguson-Hessler (1996)

Denkanstoß
Versuchen Sie, eigene Beispiele für konzeptuelles Wissen, prozedurales Wissen, strategisches Wissen und situationales Wissen aus Ihren Studienfächern zu finden. Überlegen Sie zudem, wie Sie als Lehrperson herausfinden könnten, wie dieses Wissen in Bezug auf die Verarbeitungstiefe, die Struktur und den Grad der Automatisiertheit ausgeprägt ist.

1.3 Wissensrepräsentationen im Gedächtnis

Wie durch die Wissenstaxonomie von De Jong und Ferguson-Hessler (1996) angedeutet wird, lassen sich Wissensrepräsentationen in wahrnehmungsbasierte (z. B. bildliche) und propositionale Repräsentationen einteilen. Zur Beschreibung von Wissensrepräsentationen werden häufig wissenschaftliche Metaphern genutzt. Das bedeutet, dass das Wissen über Eigenschaften bekannter Objekte (z. B. Aufbau eines Computers, Telekommunikation) von Forschenden genutzt wurde und wird, um komplexe und vielschichtige kognitive Eigenschaften und Prozesse (Wissensrepräsentation, Wissenserwerb) zu beschreiben. Vor allem in der Kognitionspsychologie sind Metaphern mit Informatikbezug beliebt, da insbesondere in frühen Ansätzen angenommen wurde, dass kognitive Prozesse auf Informationsverarbeitung basieren und damit prinzipiell ähnlich wie Prozess in einem Computer funktionieren.

Semantische Netzwerke

Eine Repräsentationsform für konzeptuelles Wissen sind semantische Netzwerke. Semantische Netzwerke bestehen aus Elementen und Verbindungen zwischen diesen Elementen. Aus mathematischer Sicht sind semantische Netzwerke gerichtete Graphen, die aus einer Menge von Knoten (Elementen) und einer Menge geordneter Kanten (Verbindungen) bestehen, die nur in einer Richtung durchlaufen werden können. Die Verbindungen können unterschiedlicher semantischer Natur sein, beispielsweise können Über-Unterordnungen (ist-ein), Zugehörigkeiten zu einer Kategorie (ist Beispiel von) oder Eigenschaften beschrieben werden (siehe Abbildung 1.1).

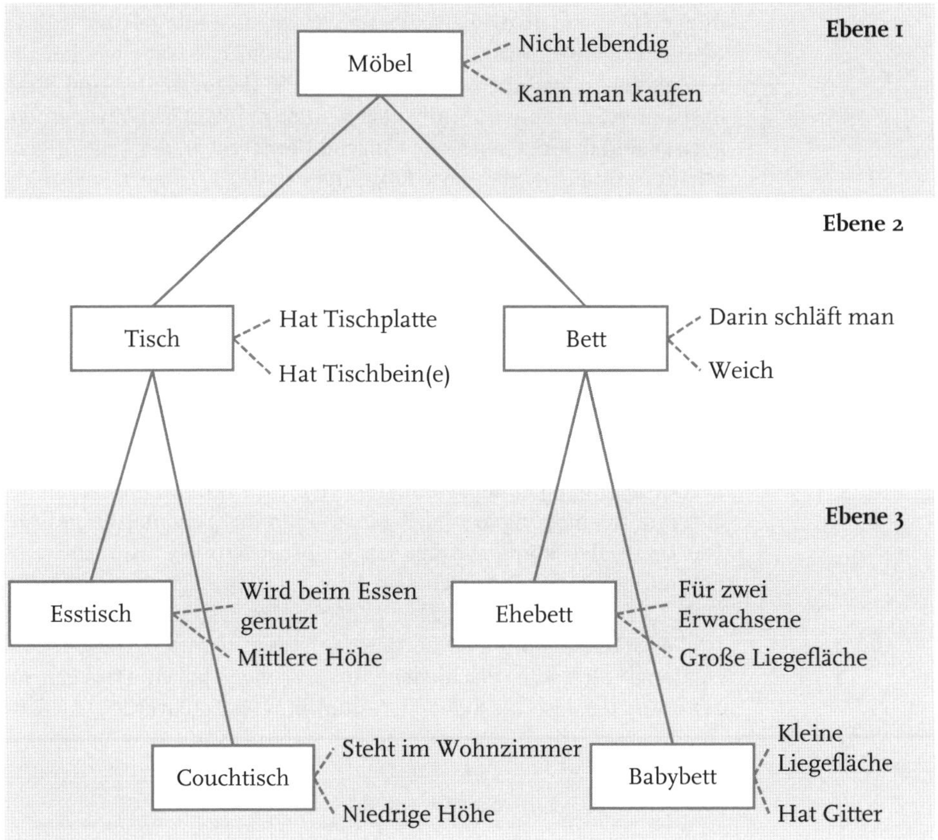

Abbildung 1.1. Beispiel für ein semantisches Netzwerk

Allgemein wird angenommen, dass die Anzahl der Verbindungen zwischen den Konzepten ein Qualitätsmerkmal von elaborierten (d. h. vertieften) Wissensstrukturen ist (der Prozess des Elaborierens, der maßgeblich zum Entstehen elaborierter Wissensstrukturen beitragen kann, wird in Kapitel 2.2.1 erklärt). Neues Wissen wird konstruiert, indem neue Elemente durch Relationen zum Netzwerk hinzugefügt werden.

Eine zentrale Rolle beim Wissensabruf und beim Wissenserwerb spielt die sogenannte Aktivierungsausbreitung (Anderson, 1983). Jedes Element in einem semantischen Netzwerk hat eine gewisse Aktivierungswahrscheinlichkeit. Das bedeutet, je höher die Aktivierungswahrscheinlichkeit eines Elements ist, desto größer ist die Wahrscheinlichkeit, dass bei einem bestimmten Hinweisreiz dieses Wissenselement abgerufen wird. Die Aktivierung wird über die verschiedenen Verbindungen (Kanten) an die benachbarten Konzepte weitergeleitet. Je öfter Elemente gemeinsam abgerufen werden, desto stärker werden die Assoziationen zwischen diesen Knoten und desto leichter sind diese in späteren Situationen abrufbar (siehe auch Kapitel 3.5.1). Zusammengefasst sind dahingehend semantische Netzwerke in der Lage, Eigenschaften von Elementen über Relationen zu beschreiben. Gleichzeitig verdeutlicht der Fokus auf eine rein propositionale Darstellung (d. h. Darstellungen, die auf sprachlichen Inhalten basieren), dass solche Netzwerkmetaphern schnell an ihre Grenzen kommen, wenn es um komplexe Inhalte geht, und dahingehend Wissensrepräsentationen nur sehr einseitig darstellen können.

Schemata

Vor diesem Hintergrund wurde aus der Informatik (und insbesondere der künstlichen Intelligenz) der Schemabegriff entliehen und zunehmend in der (Pädagogischen) Psychologie übernommen. **Schemata** sind in der Lage, Wissen in Form einer Struktur von sogenannten Leerstellen (Slots) zu repräsentieren. In diesen Leerstellen werden bestimmte Ausprägungen und Eigenschaften des Schemas eingesetzt. Die Leerstellen können dabei sowohl propositionale als auch wahrnehmungsbasierte Eigenschaften bzw. Ausprägungen enthalten. Tabelle 1.2 zeigt ein prototypisches Schema über das Konzept „Fahrrad". In dieser Darstellung sind beispielsweise die Begriffe „Antrieb" und „Material" Slots, die verschiedene Ausprägungen haben. Dass Fahrräder normalerweise aus Stahl oder Aluminium gebaut werden, schließt

Slots	Ausprägungen
Oberbegriff	Fahrrad
Teile	Rahmen, Räder, Lenker, Pedale
Antrieb	Muskelkraft, e-Motor
Aussehen	Einspurig, runde Räder, dreieckiger Rahmen
Material	Stahl, Aluminium
Funktion	Mittel zur Fortbewegung des Menschen

Tabelle 1.2. Beispiel für ein Schema mit dem Oberbegriff „Fahrrad"

nicht aus, dass Fahrräder auch aus Karbon produziert werden können. Stahl und Aluminium stellen also die Defaultwerte des Schemas Fahrrad dar. Wenn ein Individuum entdeckt, dass Fahrräder auch aus Karbon produziert werden können, kann es einfach die Defaultwerte ergänzen und überschreiben.

Insgesamt zeichnen sich Schemata durch eine flexible Struktur aus, da diese sowohl propositionale Informationen, wie beispielsweise „Oberbegriff", als auch wahrnehmungsbasierte Informationen, wie z. B. das Aussehen, enthalten. Damit sind Schemata Generalisierungen konkreter Exemplare, die wiederum Unterschemata beinhalten. Schemata sind auch zur Beschreibung von Ereignissen oder prozeduralen Tätigkeiten, wie einem Kinobesuch oder wie dem Lösen eines bestimmten mathematischen Problems, geeignet und werden hier auch als Skript (Schank & Abelson, 1977) bezeichnet. So werden hier stereotype Ereignisse oder Abläufe anhand ihrer einzelnen Bestandteile (z. B. Lösungsschritte) erfasst. Mit ihren Slots und Defaultwerten werden Schemata gelegentlich auch als „skelettartige Wissensstrukturen" (vgl. Renkl, 2015b) bezeichnet. Sie stellen also ein abstraktes Grundgerüst dar, das bei der Lösung eines Problems mit den konkreten Ausprägungen der vorliegenden Situation (z. B. Zahlenwerte bei einem mathematischen Problem) angereichert werden kann.

Ist kein Schema oder sind konfligierende Informationen vorhanden, muss das Individuum das vorhandene Wissen neu strukturieren und reorganisieren. Das bedeutet, dass Lernende auf Basis des vorhandenen Wissens ein **mentales Modell** bilden müssen, um die Information adäquat zu verarbeiten. Dieses Modell ist damit eine interne Repräsentation der externen Welt (Ifenthaler & Seel, 2011; Johnson-Laird, 1989). Ein solches Modell konzeptueller Information wird spontan konstruiert und ist (noch) nicht zwangsläufig dauerhaft im Langzeitgedächtnis (siehe Kapitel 2.1.2) verankert. Für die Repräsentation von **prozeduralem Wissen** hat sich die Darstellung in Form von Produktionsregeln, welche ebenfalls ihre Ursprünge in der Informatik haben, als tragfähiger Ansatz erwiesen (Anderson, 1983). Produktionsregeln bestehen allgemein aus einer Bedingung (Wenn-Teil) und einer Aktion (Dann-Teil). Wenn die Prüfung der Bedingung positiv ausfällt, wird die Aktion ausgeführt. Damit können größere Prozeduren mittels kleinerer Produktionsregeln dargestellt werden. Hierbei können nicht nur rein kognitive Prozeduren repräsentiert werden, sondern beispielsweise Prozeduren, die eine motorische Aktivität beinhalten. Ein Beispiel für ein solches System an Produktionsregeln findet sich in Abbildung 1.2.

Mentales Modell

Produktionsregeln

Wichtig ist herauszustellen, dass bei all den oben genannten Darstellungsformen von Wissen zwischen der externen Repräsentation, also der Art, wie sie beispielsweise in einem Lehrbuch wie diesem hier

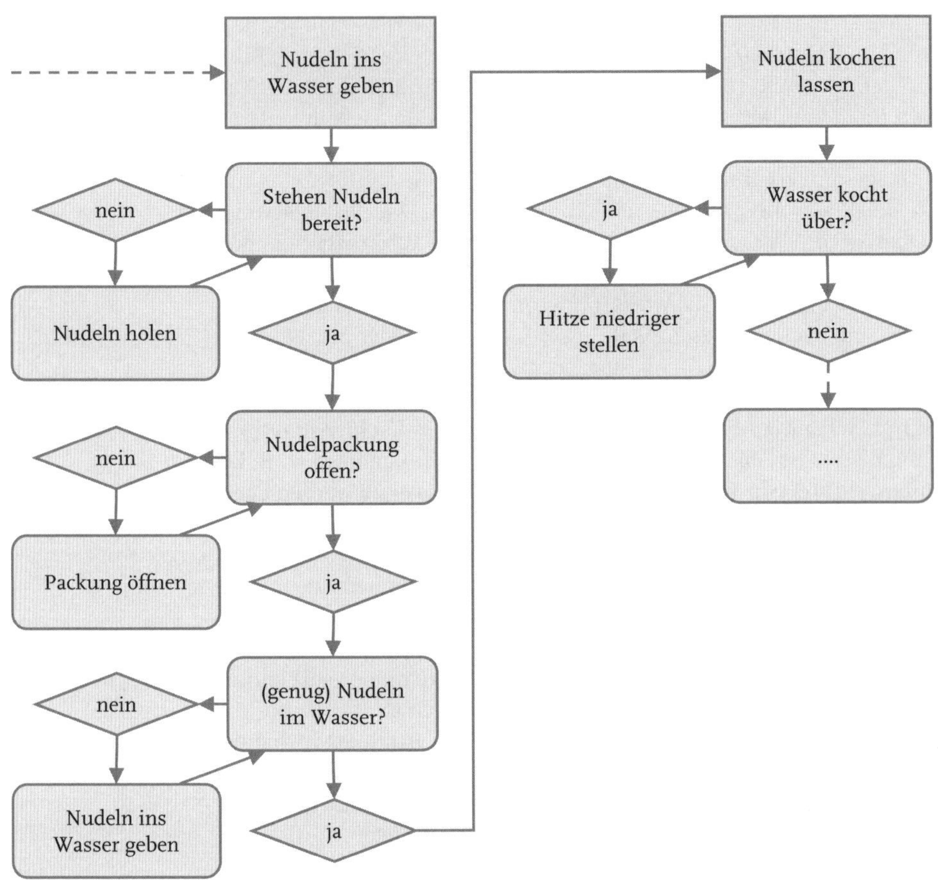

Abbildung 1.2. Ausschnitt aus der Tätigkeit „Nudeln kochen" als Produktionsregeln

dargestellt sind, und der internen bzw. mentalen Repräsentation im Gedächtnis der Lernenden unterschieden werden muss. Es sind also lediglich Modelle der Wirklichkeit. So würde man beispielsweise bei den semantischen Netzwerken nicht davon ausgehen, dass sich im Gedächtnis der Lernenden ein solch geordnetes Baumdiagramm finden würde. In Bezug auf die internen mentalen Repräsentationen besteht in der Regel die Annahme, dass das Wissen so vorliegt, dass es die Funktionen erfüllt, die in den jeweiligen externen Repräsentationen beschrieben sind. Beispielsweise können, so wie es im Begriff des kognitiven Schemas angelegt ist, wiederkehrende mathematische Probleme, die sich aber in ihren tatsächlichen Zahlenwerten und Cover Stories unterscheiden, beinahe problemlos gelöst werden.

1.4 Spezialfall Metakognitives Wissen

Einen Sonderfall von Wissensstrukturen stellt das metakognitive Wissen dar (siehe strategisches Wissen; De Jong & Ferguson-Hessler, 1996). Metakognitives Wissen beinhaltet nach Flavell (1979) sowohl Wissen über (a) Personen, beispielsweise über bestimmte Fähigkeiten, Vorwissen oder die Motivation einer Person, über (b) Aufgaben, beispielsweise Aufgabenmerkmale oder Aufgabenanforderungen, sowie über (c) situationsübergreifende Lernaktivitäten, mit denen der eigene Lernprozess überwacht und gesteuert wird (siehe auch Kapitel 2.3.2). Nach Paris, Lipson und Wixson (1983) können sich diese Lernaktivitäten auf unterschiedliche Wissensrepräsentationen beziehen. So kann metakognitives Wissen sowohl deklarativ-konzeptuell (z. B. Wissen über die Effektivität einer Lernaktivität), prozedural (z. B. Wissen, wie eine Lernaktivität umgesetzt wird), und konditional (z. B. Wissen, wann und warum eine Lernaktivität eingesetzt werden sollte) repräsentiert sein.

Take-Home Message

Nach Sweller (2011) wird zwischen primärem und sekundärem Wissen unterschieden.

Neben der Quantität kann Wissen auch über seine Qualität beschrieben werden. Hierfür können die Kategorien Wissensarten und Wissensmerkmale herangezogen werden.

Wissen kann unterschiedlich dargestellt werden: Konzeptuelles Wissen kann als semantisches Netzwerk oder Schema formalisiert werden, während für prozedurales Wissen die Darstellung als Produktionsregeln geläufig ist.

Metakognitives Wissen beschreibt Wissen über das Wissen und das Lernen.

2. Zentrale Lerntheorien
Wie funktioniert Lernen prinzipiell?

Nachdem wir uns im vorherigen Kapitel damit beschäftigt haben, was Wissen ist und wie es operationalisiert werden kann, wollen wir uns im aktuellen Kapitel tiefergehend damit beschäftigen, mit welchen Theorien der Prozess des Wissenserwerbs beschrieben und erklärt werden kann. Nach einem kurzen historischen Abriss, in dem wir mit behavioristischen und frühen kognitiven Theorien grundlegende psychologische Lerntheorien skizzieren, wollen wir uns näher mit konstruktionsorientierten, selbstregulationsorientierten und ressourcenorientierten Theorien des Lernens beschäftigen, da diese in der aktuellen pädagogisch-psychologischen Forschung zum Lernen in Schule und Hochschule eine zentrale Rolle spielen und auch in der Praxis breit rezipiert werden.

Lerntheorien
Lerntheorien sind Theorien, mittels derer Lernvorgänge (z. B. der Aufbau einer Wissensrepräsentation im Gedächtnis oder der Vorgang einer Verhaltensänderung) beschrieben und erklärt werden können. Hierzu wird eine reduzierte Anzahl an Prinzipien und Regeln aufgestellt, die komplexe Lernvorgänge erklären sollen.

2.1 Ein historischer Abriss psychologischer Lerntheorien

Die theoretische Beschreibung von Lernprozessen war bereits in der antiken Philosophie, beispielsweise bei Platon, ein wichtiges Thema. Mit der Etablierung der Psychologie als wissenschaftliche Disziplin gewann auch die systematische Untersuchung von Lernprozessen zunehmend an Bedeutung.

2.1.1 Behaviorismus

Theorien des Behaviorismus, einer zu Beginn des 20. Jahrhunderts entstandenen psychologischen Forschungsrichtung, versuchen Lernen bzw. Verhaltensänderungen anhand von äußeren Faktoren zu erklären, die auf die Lernenden einwirken (z. B. Belohnung, Bestrafung). In Abgrenzung zu den bis dahin vorherrschenden geisteswissenschaftlichen und phänomenologischen Ansätzen beschränkt sich der Behaviorismus streng auf beobachtbare Faktoren und bedient sich damit gezielt rein naturwissenschaftlicher Methoden, um Verhaltensänderungen zu untersuchen und zu erklären. Arbeiten von Edward Lee Thorndike (vor allem seine Doktorarbeit aus dem Jahr 1898) gelten als wichtige Vorarbeiten für den Behaviorismus, der maßgeblich durch John B. Watson (Klassische Konditionierung – besonders bekannt ist die Angstkonditionierung des „kleinen Albert“ durch Watson und Rayner, 1920) und Burrhus Frederic Skinner (Operante Konditionierung – einen frühen Überblick gibt er in seinem Buch von 1938) geprägt wurde.

Klassische Konditionierung

Der Mechanismus der klassischen Konditionierung wurde von Iwan Pavlov, einem russischen Physiologen, bei der Untersuchung von Verdauungsprozessen bei Hunden Ende des 19. Jahrhunderts entdeckt (Pavlov, 1906, 1927; für eine Übersicht zur Geschichte der klassischen Konditionierung siehe R. E. Clark, 2004). Pavlov konnte zeigen, dass der Speichelfluss von Hunden angeregt werden konnte, bevor diese Futter erhielten, wenn zuvor ein Glockenton ertönte. Der Glockenton wurde in vorherigen Lernphasen vor der Fütterung gespielt. Die Hunde hatten also mit dem Ereignis der Fütterung (unkonditionierter Reiz) den Glockenton (neutraler Reiz) assoziiert. Durch diese Assoziation wurde der neutrale Reiz zum konditionierten Reiz. Dies bedeutet, dass der konditionierte Reiz (hier der Glockenton) die gleiche Reaktion auslöste wie der unkonditionierte Reiz (Futter). Der Speichelfluss war damit eine Reaktion auf die Erwartung des Futters. Voraussetzung für solche Reiz-Reaktionsketten (Glockenton → Speichelfluss) ist, dass der unkonditionierte Reiz (Futter) und der neutrale Reiz (Glockenton) zeitlich und / oder räumlich nah beieinander dargeboten werden (Kontiguität). Zudem sollte die Wahrscheinlichkeit, dass auf den neutralen Reiz (Glockenton) der unkonditionierte Reiz (Futter) folgt, hoch sein (Kontingenz). Insgesamt ist anzumerken, dass klassische Konditionierung unwillkürliche, also beispielsweise angeborene, Verhaltensweisen (Speichelfluss) betrifft und sich nicht auf sekundäre Lernprozesse, wie beispielsweise Lesen- und Schreibenlernen oder den Erwerb von Wissen über das Lernen (was Sie, liebe Leser*innen, vermutlich beim Durcharbeiten dieses Buches tun), bezieht (siehe Kapitel 1).

Operante Konditionierung

Skinner begründete zu Beginn der 1950er-Jahre das Prinzip der operanten Konditionierung. Das Prinzip der operanten Konditionierung erweitert die Mechanismen der klassischen Konditionierung auf erlernbare kontrollierbare Verhaltensweisen. Bei der operanten Konditionierung geht es darum, wie durch positive oder negative Konsequenzen die Auftretenswahrscheinlichkeit eines Verhaltens erhöht oder verringert werden kann. Bleiben die Konsequenzen aus, wird die Wirkung der operanten Konditionierung auf das Verhalten abgeschwächt und die Konditionierung schließlich wieder gelöscht (für eine Übersicht siehe Staddon & Cerutti, 2003). Es lassen sich vier verschiedene Formen von Konsequenzen unterscheiden, die eine Verhaltensänderung bedingen (siehe Tabelle 2.1).

	Hinzufügen eines Reizes	Entfernung eines Reizes
Verstärkung	**Positive Verstärkung** Durch eine angenehme unmittelbare Konsequenz (z. B. Lob der Lehrkraft bei gutem Verhalten)	**Negative Verstärkung** Durch die Entfernung eines unangenehmen Reizes (z. B. Entfernung des Klassenbucheintrags nach Besserung des Verhaltens)
Bestrafung	**Direkte Bestrafung** (auch: Bestrafung Typ 1) Durch eine negative unmittelbare Konsequenz (z. B. Klassenbucheintrag nach wiederholter Störung des Unterrichts)	**Indirekte Bestrafung** (auch: Bestrafung Typ 2) Durch die Entfernung eines angenehmen Reizes (z.B. Verbot der Teilnahme am Schulausflug bei schlechtem Verhalten)

Tabelle 2.1. Formen von Konsequenzen zur Veränderung der Auftretenswahrscheinlichkeit eines Verhaltens

Allgemein lassen sich primäre und sekundäre Verstärker unterscheiden. Primäre Verstärker sind angeboren und nicht erlernt (z. B. Nahrung). Sekundäre Verstärker sind zunächst ohne Bedeutung (z. B. Geld, Schulnoten). Diese Bedeutung muss beispielsweise durch klassische Konditionierungsmechanismen erlernt werden. Wenn zum Beispiel gute Schulnoten wiederholt vor dem primären Verstärker „Süßigkeiten“ auftreten, werden „Schulnoten“ zu einem positiven (konditionierten) Reiz und somit zu einem sekundären Verstärker. Sie wirken fortan auch unabhängig von primären Verstärkern. In ähnlicher Weise wie sekundäre Verstärker wirken sogenannte Tokens, die bei einer hinreichenden Anzahl erfolgreicher Verhaltensweisen gegen eine Belohnung eingetauscht werden können. In der pädagogischen Praxis finden solche Tokens häufig in Verstärkerplänen Anwendung (siehe Fallbeispiel).

Verstärkerpläne können kontinuierlich sein, indem ein positives Verhalten fortwährend eine positive Verstärkung erfährt, oder intermittierend, indem ein positives Verhalten mit bestimmten Unterbrechungen verstärkt wird. Zum Beispiel kann intermittierende positive Verstärkung nach bestimmten Quoten erfolgen. Hier lassen sich beispielsweise fixe Quoten (jedes vierte Mal) und variable Quoten unterscheiden (z. B. zu Beginn nach jedem 2. Auftreten eines Verhaltens, später nach jedem 5. Auftreten). Neben Quotenplänen gibt es Intervallpläne, die nicht durch die Häufigkeit der Verhaltensweisen, sondern durch die Zeitspanne, innerhalb derer das erwünschte Verhalten gezeigt wird (Beispiel: nach letztmaliger Verstärkung wird das Verhalten „nicht rauchen" frühestens erst wieder nach einem Tag verstärkt), charakterisiert sind.

Die bei der operanten Konditionierung eingesetzten Konsequenzen (Belohnung, Bestrafung), können mit diskriminativen Reizen assoziiert werden, die anzeigen, ob auf ein Verhalten eine Konsequenz folgen wird oder nicht. So kann im Rahmen der operanten Konditionierung beispielsweise gelernt werden, dass ein gezeigtes Verhalten (z. B. Beantwortung einer Frage im Unterrichtsgespräch) nur zu einer positiven Verstärkung (z. B. Lob durch die Lehrerin) führt, wenn bestimmte Hinweisreize (z. B. man wurde vorher aufgerufen) gegeben sind.

Verstärkerpläne: Ein Beispiel aus der Praxis

Greta hat in der Schule Schwierigkeiten damit, ihre Schnellhefter in Ordnung zu halten. In Kooperation mit Gretas Eltern hat die Lehrkraft einen Verstärkerplan eingeführt. Am Ende jedes Schultages zeigt Greta ihre Schnellhefter vor. Sind alle neuen Blätter ordnungsgemäß abgeheftet, bekommt sie einen Sticker (Token). Greta weiß, dass sie zehn Sticker bei ihren Eltern gegen ein neues Buch eintauschen kann. Dies spornt sie dazu an, ihre Unterlagen in Ordnung zu halten und die Sticker zu sammeln. War dieser Verstärkerplan über eine gewisse Zeit erfolgreich, wird Greta in einer nächsten Phase des Verstärkerplans nur einen Sticker bekommen, wenn alle ihre Schnellhefter am Ende der Woche ordentlich sind.

2.1.2 Frühe kognitive Theorien des Lernens

Behavioristische Lerntheorien eignen sich vorwiegend, um einfache Verhaltensänderungen zu erklären, aber nicht um intentionale und komplexe Lernprozesse zu erklären, die zu einem tiefen Verständnis einer Materie führen. Beispielsweise wäre es wahrscheinlich sehr schwierig, mittels operanter Konditionierung zu erklären, wie Schüler*innen lernen, Extremwertaufgaben zu lösen oder eine überzeugende Gedichtinterpretation zu verfassen. Es ist schlicht unplausibel, dass allein Formen der Belohnung und Bestrafung (z. B. bei einem richtig bzw. falsch gelösten Rechenschritt) dafür verantwortlich sind, dass Lernende das entsprechende Wissen aufbauen.

Informationsverarbeitungsansatz

Im Zuge der kognitiven Wende innerhalb der Psychologie in den 1960er Jahren entstand bei den Forschenden eine Rückbesinnung und damit ein reges Interesse an den kognitiven und damit nicht direkt beobachtbaren Lernprozessen. Inspiriert durch die Forschung in der Kognitionspsychologie und im Bereich der künstlichen Intelligenz wurde postuliert, dass (komplexes) Lernen auf individueller Informationsverarbeitung basiert. Im Informationsverarbeitungsansatz wird Lernen als Prozess verstanden, bei dem Informationen aus der Umwelt aufgenommen, verarbeitet, in die bisherige Wissensbasis integriert und schließlich erfolgreich abgerufen werden können. Als Metapher der zugrundeliegenden kognitiven Architektur werden oft Computerarchitekturen verwendet und das menschliche Informationsverarbeitungssystem analog zu Begriffen wie Arbeitsspeicher, Festplatte und Prozessor modelliert. Ein solches Modell, welches fortwährend modifiziert wurde und trotz seines vergleichsweise stolzen Alters aktuell noch immer von Bedeutung ist, ist das Mehrspeichermodell von R. C. Atkinson und Shiffrin (1968; siehe Abbildung 2.1). Die Autoren beschreiben das Gedächtnis als serielle Schaltung dreier Speicher: einem sensorischen Speicher, einem Kurzzeitspeicher, der in neueren Modellen oft auch als Arbeitsgedächtnis bezeichnet wird (Baddeley, 2012), und einem Langzeitspeicher.

Mehrspeichermodell

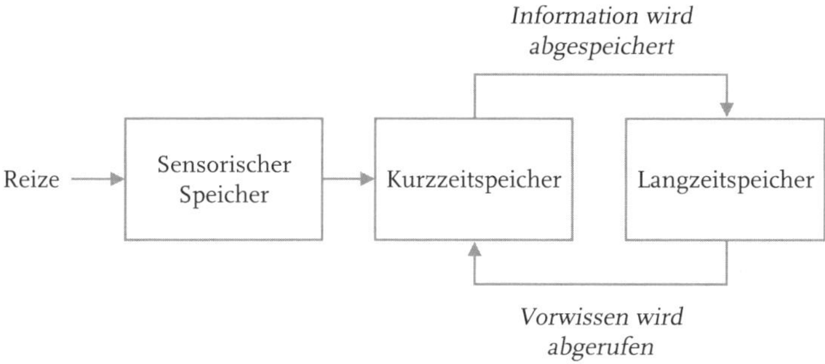

Abbildung 2.1. Mehrspeichermodell nach R. C. Atkinson und Shiffrin (1968)

Reize werden durch verschiedene Sinnesmodalitäten wahrgenommen und vom sensorischen Speicher, in dem die Informationen für eine sehr kurze Zeit gespeichert werden, in den Kurzzeitspeicher überführt. Der Kurzzeitspeicher (Computer: Arbeitsspeicher) hat eine sehr begrenzte Aufnahmekapazität (in einer sehr bekannten Arbeit von Miller aus dem Jahr 1956 wurde sie mit 7 +/- 2 Informationseinheiten angegeben, was inzwischen jedoch differenzierter betrachtet wird), ist aber die zentrale Instanz, in der Informationen bewusst verarbeitet und mit dem bisherigen Vorwissen in Verbindung gebracht werden können. Die erfolgreich verarbeitete Information, also die Information, die ins Vorwissen integriert werden konnte, wird im Langzeitspeicher (Computer: Festplatte) gespeichert. Die Kapazität des Langzeitspeichers wird als unbegrenzt angesehen.

Ansatz der Verarbeitungstiefe

In gewissem Sinne als das Mehrspeichermodell von R. C. Atkinson und Shiffrin (1968) ergänzend kann die Annahme von Craik und Lockhart (1972) betrachtet werden, dass für erfolgreiches Lernen insbesondere die Tiefe der Verarbeitung der Informationen im Kurzzeitspeicher ausschlaggebend sei. Werden Informationen nur oberflächlich verarbeitet, führt dies gegebenenfalls dazu, dass Informationen nicht erfolgreich abgerufen werden können. Werden Informationen hingegen bedeutungshaltig verarbeitet (Tiefenverarbeitung) und entsprechend sinnvoll mit Vorwissen verknüpft, erhöht sich die Wahrscheinlichkeit eines erfolgreichen Abrufs in der Zukunft. Sowohl das Mehrspeichermodell als auch der Ansatz der Verarbeitungstiefe dienten als zentrale Ausgangsbasis, um Phänomene des Lehrens und Lernens psychologisch zu beschreiben, und sind in zeitgenössischen Theorien des Wissenserwerbs noch immer klar zu erkennen. Diese zeitgenössischen Lerntheorien werden in Kapitel 2.2 eingehend betrachtet – in diesem Zuge wird auch näher auf die Frage eingegangen, welche Verarbeitungsaktivitäten konkret mit der oben erwähnten oberflächlichen oder tiefen bzw. bedeutungshaltigen Verarbeitung in Verbindung gebracht werden können.

2.1.3 Sozial-kognitive Theorien des Lernens

Im Vergleich zu den bisher dargestellten Theorien betonte Albert Bandura in seiner sozial-kognitiven Theorie des Lernens (1976, 1979) insbesondere soziale Faktoren des Lernens. Unter Lernen durch Beobachtung (Modelllernen) werden Lernaktivitäten subsumiert, die auf der Beobachtung von Verhalten von Vorbildern, sogenannten Modellen, beruhen und nachgeahmt werden. Zunächst muss die lernende Person dem Verhalten des Modells Aufmerksamkeit schenken (Beobachtung). Anschließend wird das beobachtete Verhalten im Gedächtnis gespei-

Modelllernen

chert. Die lernende Person baut dahingehend eine Wissensrepräsentation des beobachteten Verhaltens auf. In der dritten Phase (Reproduktion) versucht die lernende Person das beobachtete Verhalten nachzuahmen. Ob das beobachtete Modellverhalten angeeignet und ausgeführt wird, hängt dabei von der jeweiligen Motivation ab. Zur Motivation beitragen können dabei sowohl stellvertretende Konsequenzen, die die Modellperson erfahren hat (z. B. Dankbarkeit einer dritten Person für geleistete Hilfe), als auch Selbstverstärkungsprozesse, wie die aktuellen Selbstwirksamkeitserwartungen der lernenden Person, das beobachtete Verhalten erfolgreich nachahmen zu können. Ein alternativer Lösungsweg einer mathematischen Aufgabe, der der lernenden Person leichter und somit erfolgsversprechender erscheint als der bisher bekannte Lösungsweg, könnte zum Beispiel dazu beitragen, dass die Motivation der Person steigt, diesen Lösungsweg zu übernehmen.

2.2 Konstruktionsorientierte Theorien des Lernens

Wie bereits in Kapitel 2.1.2. erwähnt, wird Lernen aus kognitiver Perspektive im Grunde als das Integrieren neuer Informationen in vorhandenes Vorwissen verstanden. Dieser oft als „Andocken" bezeichnete Prozess beschreibt demnach das Herstellen von Verbindungen zwischen bereits erworbenem Wissen und neuem zu lernenden Wissen, welches von den Lernenden selbst bewerkstelligt werden muss. Lernen ist aus dieser Perspektive also als ein konstruktiver Prozess zu verstehen. Diese Auffassung von Lernen bzw. Wissenserwerb ist nicht nur in der Forschung, sondern auch im Allgemeinwissen pädagogisch interessierter Personen weit verbreitet. Die weite Verbreitung dieser Auffassung von Lernen als konstruktivem Prozess ist wünschenswert, da sie mit dem aktuellen Stand der Wissenschaft zum bedeutungsvollen Lernen, also dem Lernen, bei dem Inhalte verstanden werden sollen, kompatibel ist. Zugleich ist diese Auffassung von Lernen als Andocken von Neuem an Altes deutlich zu grobkörnig, um die Gestaltung von Maßnahmen zur Förderung des Lernens hinreichend nachvollziehen und entsprechend sinnvoll und aktiv in das (eigene) Lernen eingreifen zu können. Um der zentralen Rolle des Prozesses der Wissenskonstruktion hinreichend Rechnung zu tragen, haben sich, als Erweiterung der oben eingeführten frühen kognitiven Lerntheorien, entsprechend konstruktionsorientierte Lerntheorien etabliert, die insbesondere die Art und Wirkweise verschiedener Wissenskonstruktionsprozesse in den Blick nehmen.

Konstruktionsorientierte Lerntheorien
Konstruktionsorientierte Lerntheorien beschreiben Lernen als einen Vorgang, der bedeutend von Wissenskonstruktionsprozessen getragen wird. Diese Lerntheorien treffen dabei Annahmen dazu, welchen Beitrag verschiedene Verarbeitungsprozesse zur Wissenskonstruktion leisten. In konstruktionsorientierten Lerntheorien wird das Konzept von Lernen als „Andocken von Neuem an bereits Vorhandenes" in einzelne Teilprozesse aufgeschlüsselt.

Denkanstoß
Reflektieren Sie für sich, ob das geschilderte „Andocken von Neuem an bereits Vorhandenes" auch Ihrer Auffassung von Lernen entspricht. Was wissen Sie darüber hinaus über den Prozess der Wissenskonstruktion? Eine Möglichkeit, dieses Vorwissen gewinnbringend zu aktivieren, besteht darin, es in Form einer Concept Map (siehe Kapitel 3.3) darzustellen.

2.2.1 Taxonomie lernbezogener Funktionen der Informationsverarbeitung

Deutlich spezifischer und entsprechend auch hilfreicher als die oben genannten frühen kognitiven Ansätze, um den Prozess der Wissenskonstruktion verstehen und fördern zu können, ist die Taxonomie lernbezogener Funktionen der Informationsverarbeitung, die von dem Psychologen Alexander Renkl (2008, 2015b) unter Rückgriff auf Arbeiten von Weinstein und Mayer (1986) entwickelt wurde. Grundsätzlich geht diese Taxonomie davon aus, dass ungeachtet ihrer konkreten (äußeren) Form, Lernaktivitäten dann effektiv Wissenskonstruktion fördern, wenn sie mit Informationsverarbeitungsprozessen im Arbeitsgedächtnis einhergehen, die eine oder mehrere der folgenden sieben Funktionen erfüllen.

Interpretieren

Daten (z. B. Bilder, Buchstaben, Laute), die Eingang in unser kognitives System finden – Daten, die wir beachtet haben –, müssen zunächst **interpretiert** werden. Erst durch diesen Prozess werden sie zu bedeutungsvollen Informationen, die wir im Folgenden tiefer verarbeiten können bzw. auf deren Basis wir weitere (Lern-)Aktivitäten initiieren können. Interpretieren kann beispielsweise das Erkennen bedeutungsvoller Muster in einem Bild (z. B. Anzeichen für eine bestimmte Krankheit in einem Röntgenbild oder Anzeichen für den Klimawandel in einer Reihe an Satellitenbildern) oder das Erkennen von Bedeutung in verbalen Äußerungen (z. B. Bedeutung einzelner Wörter oder Bedeutung eines gesamten Texts vor dem Hintergrund einer bestimmten inhaltlichen Debatte) beinhalten. Das Vorwissen bzw. das jeweils aktivierte Vorwissen stellt dabei die Basis dar, vor deren Hintergrund das Interpretieren erfolgt, wobei die Qualität der Interpretation mit der Qualität des aktivierten Vorwissens zunehmen sollte. Die Wahrscheinlichkeit, in einer Reihe an Satellitenbildern Anzeichen für den Klimawandel zu entdecken, sollte also demnach steigen, wenn zum Beispiel Vorwissen zu Ozeanforschung, Meteorologie, Erdsystemforschung oder ähnlichen Disziplinen vorhanden und aktiviert ist.

Selegieren

Nicht alle Reize bzw. Daten, die Lernende registriert haben, sollten anschließend eingehend weiterverarbeitet werden. Vielmehr sollten Lernende gezielt nur die vor dem Hintergrund eines bestimmten Lernziels relevanten einkommenden Daten **selegieren**, um sie im Arbeitsgedächtnis zu verarbeiten. Beim Versuch ein tiefes Verständnis eines Textes zu erlangen, sollten Lernende also beispielsweise nicht auf die Schriftart achten; beim Versuch den Ausführungen einer Professorin bei einer Vorlesung zu folgen, sollten der inhaltliche rote Faden und weniger der Dialekt der Professorin beachtet werden. Lernende wissen allerdings nicht immer von sich aus, auf welche Daten bzw. Informationen sie in welchen Lernsituationen achten sollten. Ähnlich wie beim Interpretieren ist auch die Qualität des Selegierens vom Vorwissen der Lernenden abhängig. Durch sogenannte Relevanzinstruktionen, die von Lehrpersonen gegeben bzw. in das Lernmaterial integriert werden können (z. B. in Form von Leitfragen oder vorab kommunizierten übergreifenden Lernzielen, siehe Kapitel 3.6), können Lernende hierbei allerdings effektiv unterstützt werden (vgl. McCrudden & Schraw, 2007).

Organisieren

Das Herausarbeiten von Zusammenhängen zwischen zu lernenden neuen Informationen stellt den Kern der Funktion des **Organisierens** dar. Lernende sollten sich also über die innere Struktur der Lerninhalte klar werden und bestimmen, welche Punkte besonders zentral bzw. übergeordnet sind und welche Punkte den jeweiligen Hauptaspekten unter- und zuzuordnen sind. Auch das Identifizieren eines roten Fadens innerhalb der zu lernenden Informationen kann zur Organisation beitragen. Das Organisieren kann also in gewissem Sinne als „Ordnung schaffen“ innerhalb neu zu lernender Informationen verstanden werden. Hierdurch wird das Bilden einer kohärenten mentalen Repräsentation der zu lernenden Inhalte unterstützt. Prototypische Lernaktivitäten, die der Funktion des Organisierens dienen, sind beispielsweise das Zusammenfassen oder das Erstellen von Concept Maps (siehe Kapitel 3.3). Ein häufig geäußertes Missverständnis von Organisation ist, dass es sich auf eine geordnete und planvolle und somit „organisierte“ Vorgehensweise beim Lernen bezöge. Dies ist mit der Funktion des Organisierens allerdings keineswegs gemeint – das Organisieren bezieht sich hier ausschließlich auf das inhaltliche Strukturieren des neu zu erwerbenden Wissens. Es geht also um kognitive und nicht um verhaltensbezogene Organisation.

Elaborieren

Die Funktion des **Elaborierens** bezieht sich vielleicht am ehesten darauf, was mit der oben geschilderten grobkörnigen Auffassung des Lernens als Verbinden von Neuem mit bereits Vorhandenem unmittelbar gemeint ist. Beim Elaborieren beziehen Lernende neu zu lernende Informationen auf ihr bereits vorhandenes Vorwissen und stellen bedeutungsvolle Bezüge her (hierdurch entstehen die in Kapitel 1.3 erwähnten elaborierten Wissensstrukturen). Diese Bezüge können innerhalb von Fachwissen erfolgen (z. B. eine Schülerin bezieht ihr Wissen zur Meiose auf ihr Wissen zu den Mendelschen Regeln) oder auch zwischen Erfahrungen aus dem Alltag und Fachwissen hergestellt werden (z. B. ein Student bezieht sein neu erworbenes Wissen zur Cognitive Load Theory auf seine Erfahrungen mit suboptimal gestalteten Vorlesungsfolien seiner Professorin). Die Funktion des Elaborierens kann in gewissem Sinne als Gegenstück zum Organisieren verstanden werden. Während es beim Organisieren vorwiegend darum geht, interne Bezüge innerhalb der zu lernenden Informationen herzustellen, geht es beim Elaborieren darum, externe Bezüge zwischen dem neu zu Lernenden und dem Vorwissen zu etablieren. Prototypische Lernaktivitäten, welche der Funktion des Elaborierens dienen können, sind das kritische Prüfen neuer Informationen auf Basis des Vorwissens, das Ausdenken eigener Beispiele, mit denen ein neues Konzept oder Prinzip veranschaulicht werden kann, oder das Erklären von Lerninhalten in eigenen Worten (siehe Kapitel 3.1).

Generieren

Ähnlich wie das Elaborieren dient auch das **Generieren** der Anreicherung der mentalen Repräsentationen der Lernenden um Neues. Anders als das Elaborieren dient das Generieren allerdings nicht vorwiegend der Herstellung von Bezügen zwischen Vorwissen und neuem Wissen, sondern dem Erstellen von Neuem aus den zu lernenden Informationen heraus. Ein Beispiel hierfür ist, wenn Lernende nach dem Durchgehen von mehreren bereits gelösten Kurvendiskussionsaufgaben (sog. Lösungsbeispiele, siehe Kapitel 3.9) ein Schema konstruieren, das für sie anschaulich macht, in welchen Schritten solche Aufgaben typischerweise gelöst werden. Selbstverständlich kann in diesen Konstruktionsprozess auch Vorwissen involviert sein – zentral ist aber, dass die Lernenden hierbei selbst (aus ihrer Perspektive) neues Wissen schaffen. Die generierte Information kann jedoch auch von bedeutend geringerem Umfang sein als in dem zuvor geschilderten Beispiel. Wenn eine Leserin aus den Sätzen „Mia wollte gerne ein neues Smartphone. Sie arbeitete als studentische Hilfskraft." schließt, dass Mia den Job als studentische Hilfskraft angenommen hat, weil sie gerne ein neues Smartphone wollte (sog. bridging inferences, die beim Lesen regelmäßig gezogen werden, vgl. Kintsch, 2004, 2018) würde auch dies der Funktion des Generierens entsprechen.

Stärken

Im Gegensatz zum Organisieren, Elaborieren und Generieren bezieht sich die Funktion des **Stärkens** nicht auf den Aufbau und Ausbau der mentalen Repräsentationen, sondern auf das Erreichen einer hohen Verfügbarkeit des jeweiligen Wissens. Hierzu ist es notwendig, dass Gedächtnisspuren der jeweiligen gelernten Informationen gestärkt und Abrufrouten etabliert und eingeübt werden. Dies kann beispielsweise dadurch erfolgen, dass Lernende bestimmtes Wissen aus dem Gedächtnis abrufen (z. B. beim Lernen mit Karteikarten) oder Übungsaufgaben zu neu gelernten Lösungsprozeduren bearbeiten. Mit jedem erfolgreichen Abruf des jeweiligen Wissens aus dem Gedächtnis sollte die Wahrscheinlichkeit steigen, den Abruf auch in Zukunft erfolgreich bewerkstelligen zu können, und das Wissen demnach entsprechend konsolidiert werden (siehe Kapitel 3.5). Neben der höheren Verfügbarkeit des Wissens führt das Stärken insbesondere prozeduralen Wissens zudem dazu, dass sich stark automatisierte Routinen bilden. Hierdurch verringern sich die durch die Ausführung der jeweiligen Prozedur gebundenen Aufmerksamkeitsressourcen, was zu einer kognitiven Entlastung führt. Im Sinne der Cognitive Load Theory (siehe Kapitel 2.4) führt dies wiederum dazu, dass Kapazität frei wird, die in den Erwerb neuen, komplexeren Wissens investiert werden kann.

Metakognitives Planen, Überwachen und Regulieren

Die Auswahl von Lernaktivitäten, die passend sind, um ein bestimmtes Lernziel zu erreichen, das Beurteilen, ob sich dem Lernziel genähert wurde und wo noch Verständnisprobleme bestehen, und das gezielte Nachsteuern oder Ändern der Vorgehensweise, wenn Schwierigkeiten oder Verständnislücken identifiziert wurden, sind ebenfalls zentral für den effektiven Wissenserwerb. Lernaktivitäten, die diesen Funktionen dienen, beziehen sich nicht unmittelbar auf den Erwerb von neuem Wissen zu bestimmten Lerninhalten, sondern auf das Management des eigenen Lernprozesses. Folglich werden sie als metakognitive, also den kognitiven Lernprozessen, die sich unmittelbar auf den Erwerb neuen Wissens beziehen, übergeordnete Lernaktivitäten bezeichnet (siehe Kapitel 1.4). Kompetentes Ausführen dieser metakognitiven Lernaktivitäten wird weithin als zentral für erfolgreiches selbstreguliertes Lernen aufgefasst (siehe Kapitel 2.3). Gleichzeitig zeigt sich jedoch, dass Lernende in der Regel größere Schwierigkeiten mit der Ausführung metakognitiver Lernprozesse als mit der Ausführung kognitiver Lernprozesse zu haben scheinen (z. B. Nückles, Roelle, Glogger-Frey, Waldeyer & Renkl, 2020), weswegen oftmals die direkte – d.h. durch Training der Lernenden – und indirekte – d. h. durch gezielte Gestaltung der Lernumgebung – Förderung dieser Lernaktivitäten indiziert ist (vgl. Händel, Harder & Dresel, 2020; Schuster, Stebner, Leutner & Wirth, 2020).

Orientierung an Funktionen statt an Formen

In der Taxonomie lernförderlicher Funktionen von Informationsverarbeitungsprozessen nach Renkl (2008, 2015b) wird gezielt darauf verzichtet, bestimmte (äußere) Formen von Lernaktivitäten bestimmten Funktionen zuzuordnen. Der Grund hierfür ist, dass ein und dieselbe Lernaktivität je nach Verwendung unterschiedliche Funktionen erfüllen kann. So kann das Ausdenken eines eigenen Beispiels für ein neues Konzept der Funktion des Elaborierens dienen, gleichzeitig kann es jedoch auch der Überwachung des eigenen Verständnisses (z. B. wenn Lernende feststellen, dass ihnen das Ausdenken eines Beispiels schwer fällt oder nicht alle Aspekte des zu veranschaulichenden Konzepts von dem Beispiel abgedeckt werden; vgl. Froese & Roelle, 2022) oder der Stärkung des zugrundeliegenden Wissens dienen (weil das Konzept zunächst aus dem Gedächtnis abgerufen werden muss, bevor es anhand eines Beispiels veranschaulicht wird). Die äußere Form einer Lernaktivität verrät also nicht immer, welchen Funktionen sie im Kontext des Wissenserwerbs dient, was durch den expliziten Fokus auf Funktionen und nicht auf Formen von Lernaktivitäten berücksichtigt wird.

Denkanstoß
Überlegen Sie für sich, welche Ihrer Lernaktivitäten, die Sie typischerweise zur Nachbereitung von Lehrveranstaltungen oder zur Vorbereitung auf Klausuren durchführen, welche Funktionen der Taxonomie nach Renkl erfüllen. Decken Sie regelmäßig alle Funktionen ab?

2.2.2 Generative Lerntheorien

Die skizzierte Taxonomie lernbezogener Funktionen der Informationsverarbeitung nach Renkl (2008, 2015b) enthält zwar theoretische Annahmen zu den Effekten und Wirkmechanismen von Lernaktivitäten, ist aber für sich genommen keine Lerntheorie. Die Taxonomie steht jedoch im Einklang mit den konstruktionsorientierten Lerntheorien, deren Annahmen zu einzelnen Funktionen der Informationsverarbeitung im Vergleich zu Renkls Taxonomie auf einem etwas abstrakteren Level bleiben. Von diesen konstruktionsorientierten Lerntheorien ist derzeit wohl das Selegieren-Organisieren-Integrieren-Modell (SOI-Modell) generativen Lernens am weitesten verbreitet. Es wurde maßgeblich von Richard Mayer (2009, 2014a; siehe auch Fiorella & Mayer, 2016) entwickelt und basiert auf dem Modell generativen Lernens nach Wittrock (1974, 1989). Die grundlegenden Annahmen von Wittrocks Modell wurden dabei übernommen. So wird angenommen, dass effektives bedeutungshaltiges Lernen unter anderem das Erstellen interner Verknüpfungen innerhalb der neu zu lernenden Inhalte (ähnlich dem oben beschriebenen Organisieren) und externer Verknüpfungen zwischen neuem Wissen und Vorwissen erfordert (ähnlich dem oben beschriebenen Elaborieren; sog. generation component). Des Weiteren wird angenommen, dass es zum erfolgreichen Lernen einer Fokussierung auf die relevanten neuen Inhalte sowie auf das relevante Vorwissen bedarf (sog. attention component). Wittrocks Modell wiederum basiert unter anderem auf frühen Vorstellungen zum Lernen als konstruktiven Akt von Bartlett (1932), Piagets (1926) Auffassung von Lernen als konstruktiven Prozess sowie Annahmen zur kognitiven Architektur des Menschen bzw. zum Mehrspeichermodell von R. C. Atkinson und Shiffrin (1968; siehe Kapitel 2.1.2).

SOI-Modell generativen Lernens

Das SOI-Modell trifft theoretische Annahmen zu drei zentralen Arten von kognitiven Prozessen und deren Bezügen zu den drei zentralen Speichern aus R. C. Atkinson und Shiffrins Gedächtnismodell (siehe Abbildung 2.2; vgl. Fiorella & Mayer, 2016).

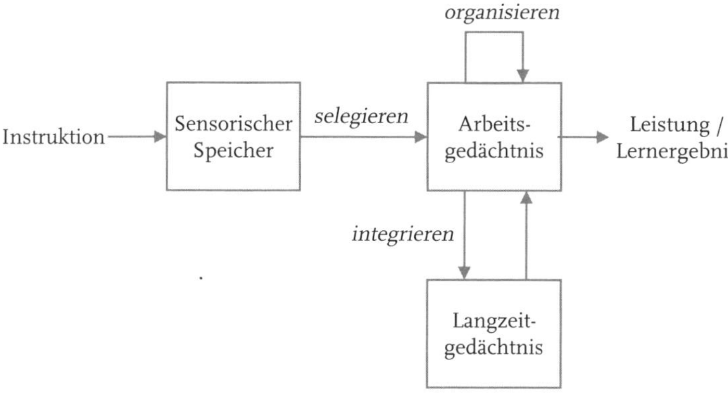

Abbildung 2.2. SOI-Modell nach Richard Mayer (2009, 2014a).

Im ersten Schritt selegieren Lernende dem Modell nach die relevanten einkommenden Reize (z. B. Töne, geschriebene Wörter, Bilder), die für eine sehr kurze Zeit im sensorischen Speicher gehalten werden, indem sie gezielt ihre Aufmerksamkeit entsprechend ausrichten. Im Anschluss an das Selegieren erfolgt die bewusste Informationsverarbeitung im Arbeitsgedächtnis. Zunächst organisieren Lernende die neuen zu lernenden Informationen und erstellen somit eine kohärente mentale Repräsentation des neuen Wissens. Diese mentale Repräsentation wird im nächsten Schritt in das Vorwissen der Lernenden, das im Langzeitgedächtnis gespeichert ist, integriert. Hierzu muss das Vorwissen aktiviert und entsprechend in das Arbeitsgedächtnis überführt werden.

Die Prozesse des Organisierens und Integrierens werden im SOI-Modell als die eigentlichen generativen Lernaktivitäten aufgefasst, während das Selegieren eine Art vorbereitenden Charakter für die nachfolgenden generativen Lernaktivitäten hat (Fiorella & Mayer, 2016). Das Organisieren, das im SOI-Modell angenommen wird, lässt sich dabei 1:1 auf die Funktion des Organisierens aus Renkls (2008, 2015b) Taxonomie lernbezogener Funktionen der Informationsverarbeitung abbilden. Der Prozess des Integrierens hingegen hat nicht ein einzelnes Pendant, sondern weist Schnittmengen mit den Funktionen des Interpretierens, Elaborierens, Generierens und Stärkens aus Renkls Taxonomie auf. Das SOI-Modell nimmt implizit zudem an, dass metakognitive Lernaktivitäten wie das Planen des eigenen Lernprozesses oder das Überwachen des eigenen Verständnisses von Bedeutung sind und dass Motivation nötig sei, um die generativen und metakognitiven Lernaktivitäten zu initiieren und aufrechtzuerhalten (Fiorella & Mayer, 2016). Der Kern des Modells sind jedoch die beschriebenen Prozesse des Selegierens, Organisierens und Integrierens, so dass Metakognition und Motivation in der Regel nur am Rande erwähnt werden.

Es gibt einige weitere theoretische Modelle, die sehr ähnliche Annahmen zu effektiver Wissenskonstruktion treffen, wie beispielsweise das Interactive-Constructive-Active-Passive-Framework (ICAP Framework) von Chi (2009; siehe auch Chi & Wylie, 2014) oder die Perspektive der fokussierten Informationsverarbeitung von Renkl (2015a; siehe auch Renkl & R. K. Atkinson, 2007). Das SOI-Modell, welches in leicht abgewandelter Form auch der ebenfalls sehr populären Cognitive Theory of Multimedia Learning von Mayer (2009, 2014a) zugrunde liegt, ist jedoch derzeit am gängigsten, so dass an dieser Stelle das SOI-Modell als aktueller Prototyp konstruktionsorientierter bzw. generativer Lerntheorien vorgestellt wurde.

2.3 Selbstregulationsorientierte Theorien des Lernens

Die in Kapitel 2.2. geschilderten Lernaktivitäten müssen von den Lernenden selbst ausgeführt werden. Zwar ist es gut möglich, die Prozesse von außen anzuregen und zu unterstützen (siehe Kapitel 3), die Ausführung selbst obliegt allerdings den Lernenden. Ein gewisses Maß an Selbststeuerung ist beim Lernen also stets vorhanden. Trotzdem kann der Grad an Selbststeuerung natürlich auch bedeutend über das reine Ausführen bestimmter Lernaktivitäten hinausgehen. Mit der über das geschilderte Mindestmaß hinausgehenden Steuerung des Lernens durch die Lernenden selbst beschäftigen sich Theorien selbstregulierten Lernens. Definiert wird selbstreguliertes Lernen hier grob als Lernen, bei dem die Lernenden „[...] die wesentlichen Entscheidungen, ob, was, wann, wie und woraufhin [...]“ (Weinert, 1982, S. 102) gelernt wird, bedeutend beeinflussen können.

Theorien selbstregulierten Lernens
Theorien selbstregulierten Lernens, das oftmals auch als selbstgesteuertes Lernen bezeichnet wird, konzentrieren sich auf die Steuerung von Lernvorgängen durch die Lernenden selbst. Genauer beschäftigen sich diese Theorien zum einen damit, welche Phasen und Prozesse beim selbstregulierten Lernen beteiligt sind und wie sie zusammenwirken, und zum anderen damit, auf welchen Ebenen die Selbstregulation stattfindet und welche Kompetenzen darin involviert sind.

Einen Überblick über Theorie und Empirie zum selbstregulierten Lernen zu geben, würde den Rahmen des vorliegenden Kapitels sprengen (für eine jüngere Kurzübersicht, siehe Panadero, 2017; siehe zudem den Band aus dieser Reihe zum Thema Motivation und Selbstregulation von Axel Grund und Gabriele Steuer, 2023). An dieser Stelle soll daher nur auf einen kleinen Teil der Forschung zu selbstreguliertem Lernen eingegangen werden, der thematisch eng an die Schilderungen zu konstruktionsorientiertem Lernen anknüpft: Prozessmodelle selbstregulierten Lernens.

2.3.1 Prozessmodell selbstregulierten Lernens von Zimmerman

Prozessmodelle selbstregulierten Lernens treffen Annahmen dazu, in welchen Phasen bzw. Zyklen selbstreguliertes Lernen vor sich geht. Eines der wohl bekanntesten Modelle hierzu stammt von Zimmerman (2000, 2008). In diesem Modell wird selbstreguliertes Lernen als ein Zyklus aus drei aufeinanderfolgenden Phasen verstanden (siehe Abbildung 2.3).

In der Planungsphase (forethought phase) analysieren die Lernenden die anstehenden Lernaufgaben, setzen Ziele und planen, wie sie

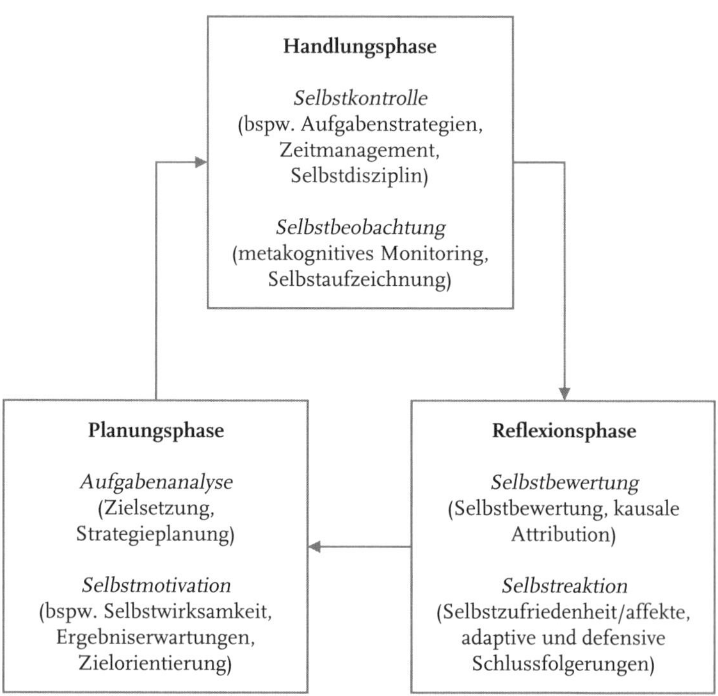

Abbildung 2.3. Zyklisches Phasenmodell des selbstregulierten Lernens nach Zimmerman (2000)

diese erreichen könnten. Bei der Planung spielen neben dieser Aufgabenanalyse außerdem motivationale Faktoren eine wichtige Rolle, wie beispielsweise die Ausprägung der Erwartung, das gesetzte Ziel auch erreichen zu können. In der Handlungsphase (performance phase) findet die tatsächliche Bearbeitung der Lernaufgaben statt. Ihre Handlungen und ihr Fortschritt werden dabei von den Lernenden selbst beobachtet und kontrolliert. Schließlich findet in der Reflexionsphase (self-reflection phase) eine Bewertung des Erreichten statt, worauf erneut eine Planungsphase folgt, in der vorherige Ziele und Pläne geändert oder neue Ziele und Pläne generiert werden. In allen drei Phasen des Modells werden auch weitergehende Annahmen zu motivationalen Komponenten und Prozessen getätigt, die an dieser Stelle aber nicht weiter berücksichtigt werden sollen.

Konstruktionsorientierte Lernaktivitäten in den drei Phasen

Die grob skizzierten Handlungen der Lernenden in den drei Phasen können auf die in Kapitel 2.2.1 beschriebenen Lernaktivitäten bzw. Funktionen von Lernaktivitäten bezogen werden. Die Handlungsphase ist eng mit den im SOI-Modell beschriebenen Aktivitäten der Organisation und Integration verbunden bzw. auch mit den Funktionen des Interpretierens, Selegierens, Generierens und Stärkens aus Renkls (2015b) Taxonomie. Metakognitive Aktivitäten spielen hingegen in allen Phasen des Modells von Zimmerman eine zentrale Rolle: So kann man das metakognitive Überwachen der Handlungsphase zuordnen. Die dort erfassten Informationen bzw. Hinweise auf die eigene Leistung bei der Bearbeitung der Lernaufgaben führen dann zum Bilden der Selbstbewertung in der Reflexionsphase (vgl. Nückles et al., 2020). Auf Basis dieser Urteile können wiederum Maßnahmen zum Beheben von gegebenenfalls festgestellten Verständnisschwierigkeiten oder unzureichenden Leistungen geplant werden. Diese Aktivität der Planung remedialer (d. h. Abhilfe verschaffender) Lernaktivitäten würde der Planungsphase zugeordnet werden. Selbstverständlich können in der Planungsphase auch metakognitive Planungsaktivitäten, die nicht unmittelbar aus zuvor festgestellten Schwierigkeiten oder Unzulänglichkeiten hervorgehen, durchgeführt werden. Dies könnte dann beispielsweise die Auswahl der auszuführenden Lernaktivitäten betreffen. In Abhängigkeit des Lernziels (z. B. Erreichen von tiefem Verständnis oder Konsolidierung bereits gebildeten Wissens) würden idealerweise Lernaktivitäten mit unterschiedlichen Funktionen (z. B. Organisieren und Elaborieren zur Bildung kohärenter mentaler Repräsentationen oder Aktivitäten zur Stärkung von Wissen) anvisiert werden.

2.3.2 Metakognitives Modell von Nelson und Narens

Eine noch einfachere Konzeptualisierung von selbstreguliertem Lernen und Zuordnung von Lernaktivitäten zu den verschiedenen Phasen, die häufig in stärker grundlagenorientierten Arbeiten zur Rolle metakognitiver Lernaktivitäten angeführt wird, findet sich im Modell von Nelson und Narens (1990, 1994). Wie in Abbildung 2.4 dargestellt, werden in diesem Modell lediglich zwei Ebenen von Lernaktivitäten und zwei Relationen zwischen diesen Ebenen angenommen.

Objekt-Level-Prozesse beziehen sich unmittelbar auf die zu lernenden Inhalte und beinhalten folglich alle Funktionen von Lernaktivitäten, die unmittelbar den Aufbau und die Konsolidierung von Wissen betreffen (Selegieren, Interpretieren, Organisieren, Elaborieren, Generieren und Stärken). Meta-Level-Prozesse beziehen sich auf das Objekt-Level und haben zum Ziel, Entscheidungen für das weitere Lernen vorzubereiten bzw. zu informieren. Dies beinhaltet unter anderem das Bilden von Selbsturteilen in Bezug auf das Erreichen zuvor gesetzter Ziele (im Grunde geht es hier um die Beantwortung der Frage, wie

Abbildung 2.4. Metakognitives Modell nach Nelson und Narens (1990, 1994)

effektiv die zuvor durchgeführten Objekt-Level-Prozesse waren; das Bilden dieser Selbsturteile ist Bestandteil des oben genannten Prozesses der Selbstbewertung). Durch den Prozess des Monitorings werden die Meta-Level-Prozesse von den Objekt-Level-Prozessen informiert. Dies kann unter anderem beinhalten, dass die Lernenden überwachen, wie leicht ihnen die Ausführung bestimmter Lernaktivitäten gefallen ist oder wie gut sie bestimmte generative Lernaktivitäten, wie beispielsweise das Vervollständigen eines Diagramms, das zentrale zu lernende Inhalte in Relation zueinander setzt, oder das Erstellen von Schlüsselwörtern, die einen zuvor gelesenen Text zusammenfassen, umgesetzt haben (vgl. De Bruin, Dunlosky & Cavalcanti, 2017; Van de Pol, Van Loon, Van Gog, Braumann & De Bruin, 2020; Waldeyer & Roelle, 2021). Durch den Prozess der Kontrolle bzw. der Regulation (diese Begriffe werden im Kontext dieses Modells oftmals synonym verwendet) informiert das Meta-Level das Objekt-Level. Dies können Entscheidungen sein, wie zum Beispiel die Lernzeit zu erhöhen oder andere Lernaktivitäten als bisher durchzuführen (beispielsweise das Schreiben eines Lerntagebuchs anstelle des Anfertigens einer Zeichnung, siehe Kapitel 3.2 und 3.5).

Die Begriffe Objekt-Level und Meta-Level-Prozesse werden hauptsächlich im Kontext des Modells von Nelson und Narens verwendet – in anderen Modellen sind die Begriffe kognitive und metakognitive Lernprozesse, die synonym zu Objekt-Level und Meta-Level-Prozessen verwendet werden können, geläufiger. Da das Modell von Nelson und Narens keine Annahmen zu Motivation und weiteren Komponenten selbstregulierten Lernens trifft und auch nicht als umfassendes Modell selbstregulierten Lernens konzeptualisiert ist, wird es in der anwendungsnäheren Literatur zu selbstreguliertem Lernen relativ selten zitiert. Grundlegende Ideen dazu, wie im Kontext des (selbstregulierten) Lernens kognitive und metakognitive Lernprozesse zusammenspielen, sind aber wesentlich diesem Modell zuzuschreiben, weswegen es bis heute von hoher Bedeutung für den Aufbau eines grundlegenden Verständnisses der Prozesse selbstregulierten Lernens sowie für die nutzeninspirierte Grundlagenforschung in diesem Bereich ist.

Denkanstoß

Reflektieren Sie Ihr eigenes Lernen auf Ihre letzte Prüfung: Inwiefern erkennen Sie die Zimmerman'schen Phasen und Zyklen bei Ihrem selbstregulierten Lernen? Welche Lernaktivitäten führen Sie typischerweise in den einzelnen Phasen durch?

2.4 Ressourcenorientierte Theorie des Lernens: Cognitive Load Theory

Die in Kapitel 2.2 dargestellten Theorien konstruktionsorientierten Lernens sowie im Grunde auch die in Kapitel 2.3 skizzierten Theorien selbstregulierten Lernens fokussieren stark die Natur bestimmter Lernprozesse und wie diese im Kontext der Wissenskonstruktion ineinandergreifen können. Dass all diese Prozesse im Arbeitsgedächtnis ausgeführt werden müssen, was in seiner Kapazität vergleichsweise stark beschränkt ist (siehe Kapitel 2.1.2), spielt bei diesen Betrachtungen nur eine untergeordnete Rolle. Gleichwohl hängt Lernen jedoch fundamental von dieser Begrenzung unserer kognitiven Architektur ab, was den Grundgedanken der Cognitive Load Theory darstellt.

Cognitive Load Theory

Die Cognitive Load Theory geht wesentlich auf den Australier John Sweller (1988) zurück und wurde in den letzten Jahrzehnten zudem maßgeblich von den niederländischen Forschern Jeroen Van Merriënboer und Fred Paas geprägt. Die Cognitive Load Theory zielt darauf ab zu erklären, wie die kognitive Belastung, die von Lernaufgaben induziert wird, den Prozess der Wissenskonstruktion und somit den Lernerfolg beeinflusst. Grundlegend ist dabei die Annahme, dass die Kapazität des Arbeitsgedächtnisses stark begrenzt ist und dass entsprechend, zumindest wenn Lernende wenig Vorwissen haben, nur eine geringe Menge an Informationen simultan verarbeitet werden kann.

Intrinsische Belastung

Sweller, Van Merriënboer und Paas (1998) gehen in der ursprünglichen und bis heute in der Forschung wohl noch am breitesten rezipierten Version ihrer Theorie davon aus, dass beim Lernen drei verschiedene Arten der kognitiven Belastung unterschieden werden können: intrinsische, extrinsische und lernbezogene Belastung. Die intrinsische Belastung (intrinsic load) bezieht sich auf die Komplexität der zu lernenden Inhalte bzw. auf die Anzahl der Informationen (Elemente), die simultan verarbeitet werden müssen, um ein Lernziel zu erreichen (sog. Elementinteraktivität). Wichtig herauszustellen ist allerdings, dass die intrinsische Belastung vom Vorwissen abhängig ist. Sofern bereits Vorwissen vorhanden ist, mittels dessen mehrere Elemente bedeutungsvoll verbunden und entsprechend als ein zusammenhängendes Element verarbeitet werden können, sinkt die Elementinteraktivität und damit die intrinsische Belastung.

Intrinsische Belastung: Vokabellernen vs. mathematisches Problemlösen

Die intrinsische Belastung lässt sich gut anhand eines Vergleichs des Lernens von Vokabeln mit dem Lernen einer mehrschrittigen Lösungsprozedur eines mathematischen Problems veranschaulichen. Beim Lernen von Vokabeln kann argumentiert werden, dass lediglich zwei Elemente bzw. Informationen simultan im Arbeitsgedächtnis verarbeitet werden müssen: Das jeweilige Wort aus der Muttersprache und das aus der zu lernenden Sprache (z. B. Katze und cat). Die Elementinteraktivität und somit auch die intrinsische Belastung sind hierbei also eher gering. Beim Lernen einer mehrschrittigen Lösungsprozedur eines mathematischen Problems (z. B. Drei-Satz-Probleme) hingegen müssen – zumindest, wenn das Lernziel darin besteht, die Prozedur als Ganzes zu verstehen – mutmaßlich oftmals mehr als zwei Elemente simultan verarbeitet werden. Hier wäre die intrinsische Belastung also vermutlich höher als im zuvor genannten Beispiel des Vokabellernens. Allerdings kann eine mehrschrittige mathematische Lösungsprozedur in Abhängigkeit des Vorwissens auch nur ein Element darstellen (z. B. wenn bereits ein differenziertes Schema zu der Lösungsprozedur vorliegt), was entsprechend die intrinsische Belastung wiederum reduzieren sollte.

Extrinsische Belastung

Die extrinsische Belastung (extraneous load) wird auch als lernirrelevante Belastung bezeichnet und bezieht sich auf Verarbeitungsanforderungen, die wesentlich von der Gestaltung der Lernaufgaben und des Lernmaterials abhängen. Dies kann zum Beispiel die Darstellung von aufeinander bezogenen und gemeinsam zu verarbeitenden Textpassagen und Bildern auf verschiedenen Seiten eines Buches (sog. split-attention effect; vgl. Schroeder & Cenkci, 2018) oder die Darstellung von interessanten, aber thematisch irrelevanten oder abwegigen Informationen in Lernmaterialien (sog. seductive details; vgl. Rey, 2012) betreffen. Auch Lernende zu früh zum selbstständigen Bearbeiten neuer Problemstellungen aufzufordern kann zu erhöhter extrinsischer Belastung führen (siehe Kapitel 3.9; eine Übersicht über typische Quellen extrinsischer Belastung finden Sie im Lehrbuch von Sweller,

Ayres & Kalyuga, 2011). Wie bereits angedeutet, gilt diese unproduktive kognitive Belastung als veränderbar. Durch gezielte Gestaltung der Lernmaterialien und Lernaufgaben können Lehrpersonen also bedeutend Einfluss auf diese Belastung nehmen und sie nach Möglichkeit weitgehend reduzieren.

Denkanstoß
Suchen Sie extrinsische Belastung in Ihrem Studienalltag: Welche Quellen von extrinsischer Belastung finden Sie beispielsweise in den Lernmaterialien, die Ihnen in Vorlesungen und Seminaren zur Verfügung gestellt werden? Wie könnte die extrinsische Belastung in diesen Kontexten verringert werden?

Lernbezogene Belastung

Die lernbezogene Belastung (germane load) schließlich bezieht sich auf das Lernen selbst. Eine Auffassung hierzu ist, dass diese Belastung aus der Ausführung von kognitiven und metakognitiven Lernaktivitäten im Rahmen der Wissenskonstruktion resultiert. So erzeugen beispielsweise das Ausdenken eines eigenen Beispiels für ein neues Konzept oder das Abrufen von Wissen aus dem Langzeitgedächtnis ebenfalls kognitive Belastung, die folglich als lernbezogene Belastung aufgefasst werden kann. In ihrer aktuellen Konzeption (vgl. Sweller, Van Merriënboer & Paas, 2019) geht die Cognitive Load Theory davon aus, dass die lernbezogene Belastung keine eigene Belastung für sich ist, sondern eher die Verteilung von Aufmerksamkeitsressourcen zwischen intrinsischen und extrinsischen Aspekten einer Lernaufgabe betrifft. Für die grundlegende Auffassung, dass auch das Ausführen von kognitiven und metakognitiven Lernaktivitäten kognitive Belastung induziert, ist diese Unterscheidung allerdings nicht von höchster Relevanz. Der neuen Konzeption nach würde die Belastung lediglich als Teil der intrinsischen Belastung verstanden und nicht als eigenständige Form der kognitiven Belastung wie in der älteren Konzeption.

Kognitive Überlastung

Neben der zumindest heuristisch sehr aufschlussreichen Unterscheidung verschiedener Arten von kognitiver Belastung beim Lernen besteht ein weiterer wesentlicher Beitrag der Cognitive Load Theory darin, dass sie das Ausbleiben von Lernerfolg erklären und somit Ansatzpunkte zur Optimierung von Lernsituationen liefern kann. Im Speziellen geht die Cognitive Load Theory davon aus, dass es beim Lernen zu einer kognitiven Überlastung der Lernenden kommen kann, wodurch dann die Ausführung kognitiver und metakognitiver Lernaktivitäten beeinträchtigt wird. Die drei Belastungsarten konkurrieren also in gewissem Sinne um die gleiche begrenzte Ressource, nämlich die Arbeitsgedächtniskapazität. Wenn nun beispielsweise das Lernmaterial zahlreiche verführerische aber irrelevante Informationen enthält und zudem aufeinander bezogene Textpassagen und Bilder räumlich weit voneinander entfernt dargestellt werden, so müssen Lernende mit dieser extrinsischen Belastung umgehen. Dies geschieht, indem sie zum Beispiel bei jeder Information explizit prüfen, ob sie lernzielrelevant ist und zudem zuvor angesehene Bilder im Arbeitsgedächtnis aktiv halten, während sie eine entsprechende, darauf bezogene Textpassage lesen. Dies erfordert einiges an kognitiven Ressourcen, die entsprechend dann nicht mehr zur Verfügung stehen, um anspruchsvolle Lernaktivitäten, wie beispielsweise das Organisieren und Elaborieren der dargestellten Information, auszuführen. Selbstverständlich garantiert auch eine Lernumgebung, die frei von extrinsischer Belastung ist (dies ist gleichwohl eine eher theoretische Überlegung), nicht, dass hinreichend Arbeitsgedächtniskapazität für die erfolgskritischen kognitiven und metakognitiven Lernaktivitäten (lernbezogene Belastung) vorhanden ist. Mit zunehmender extrinsischer Belastung steigt allerdings die Wahrscheinlichkeit, dass die Lernenden an einer Stelle im Lernprozess überlastet werden.

Auch die intrinsische Belastung kann (zu) hoch sein und das Lernen entsprechend behindern. Anders als bei der extrinsischen Belastung ist es bei dieser Belastung allerdings weder möglich noch wünschenswert, sie so weit wie möglich zu reduzieren. Ein gewisses Maß an Komplexität bzw. Elementinteraktivität ist den jeweiligen Lernzielen stets inhärent und kann maximal durch eine Berücksichtigung des jeweils relevanten Vorwissens oder ein schrittweises Vorgehen reduziert werden (z. B. wird eine komplexe Lösungsprozedur für ein mathematisches Problem zunächst Schritt für Schritt erarbeitet; siehe z. B. das Segmentierungsprinzip nach Mayer, 2014a). Letztlich sollen Lernende jedoch in den meisten Bereichen zunehmend komplexes Wissen erwerben. Demnach sollte eine Optimierung der intrinsischen Belastung das Ziel sein, was beispielsweise durch die Berücksichtigung von Vorwissen verfolgt werden kann. Eine Minimierung hingegen würde den eigentlichen Lernzielen zuwiderlaufen.

Insgesamt trifft die Cognitive Load Theory keine starken Annahmen dazu, wie eine „optimale" kognitive Belastung in einer Lernsituation aussähe. Klar ist, dass die extrinsische Belastung so stark wie möglich verringert werden sollte und dass die intrinsische Belastung nicht so groß werden sollte, dass keine Kapazität mehr für die lernbezogene Belastung verfügbar ist. Wie viel Raum die intrinsische und lernbezogene Belastung allerdings jeweils einnehmen sollten, ist abhängig von den Lernzielen. Keineswegs ist es so, dass die Cognitive Load Theory die Schlussfolgerung nahelegen würde, dass die lernbezogene Belastung im Rahmen der verfügbaren Kapazität so groß wie möglich sein sollte. Vokabellernen beispielsweise erfordert im Vergleich zu anderen Lernzielen kaum tiefenorientierte Lernaktivitäten wie das Organisieren und Elaborieren. Folglich wäre es vermutlich beim Vokabellernen nicht notwendig bzw. nicht ratsam, die gesamte verfügbare Kapazität in tiefenorientierte Lernaktivitäten zu investieren.

2.5 Exkurs: Situiertheitsorientierte Theorien des Lernens

Im Gegensatz zu den bisher vorgestellten eher kognitiv orientierten Lerntheorien sind situiertheitsbezogene Theorien stärker auf den Kontext fokussiert, also auf die Situation, in der Lernaktivitäten stattfinden und in der Wissen erworben wird. Die Situiertheitsperspektive basiert auf empirischen Studien (z. B. Carraher, Carraher & Schliemann, 1985, siehe untenstehendes Fallbeispiel), die zeigen, dass Lernende oft nicht in der Lage sind, das in der Schule erworbene Wissen (z. B. schriftliche Multiplikationsregeln) in Alltagssituationen (z. B. Verkauf von Waren) anzuwenden – in diesem Zusammenhang wird auch von sogenanntem „trägen Wissen“ gesprochen (Renkl, 1996). Nach dem Prinzip der Situiertheit kann also nicht objektiv bestimmt werden, ob jemand über einen bestimmten abstrakten Wissensbestand verfügt oder nicht, da in einer Situation geprüftes und gezeigtes Wissen immer nur für diese Situation angenommen werden könnte. Dadurch, dass der Kontext eine viel stärkere Rolle beim Lernen einnimmt, verschwimmt auch die Trennlinie zwischen mentalen und externalen Prozessen, da die soziale Umgebung mentale Prozesse bedingt (siehe auch Kapitel 3.7 zu verkörperter Kognition).

Einfluss des Kontextes: Studie von Carraher et al. (1985)

In der Studie von Carraher et al. (1985) nahmen fünf Kinder im Alter von 9–15 Jahren und einer Schulbildung von 1–8 Jahren auf Märkten in der Metropole Recife (Brasilien) teil, die dort Waren verkauften. Die Kinder wurden interviewt und beantworteten Testaufgaben zum alltäglichen Gebrauch von Mathematik im Rahmen eines normalen Verkaufsgesprächs, bei dem die Versuchsleitung als Kunde fungierte. Anschließend wurden die Schüler*innen gebeten, einen formalen Mathematiktest zu bearbeiten, der sowohl abstrakte Mathematikaufgaben als auch Textaufgaben enthielt. Allgemein zeigte sich, dass sich die angewendeten Rechenstrategien der Kinder von den Strategien unterschieden, die in der Schule unterrichtet wurden. Die Testleistung bei mathematischen Problemen, die in realen Kontexten (Kundengespräch) eingebettet waren, war höher als bei abstrakten kontextfreien Rechenaufgaben mit denselben Zahlen und Operationen. Es zeigten sich keine Unterschiede zwischen den abstrakten Textaufgaben und den „realen“ Textaufgaben, die in den Verkaufskontext eingebettet waren. Diese Befunde werden als Hinweis für die Situiertheit von Wissen verstanden.

Nach der Situiertheitsperspektive findet Lernen sozusagen in sozialen Handlungsmustern statt. Situiertheitstheoretiker*innen stellen somit dem klassisch kognitiven Wissenserwerb die Idee von Lernen als soziale Teilhabe entgegen. Lernen ist demnach nicht nur auf den bloßen Wissenserwerb beschränkt, sondern beinhaltet auch die Enkulturation in einer Gemeinschaft (Communities of Practice). Diese Gemeinschaft ist dadurch definiert, dass Personen auf eine bestimmte, durch die Gemeinschaft vorgegebene, Art und Weise miteinander interagieren und bestimmte soziale Praktiken teilen, die auf gemeinsamen Zielen, Werten und Regeln basieren (Lave & Wenger, 1991). Die Enkulturation, also das Hineinwachsen in eine Gemeinschaft, passiert allmählich und nicht unbedingt wissentlich. Beispielsweise entscheidet sich eine junge Frau für ein Lehramtsstudium. Zunächst absolviert die Frau verschiedene Schulpraktika, in der sie erfahrenen Lehrpersonen beim Unterrichten über die Schulter schaut und erste Unterrichtssequenzen hält. Im Referendariat führt sie eigenen Unterricht durch, welcher durch Mentor*innen unterstützt wird. Nach dem Referendariat übernimmt sie eigenverantwortlich eigene Klassen. Während ihrer Arbeit nimmt sie an Klassenkonferenzen und Teamsitzungen teil, die ihr Verständnis von Unterricht und Schule prägen – auf diese Weise wird sie als Lehrerin enkulturiert. Dieses Beispiel illustriert, dass Lernen nicht nur mit dem reinen Wissenserwerb verbunden ist, sondern insbesondere auch ein Hineinwachsen in eine Gemeinschaft (Enkulturation) bedeutet. Dabei schließen sich jedoch Enkulturationstheorien und kognitive Theorien des Wissenserwerbs nicht aus, sondern akzentuieren unterschiedliche Aspekte von Lernprozessen (z. B. die Fokussierung auf Verhalten, abstraktes Wissen oder Enkulturation; Sfard, 1998).

Take-Home Message

Nach dem Behaviorismus wird Lernen auf den Einfluss beobachtbarer externer Faktoren zurückgeführt und weitgehend auf die Veränderung von beobachtbarem Verhalten beschränkt.

Kognitive Theorien des Lernens (z. B. das Mehrspeichermodell von R. C. Atkinson & Shiffrin) verstehen Lernen als Informationsverarbeitung, bei der Informationen aus der Umwelt aufgenommen, verarbeitet, in die bisherige Wissensbasis integriert und erfolgreich abgerufen werden können. In sozial-kognitiven Theorien werden diese Theorien durch soziale Prozesse erweitert, beispielsweise beim Modelllernen.

Aufbauend auf den (frühen) kognitiven Theorien des Lernens kann Lernen als ein konstruktiver Prozess aufgefasst werden. Dieser Prozess erfordert Lernaktivitäten, die sieben verschiedene Funktionen erfüllen: (1) Interpretieren, (2) Selegieren, (3) Organisieren, (4) Elaborieren, (5) Generieren, (6) Stärken, (7) Metakognitives Planen, Überwachen und Regulieren.

Das Zusammenspiel dieser Lernaktivitäten wird in generativen Lerntheorien (z. B. dem SOI-Modell) beschrieben.
Prozessmodelle selbstregulierten Lernens gehen davon aus, dass selbstreguliertes Lernen aus einem zyklischen Zusammenspiel dreier Phasen besteht: (1) Planungsphase, (2) Handlungsphase, (3) Selbstreflexionsphase. Über diese Phasen hinweg ist das Zusammenspiel kognitiver und metakognitiver Prozesse zentral.
Die Cognitive Load Theory geht davon aus, dass beim Lernen drei verschiedene Arten der kognitiven Belastung auftreten können. Bei einer kognitiven Überlastung der Lernenden fehlt es an kognitiver Kapazität, um die erfolgskritischen kognitiven und metakognitiven Lernaktivitäten auszuführen, wodurch der Lernerfolg beeinträchtigt wird.
Situiertheitsorientierte Theorien fokussieren insbesondere die sozialen Handlungsmuster bzw. kulturellen Praktiken, die als Bestandteil von Wissen angesehen werden.

3. Evidenzbasierte Lerntechniken Wie funktioniert Lernen konkret?

In diesem Kapitel möchten wir Ihnen eine Auswahl von neun verschiedenen Lerntechniken näherbringen, die gezielt dazu gestaltet wurden, die in Kapitel 2 vorgestellten Wissenskonstruktions- und Selbstregulationsaktivitäten anzuregen und zu unterstützen sowie die kognitive Belastung beim Ausführen dieser Aktivitäten im Rahmen zu halten. Die Lerntechniken können allesamt von Schüler*innen in der Schule eingesetzt werden bzw. von Lehrer*innen angeregt werden – zudem können sie auch für das eigene Lernen im Studium von großem Nutzen sein. Die neun Lerntechniken können allesamt als evidenzbasiert bezeichnet werden, da ihre Effekte auf Lernaktivitäten und -erfolge in einer Vielzahl empirischer Studien untersucht und optimiert wurden. Bei der Vorstellung dieser neun Lerntechniken werden jeweils sowohl die theoretischen Hintergründe der Gestaltung der Lerntechniken (siehe die jeweiligen Unterkapitel „Was sagt die Theorie?") als auch Einblicke in die Forschungslage zu den Lerntechniken (siehe die jeweiligen Unterkapitel „Was sagt die Empirie?") thematisiert.

Auch wenn die Lerntechniken in diesem Kapitel von uns selbstverständlich in eine bestimmte Reihenfolge gebracht wurden, bedeutet dies nicht, dass sie nur in dieser Reihenfolge verständlich sind. Vielmehr sind die einzelnen Lerntechnik-Unterkapitel so gestaltet, dass sie jeweils in sich abgeschlossen und für sich verständlich sind und entsprechend auch in anderer Reihenfolge gelesen werden können. Querverweise zwischen den Unterkapiteln gibt es zahlreiche und diese sind sowohl auf vorherige als auch auf nachfolgende Unterkapitel gerichtet – um alle Querverweise voll nachvollziehen zu können, müssen Sie also alle Unterkapitel gelesen haben.

Die Reihenfolge, in der die Lerntechniken im Folgenden vorgestellt werden, ist wie folgt aufgebaut: Zunächst werden fünf Lerntechniken präsentiert, welche von Lernenden vergleichsweise unabhängig von den Instruktionen der Lehrpersonen umgesetzt werden können: das Lernen durch Erklären (Kapitel 3.1), das Lernen durch Schreiben eines Lerntagebuchs (Kapitel 3.2), das Lernen durch Concept Mapping (Kapitel 3.3), das Lernen durch Zeichnen (Kapitel 3.4) und das Lernen durch Abrufübung (Kapitel 3.5). Sie erfordern zwar jeweils eine gewisse Anregung und Hilfestellung durch die Lehrperson – im Grunde können diese Lerntechniken jedoch nach einiger Zeit auch ohne diese Unterstützung umgesetzt werden, weil sie weitgehend kein spezifisch dafür angefertigtes Lernmaterial erfordern. Dies ist beim Lernen mit Relevanzinstruktionen (Kapitel 3.6), dem verkörperten Lernen (Kapitel 3.7), dem Lernen aus Feedback (Kapitel 3.8) und dem Lernen aus Lösungsbeispielen (Kapitel 3.9) anders – hier ist es zu bedeutenden Teilen notwendig, dass die jeweiligen Lernaufgaben und -materialien von der Lehrperson spezifisch für die jeweiligen zu lernenden Inhalte angepasst werden. Ohne entsprechendes Material und die spezifischen Instruktionen der Lehrperson können Lernende diese Techniken kaum gewinnbringend umsetzen. Man kann zu diesen Kapiteln durchaus kritisch anmerken, dass es sich dadurch im Grunde nicht um reine Lerntechniken, sondern eher um etwas umfassendere didaktische Arrangements handelt. Da sie aber jeweils spezifische Komponenten beinhalten, die auf die Anregung der oben erwähnten Wissenskonstruktions- und Selbstregulationsaktivitäten seitens der Lernenden abzielen, haben wir uns dennoch entschlossen, sie hier im Kontext von Lerntechniken einzuführen.

Ein letzter Hinweis, bevor wir Sie in die neun Unterkapitel entlassen: Die hier vorgestellten Lerntechniken und didaktischen Arrangements dienen im Grunde jeweils der Funktion der kognitiven Aktivierung der Lernenden, was eine bedeutende Tiefenstruktur von Unterricht ist (z. B. Kunter & Trautwein, 2013). Die Lerntechniken sind also nicht nur für das Lernen, sondern im Grunde auch für das Lehren (was in diesem Buch jedoch nicht im Fokus steht) von hoher Relevanz.

3.1 Lernen durch Erklären

Wahrscheinlich haben Sie schon einmal festgestellt, dass Sie, wenn Sie jemandem einen Sachverhalt erklären, anschließend selbst die Inhalte besser durchdrungen und verstanden haben. In der Lehr-Lernforschung wird dieser Effekt des Erklärens gemeinhin als „Lernen durch Erklären" bezeichnet.

Lernen durch Erklären
Beim Lernen durch Erklären produzieren Lernende kurze Erklärungen für sich oder einen (fiktiven) Peer über die Lerninhalte, die sie zuvor erworben haben.

Arten von Erklärungen

Nach Leinhardt (1990) kann eine Erklärung als eine Äußerung auf eine tatsächlich oder fiktiv gestellte Frage definiert werden. Die Formate der Erklärung können dabei sehr unterschiedlich ausfallen, beispielsweise in mündlicher oder schriftlicher Form, in Form eines Videos oder informell während einer Gruppenarbeit. Insgesamt unterteilt Leinhardt vier verschiedene Arten von Erklärungen. **Alltägliche Erklärungen** werden in informellen Kontexten meist auf einfache Fragen im Rahmen von Konversationen gegeben (z. B. „Warum wurde die Vorlesung verschoben?"; „Wie komme ich zum Bahnhof?"). **Wissenschaftliche Erklärungen** dagegen bezeichnen distinkte Äußerungen, in denen Fragestellungen basierend auf wissenschaftlichen Erkenntnissen beantwortet werden. Hierzu werden wissenschaftliche Methoden und Regeln befolgt, die vom jeweiligen Fach definiert werden, um wissenschaftlich valide Erklärungen zu geben.

Die beiden verbleibenden Arten von Erklärungen werden explizit in Lehr-Lernkontexten eingesetzt. Unter **Selbsterklärungen** werden kognitive Aktivitäten zusammengefasst, in denen sich Lernende Inhalte, Begriffe oder Zusammenhänge selbst erklären. Solche Selbsterklärungen finden insbesondere in individuellen Lernszenarien wie dem Lernen aus multimedialem Lernmaterial oder aus Texten Anwendung, in denen eine hohe Selbstregulation der Lernenden erforderlich ist (siehe Kapitel 2.3). Aus kognitiver Perspektive stellen Lernende während des Selbsterklärens idealerweise Bezüge zwischen den Inhalten her und verknüpfen diese mit ihrem Vorwissen (generatives Lernen, siehe Kapitel 2.2.2). Aus metakognitiver Perspektive können Selbsterklärungen helfen, Wissenslücken oder Fehlvorstellungen zu identifizieren und Lernstrategien auszuwählen, um potenzielle Wissensdefizite zu reduzieren. Um solche (meta)kognitiven Prozesse anzuregen, werden den Lernenden oft Leitfragen („Welche Beispiele fallen dir ein, um die Inhalte zu illustrieren?"; „Welche Fragen sind dir noch offen geblieben?") gegeben, die sie während der Selbsterklärung unterstützen sollen. Allgemein erfüllen Selbsterklärungen damit eine generative Funktion, da durch die Generierung einer zusätzlichen Repräsentation (also hier: der Selbsterklärung) bestimmte kognitive und metakognitive Prozesse angeregt werden sollen. Bisherige Forschung konnte zeigen, dass das Generieren von Selbsterklärungen lernförderliche Effekte hat. Beispielweise demonstrierten Bisra, Liu, Nesbit, Salimi und Winne (2018) in ihrer Metaanalyse einen mittleren Effekt ($g = 0.55$) des Selbsterklärens gegenüber Kontrollbedingungen, in denen Lernende keine Selbsterklärung generierten.

Instruktionale Erklärungen als Lerntechnik

Unter **instruktionalen Erklärungen** dagegen werden gemeinhin Erklärungen verstanden, die mit der expliziten Intention gegeben werden, zu lehren (Leinhardt, 1990). Damit sind diese, im Gegensatz zu Selbsterklärungen, nicht an sich selbst, sondern an eine fiktive oder echte Zielgruppe gerichtet. Bisherige Forschung untersuchte instruktionale Erklärungen meist aus der Lehrpersonenperspektive, also in Kontexten, in denen Lehrpersonen Erklärungen an Lernende richten, um Wissensinhalte zu vermitteln. Allerdings neigen Lernende oft dazu, instruktionale Erklärungen oberflächlich zu verarbeiten, was zu geringen Lernleistungen führt (Berthold & Renkl, 2010; Wittwer & Renkl, 2008). Vor diesem Hintergrund wurden instruktionale Erklärungen zunehmend auch als Lerntechnik verwendet. Lernende nehmen beim Lernen durch Erklären (oder auch Lernen durch Lehren) die Rolle von Lehrpersonen ein und geben selbst instruktionale Erklärungen mit dem Ziel, andere Lernende zu unterrichten. Diese Erkläraktivität soll eine Tiefenverarbeitung bei den Erklärenden anregen, die dem Wissenserwerb förderlich sein kann.

Interaktive Erkläraktivitäten

Ein Großteil der bisherigen Forschung konzentrierte sich auf das Erklären in interaktiven Umgebungen, wie z. B. beim tutoriellen Lernen oder während Gruppenarbeiten (siehe Lachner, Hoogerheide, Van Gog & Renkl, 2022 für einen Überblick). In solchen interaktiven Lernumgebungen ist das Lernen durch Erklären üblicherweise durch drei wiederkehrende Phasen gekennzeichnet: Zunächst lernen die Lernenden aus verschiedenen Lernmaterialien, um sich für das spätere Erklären vorzubereiten. Anschließend erklären die Lernenden die Lerninhalte für andere Lernende. Abschließend werden offene Punkte diskutiert und potenzielle Fragen beantwortet. Es wird angenommen, dass die Vorbereitung mit der Erwartung zu erklären sowie die Interaktion zwischen den Lehrenden und ihren Peers einen wertvollen Beitrag zur Effektivität des Erklärens leistet (z. B. Kobayashi, 2021). Neuere Studien deuten jedoch auch darauf hin, dass sich der Effekt des Erklärens auch in nicht-interaktiven Lehr-Lernkontexten zeigt (siehe Lachner, Backfisch, Hoogerheide, Van Gog & Renkl, 2020) und dass damit der Planung von Erklärungen eine gewisse Rolle zukommt.

Nicht-interaktive Erkläraktivitäten

In solchen Lehr-Lernumgebungen werden die Lerninhalte nicht-anwesenden oder sogar nur imaginären Peers erklärt. Eine abschließende Phase, in der offene Fragen geklärt werden können, findet dementsprechend nicht statt. Solche nicht-interaktiven Erkläraktivitäten sind mittlerweile im Zuge der zunehmenden Digitalisierung (siehe Kapitel 4.1) und dem daraus folgenden Vorhandensein von Infrastruktur, Applikationen und Software zur gängigen Praxis geworden. Beispielsweise gestalten Lernende Erklär- oder sogenannte How-To-Videos, Podcasts oder einfache multimediale Anwendungen. Die Anwendungsbereiche von Erklärvideos sind vielfältig und reichen von direkt beobachtbaren Handlungsabläufen (z. B. Aufbau und Durchführung eines naturwissenschaftlichen Experiments) bis zur Beschreibung abstrakter Konzepte und Zusammenhänge. Für die Gestaltung können einfach einsetzbare technische Möglichkeiten genutzt werden, wie die Videoaufzeichnung auf dem Smartphone oder Tablet. Darüber hinaus können, insbesondere wenn Erklärvideos längerfristig im Unterricht eingesetzt werden sollen, auch spezielle Anwendungen genutzt werden, die die zusätzliche Einbettung von multimedialen Inhalten wie Texten, Bildern oder Animationen während des Erklärens erlauben. Es gibt jedoch auch nicht-interaktive Aktivitäten, in denen die Lernenden schriftliche Erklärungen generieren.

Studie: Einsatz von instruktionalen Erklärungen
Ein Beispiel für den Einsatz von instruktionalen Erklärungen finden Sie in Abbildung 3.1. In der Studie von Jacob, Lachner und Scheiter (2022) wurden Schüler*innen, nachdem sie eine Unterrichtsstunde über Photosynthese besucht hatten, gebeten, die Unterrichtsinhalte einer fiktiven Person zu erklären. Hierfür wurde ein WhatsApp-Chat simuliert, um den kommunikativen Charakter des Erklärens zu erhöhen. Die Schüler*innen nahmen dazu entweder eine Sprachnachricht auf oder gaben ihre Erklärung in Form von Chatnachrichten ein. Eine Nachbearbeitung der Aufnahmen bzw. Chatnachrichten war nicht möglich.

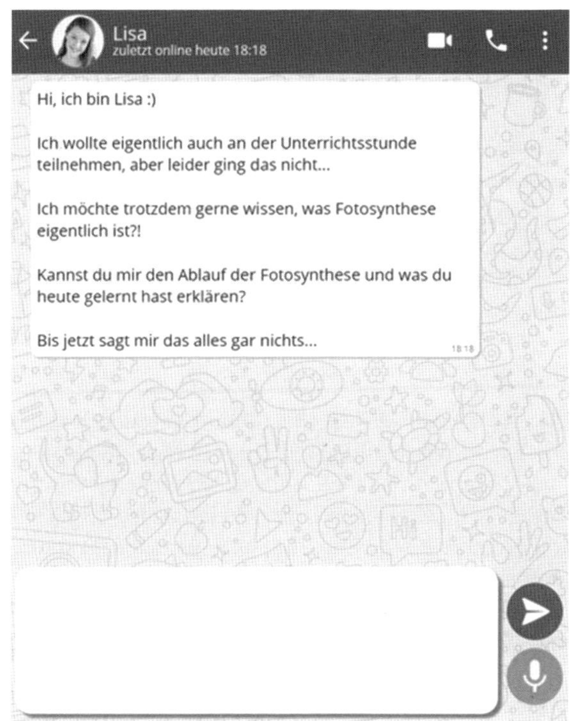

Abbildung 3.1. Beispiel für eine Erklärsituation aus Jacob et al. (2022)

3.1.1 Was sagt die Theorie?

Bezüglich der zugrundeliegenden Wirkmechanismen des Erklärens gibt es drei (sich nicht gegenseitig ausschließende) Erklärungsansätze (siehe Abbildung 3.2).

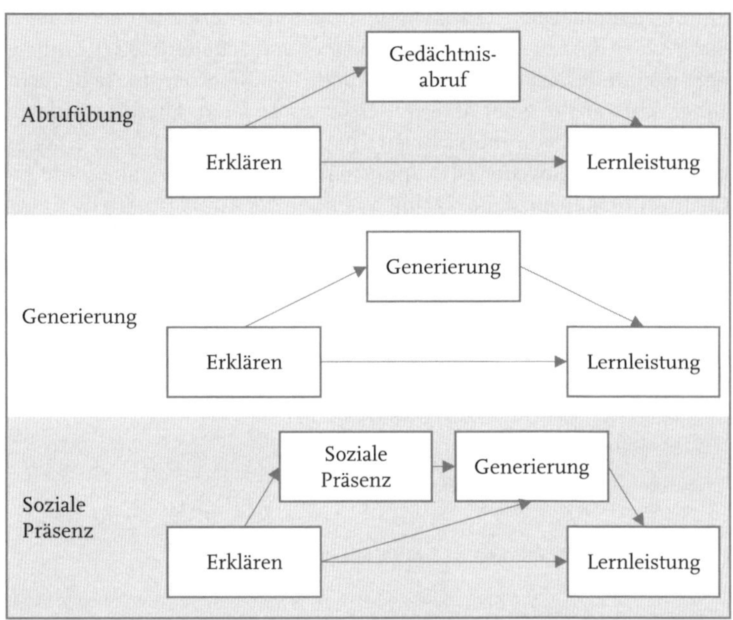

Abbildung 3.2. Annahmen der zugrundeliegenden Prozesse beim Lernen durch Erklären

Erklären als Abrufübung

Erklären als generative Aktivität

Erklären kann als ein Sonderfall der Abrufübung gesehen werden (siehe Kapitel 3.5), da ein beträchtlicher Teil der Erkläraktivität dem aktiven Abrufen von Informationen aus dem Langzeitgedächtnis gewidmet ist. Aus dieser Perspektive würde das Erklären also insbesondere zur Konsolidierung des erworbenen Wissens beitragen. Erklären kann auch als generative Aktivität gesehen werden, da Erklären, zusätzlich zum Abruf von Informationen aus dem Gedächtnis, auch Tiefenverarbeitungsprozesse bei den Lernenden anregen kann. So können die kognitiven und metakognitiven Lernprozesse, die bei der Rekonstruktion von Informationen angeregt werden, im Vergleich zum bloßen Abrufen zu einem höheren Niveau der generativen Verarbeitung beitragen. Kognitive Prozesse, die bei generativen Aktivitäten auftreten, wie z. B. Organisations- und Elaborationsprozesse (siehe Kapitel 2.2.1), helfen den Lernenden, eine kohärente mentale Repräsentation der Inhalte aufzubauen und die neuen Informationen mit dem vorhandenen Vorwissen zu verknüpfen (Fiorella & Mayer, 2016; Kiewra, 2005; Wittrock, 1974). Metakognitive Prozesse, die durch generative Aktivitäten ausgelöst werden, helfen den Lernenden, ihr aktuelles Verständnis zu bewerten und angemessene Regulationsstrategien anzuwenden, um Verständnislücken zu schließen (Lachner et al., 2022). Lernende führen jedoch nur selten spontan solche generativen Prozesse aus (siehe Berthold & Renkl, 2010; Nückles et al., 2020 für einen Überblick). Durch die Aufforderung, ihr Wissen zu erklären, werden die Lernenden dazu angeregt, ihr Verständnis durch eine zusätzliche Externalisierung ihres Wissens zu überprüfen und die Inhalte anschließend in ihren Erklärungen zu reorganisieren und zu elaborieren. Lernen durch Erklären kann somit als indirekter Anreiz gesehen werden, kognitive und metakognitive Lernaktivitäten auszuführen. Eine dritte Perspektive, die in der jüngeren Zeit zunehmende Aufmerksamkeit erlangt hat, ist, dass die Präsenz einer anderen (fiktiven) Person (soziale Präsenz), der eine Erklärung gegeben wird, zusätzliche generative Aktivitäten beim Erklären auslöst (Lachner et al., 2022). Gemeinhin wird angenommen, dass die Hinzunahme einer Zielgruppe (gegenüber beispielsweise Selbsterklärungen) dazu führt, Adaptationsprozesse an die Zielgruppe während des Erklärens anzuregen, um die Erklärung für diese Zielgruppe verständlich zu gestalten (Clark & Brennan, 1991). Diese Adaptionsprozesse sollen zusätzliche generative Lernaktivitäten (z. B. das Geben von Beispielen) anregen, und so zu einer tieferen Verarbeitung führen. Aus motivational-affektiver Perspektive kann das Erklären außerdem dazu führen, die soziale Eingebundenheit mit einer (imaginierten/implizierten) Zielgruppe zu stärken (Lachner et al., 2022). Infolgedessen könnten die Lernenden motiviert sein, gute Leistungen zu erbringen und daher mehr Zeit und Anstrengung in das Lernen zu investieren als bei anderen Lernaktivitäten.

Erklären als soziale Aktivität

3.1.2 Was sagt die Empirie?

Auswirkungen von Interaktivität

Die empirische Befundlage zum Lernen durch Erklären wurde in mehreren Metaanalysen zusammenfasst (z. B. Kobayashi, 2019; Lachner et al., 2022). Beispielsweise konnte Kobayashi (2019) in seiner auf 28 Studien basierenden Metaanalyse einen mittleren Effekt des Erklärens von $g = 0.56$ auf die Lernleistung nachweisen. Interessanterweise konnten anschließende Moderationsanalysen, in denen zusätzliche Einflussgrößen betrachtet wurden, zeigen, dass der Effekt des Erklärens deutlich größer in interaktiven Settings mit präsenten Lernenden war ($g = 0.84$) als in nicht-interaktiven Settings ($g = 0.48$), in denen Lernende lediglich einer nicht-anwesenden Person erklärten. Die Befunde verdeutlichen, dass der interaktive Charakter beim Erklären eine zentrale Rolle spielt. Insgesamt zeigte sich jedoch auch eine große Heterogenität zwischen den Studien, die nahelegen, dass bestimmte Faktoren die Effektivität des Erklärens bedingen.

Auswirkungen der Modalität

Weitere Einzelstudien liefern Hinweise auf potenzielle Bedingungen, die die Effektivität des Erklärens beeinflussen. Diese Bedingungen lassen sich auf eine Ebene des Aufgabendesigns sowie auf eine Ebene der Voraussetzungen der Lernenden unterteilen. Hinsichtlich des Aufgabendesigns stellt die Modalität eine der bestuntersuchtesten Bedingungen dar. Hoogerheide, Deijkers, Loyens, Heijltjes und Van Gog (2016) ließen beispielsweise Studierende fiktiven Kommiliton*innen mündliche (vor einer Kamera) oder schriftliche Erklärungen geben. Eine Kontrollgruppe von Studierenden wiederholte lediglich die Lerninhalte. Die Autor*innen fanden keine direkten Unterschiede zwischen mündlichem und schriftlichem Erklären auf die Lernleistung. Jedoch war nur mündliches Erklären effektiver als reine Wiederholung. In einer ähnlichen Studie mit komplexeren Materialien (z. B. Texte über Verbrennungsmotoren) zeigten Lachner, Ly und Nückles (2018) sogar, dass mündliches Erklären die Lernleistungen stärker verbesserte als schriftliches Erklären. Jacob, Lachner und Scheiter (2020) präzisierten diese Befunde, indem sie zeigten, dass die Modalität lediglich bei komplexen Lernmaterialien eine Rolle spielt, nicht jedoch bei einfachen Lernmaterialen. Als potenzielle Erklärung wird hierfür zum einen die höhere kognitive Belastung während des schriftlichen Erklärens diskutiert, da Schreiben im Vergleich zum Sprechen ein weniger automatisierter Prozess ist. Eine alternative theoretische Erklärung bezieht sich auf die soziale Präsenz: Schreiben könnte ein geringeres Maß an sozialer Präsenz auslösen als mündliches Erklären (Hoogerheide, Deijkers et al., 2016; Jacob et al., 2020), da Mündlichkeit einen höheren kommunikativen Charakter hat als Schreiben.

Auswirkungen der Erklärerwartung

Aktuelle Studien zeigen, dass neben der Modalität der Zeitpunkt, an dem Lernende darüber informiert werden, dass sie eine Erklärung generieren sollen, einen Unterschied macht. Fiorella und Mayer (2014) teilten Studierende einer von vier Bedingungen zufällig zu. Entweder wurden die Lernenden vorab informiert, dass sie im Anschluss an eine Lernphase einen Test bearbeiten (Testerwartung) oder eine Erklärung für eine fiktive Person generieren würden (Erklärerwartung). Zudem generierten die Lernenden im Anschluss zufällig eine Erklärung oder wiederholten lediglich die Lerninhalte. Die Autoren fanden, dass Erklären effektiver als Wiederholen war. Die Lernleistungen der Studierenden waren am höchsten, wenn diese eine Erklärung generierten und zusätzlich bereits vorab informiert wurden, dass sie später die Inhalte erklären würden. Basierend auf den Befunden kann geschlussfolgert werden, dass Erklären noch effektiver gestaltet werden kann, wenn Lernende bereits zu Beginn einer Lerneinheit über eine anschließende Erkläraktivität informiert werden. Diese Erklärerwartung könnte dazu führen, dass Lernende versuchen, die Lerninhalte bereits vorab besser zu verstehen. Studien deuten darauf hin, dass ein früherer Zeitpunkt des Erklärens (beispielsweise während einer Lernphase), verglichen mit Erkläraktivitäten, die am Ende einer Lernphase gegeben werden, zu lernförderlicheren Effekten führt (Lachner et al., 2020). Möglicherweise liegt das daran, dass frühes Erklären metakognitive Prozesse bei Lernenden initiiert und somit helfen kann, sich möglicher Wissensdefizite bewusst zu werden, die dann in einer anschließenden Lernphase behoben werden können.

Auswirkungen der individuellen Voraussetzungen der Lernenden

Neben diesen aufgabenbezogenen Bedingungen deuten empirische Befunde darauf hin, dass die individuellen Voraussetzungen der Lernenden eine Rolle spielen und insbesondere schwächere Lernende von Erkläraktivitäten profitieren. Hoogerheide, Renkl, Fiorella, Paas und Van Gog (2019) fanden beispielsweise, dass Lernende, die anfangs nur über geringes Vorwissen verfügten, stärker vom Erklären profitierten als Lernende mit höherem Vorwissen. Ähnliche Befunde zeigen sich auch für motivationale Voraussetzungen, wie dem akademischen Selbstkonzept, welches individuelle Vorstellungen und Wahrnehmungen über die eigenen Fähigkeiten in einem bestimmten Fach beschreibt (Jacob et al., 2022). Möglicherweise hilft Erklären Lernenden mit schwächeren Voraussetzungen, die Inhalte zu elaborieren, während zusätzliches Erklären für leistungsstärkere Lernende nicht notwendig ist.

Denkanstoß

Erklären Sie, gerichtet an eine Kommilitonin, die das Kapitel noch nicht gelesen hat, von welchen Faktoren die Effektivität des Lernens durch Erklären abhängt (z. B. in Form von einer Sprachnachricht oder einem kurzen Video). Überlegen Sie zudem, wie Sie als Lehrperson solche Erkläraktivitäten im Unterricht einsetzen könnten.

Take-Home Message
Lernen durch Erklären kann eine effektive Methode sein, um Lerninhalte zu vertiefen. Die Effektivität des Lernens durch Erklären kann auf die Anregung von Abrufübung, auf die Anregung von Organisations- und Elaborationsprozessen sowie auf die Anregung metakognitiver Lernaktivitäten zurückgeführt werden. Die Wirksamkeit der Lerntechnik hängt jedoch von verschiedenen Faktoren ab, beispielsweise davon, welche Voraussetzungen die Lernenden mitbringen oder ob die Erklärungen mündlich oder schriftlich erstellt werden müssen.

3.2 Lernen durch Schreiben eines Lerntagebuchs

Der Begriff des Lerntagebuchs oder Lernprotokolls wird in Bildungskontexten mit ganz unterschiedlicher Bedeutung verwendet. In diesem Kapitel beschäftigen wir uns ausschließlich mit dem Freiburger Ansatz selbstregulierten Lerntagebuchschreibens, der im Wesentlichen von den Pädagogischen Psychologen Matthias Nückles und Alexander Renkl entwickelt worden ist (eine Übersicht zu diesen Arbeiten findet sich in Nückles et al., 2020). Dieser Ansatz steht hier im Fokus, da er empirisch sehr gut erforscht ist und das Lerntagebuchschreiben hier explizit als Lerntechnik zur Förderung von kognitiven und metakognitiven Lernaktivitäten konzipiert ist.

Freiburger Ansatz selbstregulierten Lerntagebuchschreibens
Im Freiburger Ansatz selbstregulierten Lerntagebuchschreibens reflektieren Lernende beim Schreiben ihrer Lerntagebucheinträge (einzelne Lerntagebucheinträge werden auch als Lernprotokolle bezeichnet) zuvor behandelte Lerninhalte. Das Lerntagebuchschreiben ist hier also eine Anschlussaktivität an eine vorhergehende Lernepisode (z. B. an eine oder mehrere Unterrichtsstunden oder Seminarsitzungen) und beinhaltet in der Regel eine tiefgehende inhaltliche Auseinandersetzung mit spezifischen Lerninhalten.

Ziel des Lerntagebuchschreibens

Das zentrale Ziel des Freiburger Ansatzes selbstregulierten Lerntagebuchschreibens besteht darin, dass die Lernenden beim Schreiben ihrer Lerntagebucheinträge die kognitiven Aktivitäten des Organisierens und Elaborierens sowie die metakognitiven Aktivitäten des Überwachens und Regulierens ausführen. Dies soll, entsprechend den Vorhersagen konstruktionsorientierter Lerntheorien (siehe Kapitel 2.2), den Lernerfolg bedeutend fördern.

Das folgende Fallbeispiel vermittelt einen Eindruck darüber, wie ein Auszug aus einem Lerntagebucheintrag, der zu einer Seminarsitzung zum Lernen durch Zeichnen (siehe Kapitel 3.4) geschrieben wurde, aussehen könnte.

Auszug aus einem Lerntagebucheintrag

[...] Ein wesentliches Thema war, wie generatives Zeichnen aus theoretischer Sicht den Lernerfolg erhöht. Hierzu wurde das Cognitive Model of Drawing Construction dargestellt, welches herausstellt, dass der wesentliche verständnisfördernde Prozess darin besteht, dass die Lernenden beim Zeichnen ein mentales Modell erstellen. Das hat mich an das multimediale Lernen erinnert bzw. an den Schritt beim multimedialen Lernen, bei dem Lernende das verbale Modell und das bildhafte Modell unter Hinzunahme ihres Vorwissens miteinander verknüpfen. Beim generativen Zeichnen wird dazu dann die Information aus dem Text und der Zeichenunterstützung genutzt und die Lernenden entwickeln daraus dann so eine Art inneren Film, der die ablaufenden Prozesse veranschaulicht, zusammen mit einem Audiokommentar, der die Prozesse erklärt. Was ich aber noch nicht so richtig verstanden habe, ist, wie genau diese metakognitiven Rückkopplungsschleifen beim generativen Zeichnen ablaufen. Gibt es da eine Systematik, in welcher Reihenfolge da zurückgesprungen wird zu vorherigen Schritten? Ich könnte mir dazu das Modell mit all seinen Pfeilen noch mal genauer ansehen und möglicherweise das Kapitel von Van Meter und Firetto dazu noch einmal lesen. Ich habe das nun getan und beim Nachlesen bin ich zu dem Schluss gekommen, dass es da keine theoretische „Vorgabe" bzgl. dieser Rückkopplungsschleifen gibt. Letztlich kann zu jedem Schritt zurückgesprungen werden, dies entscheiden wohl die Lernenden jeweils selbst. [...]

3.2.1 Was sagt die Theorie?

Lerntagebuchschreiben als generative Lerntechnik

Wie oben bereits angedeutet, lässt sich die Lernförderlichkeit des Schreibens von Lerntagebüchern daraus ableiten, dass beim Schreiben eines Lerntagebuchs generative Lernaktivitäten wie das Organisieren und Elaborieren angeregt werden. Das Organisieren der Lerninhalte erfolgt beim Schreiben eines Lerntagebuchs konkret dadurch, dass die Lernenden die wichtigsten Lerninhalte der Lernepisode, über die sie schreiben, herausstellen und diese in einer für sie bedeutungsvollen Struktur ordnen. Das Elaborieren kann dadurch erfolgen, dass die Lernenden eigene Beispiele zu den neuen Lerninhalten aufschreiben oder die neuen Lerninhalte auf ihr Vorwissen oder ihren Alltag beziehen. Auch das Herausstellen von als besonders interessant oder überzeugend wahrgenommenen Lerninhalten ist eine typische Form der Elaboration in Lerntagebüchern.

Lerntagebuchschreiben und selbstreguliertes Lernen

Beim Lerntagebuchschreiben werden außerdem Lernaktivitäten selbstregulierten Lernens, wie das metakognitive Überwachen und Regulieren, angeregt. Das metakognitive Überwachen erfolgt typischerweise dadurch, dass die Lernenden beschreiben, welche Lerninhalte sie aus ihrer Sicht gut und welche Lerninhalte sie noch nicht hinreichend verstanden haben. Im Idealfall wird das Überwachen dadurch ergänzt, dass die Lernenden einen Plan erstellen, wie sie die jeweiligen Verständnisschwierigkeiten beheben könnten, diesen Plan dann auch durchführen und das Ergebnis dieser Regulation dann wiederum in ihrem Lerntagebucheintrag festhalten. Die Lernförderlichkeit des Schreibens eines Lerntagebuchs kann also mit konstruktionsorientierten Lerntheorien und Theorien selbstregulierten Lernens begründet werden (vgl. Berthold, Nückles & Renkl, 2007; Nückles, Hübner & Renkl, 2009).

Denkanstoß
In dem im obigen Fallbeispiel abgedruckten Lerntagebucheintrag finden sich Passagen wieder, die zu jeder der vier wesentlichen Lernaktivitäten, die beim Schreiben eines Lerntagebuchs ausgeführt werden sollen (Organisieren, Elaborieren, metakognitives Überwachen und Regulieren), zuzuordnen sind.
Versuchen Sie, die Textpassagen den vier Lernaktivitäten zuzuordnen. Einige illustrierende Beispiele, die Ihnen bei der Zuordnung helfen könnten, finden Sie in der frei zugänglichen Publikation von Nückles et al. (2020).

Es wird allerdings nicht davon ausgegangen, dass sich beim Schreiben eines Lerntagebuchs jeweils alle ausgeführten kognitiven und metakognitiven Lernaktivitäten auch tatsächlich schriftlich niederschlagen. So ist es beispielsweise nicht plausibel, dass Lernende jedes Beispiel oder jede Verknüpfung zu einer Alltagserfahrung, die ihnen beim Schreiben eines Lerntagebucheintrags durch den Kopf geht, auch tatsächlich schriftlich festhalten (Nückles et al., 2020). Nichtsdestotrotz kann mittels der Quantität und der Qualität der schriftlich festgehaltenen Episoden der vier Lernaktivitäten der Lernerfolg vorhergesagt werden (Glogger, Schwonke, Holzäpfel, Nückles & Renkl, 2012), was dafür spricht, dass die schriftlich festgehaltenen Episoden durchaus repräsentativ für die durch das Schreiben des Lerntagebuchs angeregten Lernaktivitäten sind.

Bezug zur Cognitive Load Theory

Auch aus der Sicht der Cognitive Load Theory (siehe Kapitel 2.4) spricht einiges für das Schreiben eines Lerntagebuchs. So dient die Verschriftlichung der Gedanken beim Schreiben eines Lerntagebucheintrags der Entlastung des Arbeitsgedächtnisses (vgl. Nückles et al., 2020). Die Lernenden können ihre niedergeschriebenen Gedanken erneut durchlesen und sie Schritt für Schritt weiterentwickeln, ohne dass sie die gesamte, zu dem jeweiligen Gedanken zugehörige Information im Arbeitsgedächtnis aktiv halten müssten. Dadurch wird kognitive Kapazität für die Vertiefung ihrer Lernaktivitäten und für das metakognitive Überwachen und Regulieren frei. Zumindest im Vergleich zu anderen Lernen-durch-Schreiben-Formaten hat der Freiburger Ansatz selbstregulierten Lerntagebuchschreibens zudem den Vorzug, dass die Einträge keinem bestimmten rhetorischen Schema zu folgen haben. So können Lernende die Lerntagebucheinträge so gestalten, wie sie möchten und müssen die Einträge nicht explizit leserfreundlich gestalten oder an einem bestimmten vorgegebenen Schema orientieren. Die Art der Darstellung ist den Lernenden also weitgehend freigestellt, wodurch die kognitiven Ressourcen der Lernenden geschont werden. Das Lerntagebuch ist also so gestaltet, dass die kognitive Kapazität der Lernenden im Wesentlichen in die Ausführung der anvisierten generativen und selbstregulativen Lernaktivitäten investiert werden kann.

3.2.2 Was sagt die Empirie?

Die empirische Evidenz für den Nutzen des Schreibens von Lerntagebüchern ist auf der einen Seite sehr reichhaltig und auf der anderen Seite ausbaufähig. Für Lernen-durch-Schreiben-Ansätze im breiteren Sinne fanden Bangert-Drowns, Hurley und Wilkinson (2004) nur einen kleinen bis mittleren Effekt auf den Lernerfolg ($d = 0.26$). Dieser Effekt vergrößerte sich jedoch bedeutend, wenn das Schreiben angeleitet wurde ($d = 0.44$). Für den Freiburger Ansatz selbstregulierten Lerntagebuchschreibens zeigt sich ein ähnliches Muster. So zeigt eine Mini-Metaanalyse von Nückles et al. (2020), dass angeleitetes Lerntagebuchschreiben im Vergleich zu nichtangeleitetem Lerntagebuchschreiben substantiell förderliche Effekte auf den Lernerfolg mit sich bringt ($g = 0.78$). Die Übersichtsarbeit von Nückles und Kolleg*innen, die weiter unten erneut aufgegriffen wird, macht jedoch auch deutlich, dass die Effekte des Lerntagebuchschreibens bedeutend von der Art der Unterstützung abhängen, die die Lernenden beim Schreiben ihrer Einträge erhalten.

Auswirkungen von Quantität und Qualität

Sehr gut empirisch fundiert ist, dass die Lernförderlichkeit des Schreibens eines Lerntagebuchs bedeutend davon abhängt, in welchem Ausmaß und in welcher Qualität die Lernenden die skizzierten kognitiven und metakognitiven Lernaktivitäten beim Schreiben ihrer Lerntagebucheinträge ausführen. So zeigen sowohl Studien mit Studierenden (z. B. Berthold et al., 2007; Nückles et al., 2009) als auch Studien mit Schüler*innen, die über mehrere Wochen ein Lerntagebuch geführt haben (z. B. Glogger et al., 2012; Roelle, Nowitzki & Berthold, 2017), deutlich, dass der Lernerfolg mit steigender Qualität und Quantität der ausgeführten kognitiven und metakognitiven Lernaktivitäten ansteigt und dass der Lernerfolg bedeutend durch diese Lernaktivitäten vermittelt wird. Diese Befunde passen sehr gut zu den Vorhersagen konstruktionsorientierter Lerntheorien und Theorien selbstregulierten Lernens.

Auswirkungen von Prompts

Ebenfalls sehr gut empirisch fundiert ist, dass sowohl Studierende als auch Schüler*innen instruktionale Unterstützung benötigen, um die anvisierten kognitiven und metakognitiven Lernaktivitäten beim Schreiben ihrer Lerntagebücher erfolgreich auszuführen. Wenn Lernende ohne spezifische Anleitung ein Lerntagebuch schreiben sollen, dann gleichen die Einträge oftmals eher Zusammenfassungen – weder das Elaborieren der Lerninhalte noch das metakognitive Überwachen und Regulieren des eigenen Verständnisses wird von den Lernenden spontan in hinreichendem Ausmaß gezeigt (z. B. Berthold et al., 2007; Nückles, Schwonke, Berthold & Renkl, 2004). Schon ein vergleichsweise geringes Maß an instruktionaler Unterstützung kann dies allerdings bedeutend ändern. So können die anvisierten kognitiven und metakognitiven Lernaktivitäten effektiv dadurch angeregt werden, dass den Lernenden Prompts bzw. Leitfragen an die Hand gegeben werden, die unmittelbar auf die jeweiligen Lernaktivitäten abzielen (für Beispiele siehe Tabelle 3.1).

Prozess	Prompt
Organisieren	– Wie können Sie die zentralen Punkte und Zusammenhänge mit eigenen Worten wiedergeben? – Wie können Sie die Struktur des Stoffes am besten gliedern? Sie können z. B. Überschriften, Unterpunkte, einen roten Faden und Faustregeln verwenden.
Elaborieren	– Welche Beispiele fallen Ihnen ein, die das Gelernte illustrieren, bestätigen oder ihm widersprechen? – Welche Bezüge und Anknüpfungspunkte zwischen dem Thema der heutigen Stunde und dem, was Sie bereits aus der Schule/ aus Seminaren/ aus Vorlesungen und Ihren Alltagserfahrungen wissen, sind Ihnen aufgefallen?
Metakognitives Überwachen und Regulieren	– Welche zentralen Inhalte haben Sie noch nicht verstanden? – Welche Möglichkeiten haben Sie jetzt, um Ihre Verständnisschwierigkeiten zu klären?

Tabelle 3.1. Beispielprompts für die Anregung von Organisation- und Elaborationsprozessen sowie von metakognitivem Überwachen und Regulieren. Eine Übersicht über effektive und etablierte Prompts finden sich in der bereits erwähnten frei zugänglichen Publikation von Nückles et al. (2020).

Auswirkungen von Beispielen

Hinsichtlich des Lernerfolgs ist, wie oben bereits erwähnt, mit Prompts angeleitetes Lerntagebuchschreiben dem unangeleiteten Schreiben deutlich überlegen – die bereits erwähnte Mini-Metaanalyse von Nückles et al. (2020) hat hierzu einen mittleren bis großen

Effekt gefunden. Allerdings zeigt sich auch, dass insbesondere für Schüler*innen der Unter- und Mittelstufe weitere instruktionale Unterstützung nötig ist, um die gewünschten Lernaktivitäten in bedeutendem Ausmaß anzuregen. Eine zusätzliche und inzwischen etablierte weitere Unterstützungsmaßnahme besteht darin, den Lernenden vorab beispielhafte Ausschnitte aus Lerntagebucheinträgen zu zeigen, in denen die jeweiligen kognitiven und metakognitiven Lernaktivitäten anschaulich umgesetzt wurden. In diesen Ausschnitten werden den Lernenden beispielsweise verschiedene Formen der Elaboration gezeigt. Alternativ werden Passagen präsentiert, aus denen hervorgeht, wie das metakognitive Überwachen umgesetzt werden kann. Zudem werden die Lernenden dazu angeregt, die Passagen den einzelnen Prompts und Lernaktivitäten zuzuordnen, wodurch eine tiefe Verarbeitung der beispielhaften Passagen und Prompts erreicht werden soll (siehe Kapitel 3.9). Insbesondere Schüler*innen, die erst wenig Erfahrung in der Ausführung der anvisierten kognitiven und metakognitiven Lernaktivitäten haben, helfen diese Passagen, sich eine Vorstellung davon zu machen, in welcher Art die Prompts beantwortet werden können. Davon profitieren sowohl die ausgeführten kognitiven und metakognitiven Lernaktivitäten als auch der Lernerfolg erheblich (vgl. Hübner, Nückles & Renkl, 2010; Roelle, Krüger, Jansen & Berthold, 2012).

Auswirkungen weiterer unterstützender Maßnahmen

Es gibt darüber hinaus weitere vielversprechende instruktionale Unterstützungsmaßnahmen für das Schreiben von Lerntagebüchern, die zumindest in ersten Studien positiv evaluiert wurden. Hierunter fällt beispielsweise das Informieren der Lernenden über die Funktion der jeweiligen Lernaktivitäten (Hübner et al., 2010), das Anregen von metakognitiven Lernaktivitäten vor der Anregung kognitiver Lernaktivitäten (Roelle, Nowitzki & Berthold, 2017), die Gabe von elaboriertem Feedback in Bezug auf die Qualität der umgesetzten Lernaktivitäten (Roelle, Berthold & Fries, 2011) oder das Einbetten des Lerntagebuchschreibens in eine Aufgabenstruktur, die Lernziele (also den persönlichen Wissenszuwachs) und nicht Leistungsziele (bspw. durch den Vergleich mit den Leistungen anderer) in den Vordergrund stellt (Moning & Roelle, 2021). Allerdings sind diese Maßnahmen bisher jeweils nur in einzelnen Studien untersucht worden, so dass weitere Studien nötig sind, bevor hieraus robuste Handlungsempfehlungen für die pädagogische Praxis abgeleitet werden können.

Zurückfahren der unterstützenden Maßnahmen

Ein weiterer Befund hinsichtlich der instruktionalen Unterstützung des Schreibens von Lerntagebüchern, der insbesondere beim längerfristigen Einsatz des Lerntagebuchs berücksichtigt werden sollte, ist, dass die anfangs gegebene Unterstützung nach und nach zurückgefahren werden sollte. In zwei aufeinander aufbauenden Experimenten konnten Nückles, Hübner, Dümer und Renkl (2010) zeigen, dass Studierende, die zu Beginn durch die oben skizzierten Prompts zur Anregung kognitiver und metakognitiver Lernaktivitäten unterstützt wurden, davon in den ersten Wochen des Schreibens eines Lerntagebuchs profitierten. In späteren Phasen des Schreibens (nach sechs Wochen) wurden sie dadurch aber offenbar sogar behindert, was von einem Abfall der Motivation begleitet wurde. Eine Erklärung für dieses Befundmuster ist, dass die Lernenden die Prompts nach einiger Zeit internalisiert hatten und sich dann durch die weitere (überflüssige) Unterstützung gegängelt fühlten, was zum Abfall der Motivation und der Ausführung der jeweiligen Lernaktivitäten führte. Insbesondere starke instruktionale Unterstützung sollte also vorwiegend zu Beginn des Lerntagebuchschreibens gegeben werden. Mit zunehmender Expertise der Lernenden hinsichtlich des Lerntagebuchschreibens kann die Unterstützung dann Schritt für Schritt reduziert werden.

Anregung von Lernaktivitäten

Trotz der reichhaltigen Befundlage zur Effektivität des Schreibens von Lerntagebüchern gibt es auch einige wichtige offene Fragen zum Freiburger Ansatz selbstregulierten Lerntagebuchschreibens. Ein Befund, der bisher nicht hinreichend erklärt werden kann, ist beispielsweise, dass in der Regel die Anregung der kognitiven Lernaktivitäten der Organisation und Elaboration besser gelingt als die Anregung der metakognitiven Lernaktivitäten des Überwachens und Regulierens. Eine Erklärung hierfür ist, dass Lernende das Investieren von kognitiver Kapazität in das Hinterfragen des eigenen Verständnisses auf Dauer als wenig motivierend wahrnehmen, wodurch ihre Bereitschaft sinkt, diese Lernaktivitäten auszuführen (vgl. Nückles et al., 2010, 2020). Ebenso könnte es der Fall sein, dass die instruktionale Unterstützung in Form von Prompts und beispielhaften Lerntagebuchausschnitten schlichtweg unzureichend ist, um die anvisierten metakognitiven Lernaktivitäten in hoher Qualität hervorzurufen. Dies könnte die Lernenden nach einer Weile frustrieren und sie entsprechend dazu bewegen, ihr Investment in diese Lernaktivitäten zurückfahren. Um metakognitive Lernaktivitäten in dauerhaft hoher Qualität beim Schreiben eines Lerntagebuchs anzuregen, ist demnach noch weitere Forschung nötig.

Vergleich zu anderen Lerntechniken

Ebenfalls wenig ergiebig ist die Befundlage hinsichtlich der Frage, wie effektiv das Schreiben von Lerntagebüchern im Vergleich zu anderen Lerntechniken ist. So gibt es zwar Studien, die darauf hinweisen, dass das Schreiben eines Lerntagebuchs effektiver ist als das Schreiben einer Zusammenfassung oder eines Forschungsberichts (Cantrell, Fusaro & Dougherty, 2000; McCrindle & Christensen, 1995) – ob das Schreiben eines Lerntagebuchs hinsichtlich des Lernerfolgs jedoch einen Mehrwert gegenüber „normalen“ Hausaufgaben haben würde oder wie das Schreiben eines Lerntagebuchs im Vergleich zu anderen tiefenorientierten Lerntechniken (beispielsweise zu Lernen durch Erklären, Kapitel 3.1, oder zu Lernen durch Concept Mapping, Kapitel 3.3) abschneiden würde, ist unklar (siehe aber Wäschle, Gebhardt, Oberbusch & Nückles, 2015 für eine Studie, in der ein Vergleich mit normalen Hausaufgaben fokussiert wurde). Solche Vergleiche werden in der Forschung oftmals als „Pferderennen-Studien" verpönt und gelten als äußerst schwierig in der (fairen) Umsetzung (für eine ausführlichere Darlegung der Hintergründe, siehe Kapitel 5.3), auch wenn sie für die pädagogische Praxis potenziell von hohem Interesse wären. Ein sinnvoller Vergleich mit anderen Lerntechniken wäre jedoch stets schwierig, da beim Schreiben eines Lerntagebuchs nicht nur die Förderung des Erwerbs von Fachwissen, sondern auch die Förderung der Kompetenz zur Ausführung von kognitiven und metakognitive Lernaktivitäten und somit zum selbstregulierten Lernen verfolgt wird. Trotzdem wäre es wünschenswert, wenn die relative Effektivität des Schreibens eines Lerntagebuch im Vergleich zu anderen Lerntechniken in Zukunft stärker beleuchtet würde.

Take-Home Message

Der Freiburger Ansatz selbstregulierten Lerntagebuchschreibens zielt darauf ab, dass Lernende die kognitiven Lernaktivitäten der Organisation und Elaboration und die metakognitiven Lernaktivitäten der Überwachung und Regulation ausführen und (in Teilen) schriftlich festhalten.

Der Freiburger Ansatz selbstregulierten Lerntagebuchschreibens ist sowohl aus der Sicht konstruktionsorientierter Lerntheorien und Theorien selbstregulierten Lernens als auch aus der Sicht der Cognitive Load Theory gestaltet.

Die Quantität und Qualität der ausgeführten Lernaktivitäten ist entscheidend für die Lernförderlichkeit. Das Erreichen einer hohen Qualität und Quantität der Lernaktivitäten erfordert jedoch instruktionale Unterstützung. Prompts und beispielhafte Lerntagebuchausschnitte können die anvisierten Lernaktivitäten zu Beginn des Lerntagebuchschreibens gut unterstützen.

3.3 Lernen durch Concept Mapping

Visualisierungen können eine förderliche Rolle bei Verstehensprozessen einnehmen. Eine Möglichkeit, abstrakte Ideen grafisch darzustellen und somit zu visualisieren, bietet die Technik des Concept Mappings, die Ihnen vermutlich schon in diversen Lehr-Lernkontexten begegnet ist.

Concept Maps
Concept Maps sind abstrakte grafische Darstellungen, in denen Ideen bzw Konzepte in Form von Kästchen oder Kreisen dargestellt werden. Abhängigkeiten bzw. Verbindungen zwischen diesen Ideen werden mit Pfeilen markiert und beschriftet. Sie zeigen daher Parallelen zum Ansatz der semantischen Netzwerke (siehe Kapitel 1.3). Oft sind Concept Maps hierarchisch gestaltet bzw. stellen grafisch dar, welche Konzepte übergeordnet und welche Konzepte untergeordnet sind. Damit geben Concept Maps einen schnellen Überblick über Konzepte und deren Zusammenhänge.

Concept Maps benennen Verbindungen explizit und unterscheiden sich damit fundamental von anderen grafischen Darstellungen wie beispielsweise Mindmaps, welche Ideen eher assoziativ in Form einer Baumstruktur darstellen und Verbindungen nicht benennen (siehe Abbildung 3.3). Wissenslandkarten sind ähnlich wie Concept Maps, allerdings wird hier eine vordefinierte formalisierte Menge von inhaltlichen Relationen, wie „ist-Teil-von" oder „ist-Beispiel-von" (O'Donnell, Dansereau & Hall, 2002), dargestellt. Zeichnungen (siehe Kapitel 3.4) dagegen sind freie Gestaltungen, die vorwiegend realistische Darstellungen beinhalten bzw. in denen die Zeichenelemente in einer Ähnlichkeitsbeziehung zu den dargestellten Konzepten stehen.

Die Effektivität von Concept Maps wird in der Lehr-Lernforschung seit den frühen 1970er-Jahren untersucht, sodass Concept Mapping insgesamt als eine gut erforschte Lerntechnik angesehen werden kann. In der Forschungsliteratur lassen sich unterschiedliche Anwendungsszenarien von Concept Maps unterscheiden. So werden Concept Maps als Lerntool, als Diagnosetool sowie als Feedbacktool eingesetzt.

Concept Maps als Lerntool

Allgemein wird angenommen, dass Concept Maps eine förderliche Wirkung auf Lernprozesse haben. Dabei werden sie sowohl in Form einer direkten Instruktion (Vorgabe einer Concept Map) als auch in Form einer generativen Aktivität (Erstellung einer Concept Map) genutzt. Concept Maps können zu unterschiedlichen Zeitpunkten einer Lernphase eingesetzt werden. Zu Beginn einer Lernphase werden Concept Maps eingesetzt, um bestimmte Inhalte vor der Unterrichtseinheit oder dem Lesen eines Textes vorzustrukturieren (Salmerón, Baccino, Cañas, Madrid & Fajardo, 2009). Werden Lernenden im Vorhinein Concept Maps zur Verfügung gestellt, die die zentralen Konzepte der darauffolgenden Instruktion darstellen, erfüllen sie die Aufgabe eines Advance Organizers (Ausubel, 1960), um anschließende Lernphasen vorzustrukturieren. Diese Funktion kann durch generative Aktivitäten erweitert werden, indem die Lernenden angeregt werden, die Concept

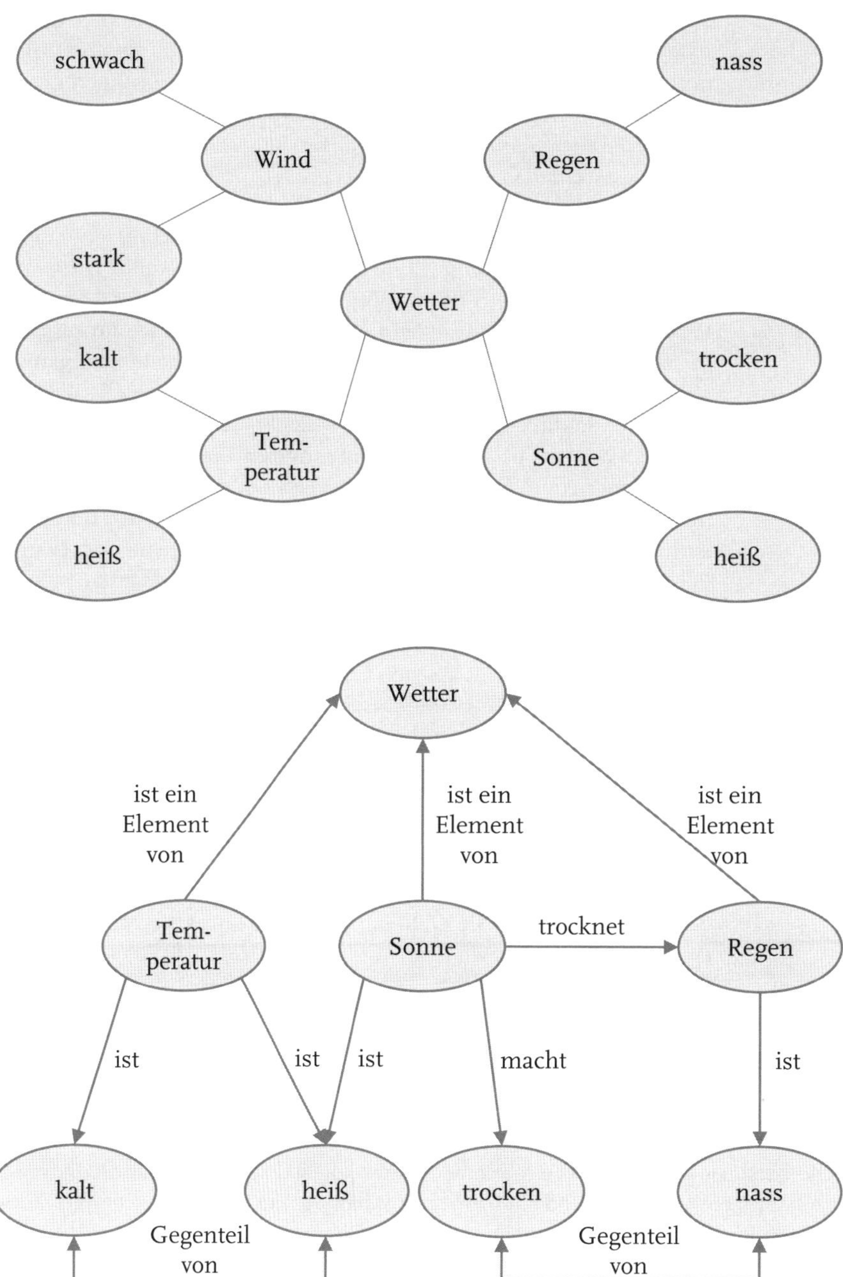

Abbildung 3.3. Unterschied zwischen einer Mind Map (oben) und einer Concept Map (unten).

Maps selbst zu erstellen, um Vorwissen zu aktivieren (Novak & Gowin, 1984). Ebenfalls kann das Erstellen von Concept Maps als Vorstrukturierung in Gruppenarbeiten eingesetzt werden, damit Gruppenmitglieder ihr gegenseitiges Vorwissen abgleichen und somit besser miteinander kooperieren können (Gijlers & De Jong, 2013). Am Ende einer Lernphase werden Concept Maps eingesetzt, um Wissen zu konsolidieren und erworbenes Wissen abzurufen. Damit erfüllt Concept Mapping, ähnlich zum Zeichnen (siehe Kapitel 3.4), oft die Funktion einer räumlich-visuellen Abrufübung (Blunt & Karpicke, 2014), sofern Lernenden während des Erstellens der Concept Maps das Lernmaterial nicht zur Verfügung steht. Zudem regen Concept Maps generative Prozesse an, da sie die Lernenden dabei unterstützen, die Lerninhalte zu organisieren, sie mit dem Vorwissen zu verknüpfen sowie potenzielle Wissenslücken zu identifizieren (Hilbert et al., 2008).

Concept Maps als Diagnosetool

Neben der (hauptsächlichen) Nutzung von Concept Maps als Lerntool zeigen neuere Untersuchungen, dass Concept Maps, die von Lernenden generiert wurden, Lehrpersonen dabei unterstützen können, komplexe Wissensbestände der Lernenden zu diagnostizieren (Van de Pol, De Bruin, Van Loon & Van Gog, 2019). Durch die Externalisierung des Wissens in Form einer Concept Map können Lehrpersonen beispielsweise alternative Vorstellungen oder inadäquate Zusammenhänge identifizieren. Somit können Concept Maps auch aus didaktischer Perspektive als Basis für eine wissensbasierte Differenzierung in Lehr-Lernkontexten genutzt werden (siehe Kapitel 4.2). Solche Verfahren werden nicht nur in natürlichen Unterrichtssettings verwendet, sondern finden auch in adaptiven computer-basierten Systemen als Diagnoseinstrument Anwendung (Chin et al., 2010). Hierbei werden Concept Maps durch Lernende generiert und automatisch mit im System abgespeicherten Concept Maps, die durch Expert*innen gestaltet wurden, verglichen. Um die Güte der Concept Maps zu bestimmen, gibt es unterschiedliche Modelle, was im folgenden Fallbeispiel veranschaulicht wird.

Maße zur Beschreibung von Concept Maps

In der Forschung zu computerbasierten Systemen wurden verschiedene automatisierte Verfahren entwickelt, um die Struktur von Concept Maps zu beschreiben. Wir wollen hier einfache Beispiele für strukturelle Maße betrachten, die jedoch zentral für die Beschreibung von Concept Maps sind und häufig in der Forschung und in Concept Mapping Tools genutzt werden.

Ein einfaches Maß der Komplexität ist die Dichte, welche die Anzahl der Konzepte in Bezug zur Anzahl der Relationen setzt. Die Anzahl an Konzepten beschreibt, wie viele Konzepte eine Concept Map beinhaltet. Die Anzahl an Relationen zeigt, wie viele Ver-

bindungen in einer Concept Map bestehen. Die Concept Map in Abbildung 3.3 hat z. B. 8 Konzepte und 13 Relationen, wenn man beidseitig gerichtete Relationen doppelt zählt. Im obigen Beispiel ergibt sich damit eine Dichte von 8 Konzepten zu 13 Relationen ≈ .62. Daraus lässt sich ablesen, dass hier Konzepte nicht nur mit einer Relation verbunden sind, was für eine relativ einfache Struktur spräche, sondern über mehrere Relationen verbunden sind. Die Concept Map ist also relativ komplex. Daneben gibt es weitere ausgeklügelte Verfahren, um die Komplexität zu beschreiben (siehe Ifenthaler, 2014).
Für die semantische Interpretation von Concept Maps werden meist Expert*innenmodelle genutzt, d. h. Expert*innen in einer Domäne erstellen eine Concept Map als Referenzmodell. Dieses Expert*innenmodell wird dann mittels Ähnlichkeitsmaßen in Bezug zur Concept Map der Lernenden gesetzt, die zwischen 0 bis 1 variieren. Niedrige Werte bedeuten eine geringere Ähnlichkeit, höhere Werte eine höhere Ähnlichkeit zum Expert*innenmodell.

Concept Maps als Feedbacktool

Angrenzende Forschung untersucht, wie Concept Maps auch zur Gabe von Feedback eingesetzt werden können. So gibt es beispielsweise erste Untersuchungen, in denen gezeigt werden konnte, dass Concept Mapping auch den Erwerb von Schreibkompetenzen unterstützen kann (z. B. Ifenthaler, 2014; Villalon & Calvo, 2011). Dies geschieht indem Repräsentationen des eigenen Textes in Form von Concept Maps als Feedback über die Struktur eines Textes gegeben werden. Burkhart, Lachner und Nückles (2020) entwickelten hierfür ein Concept-Map-basiertes Feedbacksystem, in dem, automatisiert mittels computerlinguistischer Methoden, Textentwürfe in Concept Maps umgewandelt werden können. Eine solche Concept Map wird anschließend als Rückmeldung über die Kohärenz von Texten genutzt, um mit Leitfragen tiefergehende Schreibprozesse anzuregen (siehe auch Kapitel 3.6). Die Effektivität konnte in mehreren Studien gezeigt werden (siehe Burkhart, Lachner & Nückles, 2021, für einen Überblick).

3.3.1 Was sagt die Theorie?

Wie im vorherigen Abschnitt beschrieben, können Concept Maps entweder zu Beginn oder am Ende einer Lernphase eingesetzt werden. Werden sie zu Beginn einer Lernphase eingesetzt, erfüllen Concept Maps die Funktion eines grafischen Advance Organizers, das heißt sie werden eingesetzt, um nachfolgende Verstehensprozesse vorzubereiten und Vorwissen zu aktivieren (Ausubel, 1960; Gurlitt, Dummel, Schuster & Nückles, 2012). Werden sie am Ende einer Lernphase in der Sicherungsphase eingesetzt, kann ihre Erstellung generative Verarbeitungsprozesse und, je nach Einsatzart, auch Abrufprozesse anregen. Dadurch haben Concept Maps eine wissenskonsolidierende Funktion.

Concept Mapping als generative Lernaktivität

Die Funktion einer Concept Map in generativen Aktivitäten kann ähnlich zur Funktion des Zeichnens gesehen werden. Wird eine Concept Map erstellt, müssen Lernende zunächst die wichtigsten Konzepte selektieren sowie die zentralen Zusammenhänge in Form von Relationen organisieren. Durch die Verknüpfung mit dem eigenen Vorwissen können Lernende zudem die Inhalte elaborieren und beispielsweise neue Zusammenhänge erschließen. Damit regt die Erstellung einer Concept Map ebenfalls die Generation neuer Verbindungen zwischen einzelnen Konzepten, aber auch die Integration neuer Konzepte an, die z. B. im Lernmaterial nicht explizit erwähnt wurden. Vor diesem Hintergrund stellt Concept Mapping eine generative Lernaktivität dar. Je nachdem, ob während der Erstellung der Concept Map die Unterlagen der Lerneinheit, also beispielsweise der Lehrbuchtext, verfügbar (open book) oder nicht verfügbar sind (closed book), beinhaltet Concept Mapping auch einen Teil Abrufübung. Werden Concept Maps in einem closed book Setting eingesetzt, müssen Lernende zur Erstellung der Concept Map aktiv Inhalte aus dem Langzeitgedächtnis abrufen. Durch das Zu-Papier-Bringen der Konzepte und ihrer Verbindungen in eine externale Repräsentation regt die Erstellung von Concept Maps auch metakognitive Prozesse an. Lernende werden sich bewusster über ihren aktuellen Lernstand und können insbesondere durch die Zugabe von Feedback potenzielle Wissenslücken oder Fehlvorstellungen identifizieren und z. B. in selbst-regulierten Lernphasen versuchen, diese Wissensdefizite zu adressieren.

Concept Mapping als Abrufübung

Concept Mapping als Metakognitionsprompt

3.3.2 Was sagt die Empirie?

Auswirkungen durch die unterschiedliche Umsetzung

Die Wirksamkeit von Concept Maps wurde in einer Metaanalyse von Schroeder, Nesbit, Anguiano und Adesope (2018) untersucht. Basierend auf 142 Effektstärken und mehr als 11000 Lernenden zeigte sich ein mittlerer Effekt von $g = 0.58$ auf den Lernerfolg bei der Nutzung von Concept Maps. Die Effekte waren stärker, wenn Lernende selbst die Concept Maps generierten, als wenn sie vorgefertigte Concept Maps erhielten (siehe auch untenstehendes Fallbeispiel). Dieser Befund spricht für die generative Funktion von Concept Maps. Es zeigte sich außerdem, dass Concept Maps –vermutlich aufgrund der visuell-räumlichen Darstellung – auch effektiver waren als andere Interventionen, wie beispielsweise die Erstellung von Gliederungen oder die Durchführung von Diskussionen. Insbesondere zeigten die Analysen, dass ein längerfristiger Einsatz von Concept Maps (über vier Wochen) am effektivsten ist. Hinsichtlich der Konsolidierung von Wissen scheinen sich jedoch keine Vorteile zu ergeben, da wahrscheinlich weniger Abrufprozesse während der Erstellung einer Concept Map stattfinden als bei anderen Lerntechniken, wie beispielsweise Abrufübungen (siehe Karpicke & Blunt, 2011; O'Day & Karpicke, 2021). Die Rolle des Vorwissens scheint eine weitere Bedingung bzgl. der Effektivität von Concept Maps hinsichtlich der Lernleistung zu sein. Zum Beispiel konnte Gurlitt und Renkl (2008) zeigen, dass die Bearbeitung einer vorstrukturierten Concept Map für Lernende mit weniger Vorwissen lernförderlicher ist als die Erstellung einer Concept Map, die zu weiten Teilen selbstständig generiert werden muss.

Auswirkungen von Vorwissen

Studie: Concept Mapping zur Aktivierung von Vorwissen
Gurlitt und Renkl (2010) untersuchten in zwei Experimenten, wie sich charakteristische Merkmale des Concept Mappings auswirken, wenn dieses für die Aktivierung von Vorwissen genutzt wird. Die Autoren verglichen dabei zwei unterschiedliche Concept-Mapping-Aufgaben in einer Kohorte von Lernenden mit niedrigem Vorwissen. Entweder wurde Lernenden eine vorgefertigte Concept Map gegeben, in der die Relationen und Konzepte bereits vorhanden waren. Lernende mussten lediglich die Relationen beschriften (hohe Strukturierung). In der anderen Concept-Mapping-Bedingung mussten die Lernenden die Relationen sowohl erstellen als auch benennen (niedrige Strukturierung). In Experiment 1 wurden die Lernenden gebeten, während der Erstellung der Concept Maps laut zu denken und alles auszusprechen, was ihnen gerade durch den Kopf geht, um die kognitiven und metakognitiven Prozesse während des Concept Mappings zu erfassen. Die Autoren konnten zeigen, dass die Lernenden in der Concept-Mapping-Bedingung mit hoher Struktur (Beschriftung der Relationen) mehr Elaborationsprozesse zeigten als diejenigen in der Concept-Mapping-Bedingung mit niedriger Struktur. Jedoch zeigten sich mehr Organisationsprozesse bei der Concept-Mapping-Aufgabe mit niedriger Struktur, da die Relationen selbst gestaltet werden mussten. In Experiment 2 wurde auf die Lernleistungen fokussiert. Die Ergebnisse zeigten, dass die Concept-Mapping-Aufgabe mit hoher Struktur die Lernleistungen und Selbstwirksamkeit stärker förderte als die Concept-Mapping-Aufgabe mit niedriger Struktur. Aus Cognitive Load Perspektive sprechen die Ergebnisse dafür, dass eine Vorstrukturierung in Form der Vorgabe von Relationen zwischen Konzepten die kognitive Belastung während des Concept Mapping reduzieren kann, was sich förderlich auf die Lernleistungen auswirkt (siehe Kapitel 2.4).

Die bisherige Evidenz zu Concept Mapping spricht dafür, dass Concept-Mapping-Aufgaben längerfristig und nicht nur punktuell eingesetzt werden sollten, um das Potenzial der Lerntechnik auszunutzen. Zudem sollten Lernende mit niedrigem Vorwissen instruktionale Unterstützung bekommen, beispielsweise indem diese eine vorstrukturierte Concept Map erhalten, die dann systematisch von den Lernenden ergänzt wird. Diese Beispiele zeigen aus praktischer Perspektive, dass sich insbesondere ein computerbasierter Einsatz von Concept Maps lohnen

Praktische Umsetzung

kann. Schüler*innen können sukzessive ihre Concept Maps über längere Kontexte (z. B. eine Unterrichtseinheit) erweitern und revidieren. Concept Maps können auch in Gruppen asynchron erstellt werden. Insbesondere ist es bei digital gestützten Concept Maps einfacher, Fehlvorstellungen zu revidieren, da in Computerprogrammen leichter Veränderungen an der Concept Map vorgenommen werden können. Somit können Wissensrevisionsprozesse über längere Zeiträume angeregt werden. Um die Qualität der Lernprozesse während des Concept Mappings zu erhöhen, können gezielt Prompts, die bestimmte kognitive und metakognitive Prozesse anregen sollen, eingesetzt werden (Hilbert et al., 2008). Zudem kann die Qualität der generierten Concept Maps mit automatisierten Methoden ausgewertet werden (Ifenthaler, 2014), um beispielsweise individuelles Feedback zu geben. Eine Zusammenfassung der verfügbaren Concept Mapping Tools kann auf Wikipedia gefunden werden („List of concept- and mind-mapping software").

Denkanstoß
Erstellen Sie eine Concept Map, in der Sie die Funktionen und Effekte von Concept Mapping darstellen. Überlegen Sie zudem, wie Sie das Concept Mapping adäquat anleiten könnten (z. B. wie Arbeitsaufträge gestaltet sein müssten, um eine tiefe Verarbeitung während des Concept Mappings anzuregen).

Take-Home Message
Concept Mapping stellt eine effektive Methode dar, um kognitive und metakognitive Lernaktivitäten anzuregen.
Es zeigte sich insbesondere dann ein wirksamer Effekt, wenn Concept Maps über längere Zeiträume eingesetzt wurden. Wenn Lernende selbst Concept Maps generieren, zeigt sich ein höherer lernförderlicher Effekt, als wenn sie eine Concept Map vorgegeben bekommen. Teilvorgefertigte Concept Maps können alledings schwächere Lernende mit weniger Vorwissen unterstützen, um die lernförderlichen Effekte von Concept Mapping zu realisieren.

3.4 Lernen durch Zeichnen

Das Lernen durch Zeichnen ist eine Lerntechnik, mit der viele Lernende vermutlich vorwiegend im Kontext naturwissenschaftlichen Unterrichts in Berührung kommen. Anders als der Name vielleicht vermuten lässt, geht es beim Lernen durch Zeichnen allerdings nicht darum, die künstlerische Ader von Lernenden zu entfalten. Vielmehr geht es beim Lernen durch Zeichnen darum, bestimmte kognitive und metakognitive Lernprozesse anzustoßen, die dem Verständnis von Lerninhalten zuträglich sind. Diese Lerninhalte sollten dazu zumindest in Teilen räumlich-visuellen Charakter haben, wie es oft in den Naturwissenschaften der Fall ist (vgl. Leutner & Schmeck, 2021).

Lernen durch Zeichnen
Beim Lernen durch Zeichnen erstellen Lernende Zeichnungen zu Lerninhalten, die zuvor in vorwiegend verbaler Form erklärt worden sind (z. B. in einem Lehrtext oder einem kurzen Input durch die Lehrperson). Diese Informationen werden von den Lernenden beim Lernen durch Zeichnen in bildhafte Informationen übersetzt. Das Lernen durch Zeichnen kann somit gut als Begleitaktivität bei der Verarbeitung von Lerninhalten eingesetzt werden, die zumindest teilweise räumlich-visuellen Charakter haben.

Beim Lernen durch Zeichnen besteht das zentrale Ziel darin, die Lernenden zu kognitiven Aktivitäten, wie dem Organisieren und Generieren sowie metakognitiven Lernaktivitäten wie dem Überwachen des eigenen Verständnisses, anzuregen (vgl. SOI-Modell generativen Lernens, siehe Kapitel 2.2.2). Diese Lernaktivitäten sollen zur Entwicklung eines mentalen Modells, also einer mit Vorwissen angereicherten, reichhaltigen Repräsentation der Lerninhalte, beitragen. In diesem mentalen Modell sind verbale und bildhafte Informationen integriert, was insbesondere das Verständnis der Lerninhalte bedeutend fördern soll.

Denkanstoß: Selbsterfahrung Lernen durch Zeichnen
Zur Veranschaulichung, wie Lernen durch Zeichnen konkret abläuft, lohnt es sich, das Lernen durch Zeichnen einmal selbst auszuprobieren. Lesen Sie hierzu den im Folgenden dargestellten Textabschnitt, der aus einem Lehrtext entnommen ist, den Schmeck, Mayer, Opfermann, Pfeiffer und Leutner (2014) in einer Serie von Experimenten zum Lernen durch Zeichnen verwendet haben. Bearbeiten Sie anschließend den darunter stehenden Arbeitsauftrag.
„Das Influenza-Virus dringt in eine Körperzelle ein
Um zu verstehen, wie ein Influenza-Virus in eine Körperzelle gelangt, ist es hilfreich, sich zunächst mit dem Aussehen von beiden zu beschäftigen. Das Influenza-Virus besteht aus einer Kapsel. Auf der Kapsel des Influenza-Virus liegt eine Hüllmembran, aus der Glykoproteine herausragen. Du kannst dir diese Glykoproteine wie kleine Pfeile vorstellen, die mit ihrem Stiel in der Hüllmembran verankert sind. Körperzellen sind im Vergleich zum Influenza-Virus mehr als zehnmal so groß und von einer Zellmembran umgeben, besitzen in ihrem Inneren aber im Gegensatz zum Influenza-Virus einen Zellkern. Wenn ein Influenza-Virus in eine Körperzelle gelangt, durchschreitet es die Zellmembran der Körperzelle und dringt so in sie ein. Dabei verliert das Influenza-Virus seine eigene äußere Hüllmembran. Sie verschmilzt mit der äußeren Zellmembran der Körperzelle. Die Glykoproteine des Influenza-Vi-

rus verbleiben durch diese Verschmelzung an der Außenseite der Zellmembran der Körperzelle. Du kannst dir dies ungefähr so vorstellen, dass aus der Zellmembran der Körperzelle die pfeilförmigen Glykoproteine des Influenza-Virus herausragen. Im Inneren der Körperzelle befindet sich hingegen nur die Kapsel des Influenza-Virus."
Arbeitsauftrag: Bitte zeichnen Sie die zentralen Inhalte des Textabschnitts auf ein Blatt Papier.

Das Lernen durch Zeichnen erfolgt zumeist Textabschnitt für Textabschnitt und kann sowohl im Papier-und-Bleistift-Format als auch per Drag-and-Drop oder per Eingabestift auf einem Tablet oder Computer erfolgen. Entscheidend ist, dass die Lernenden die Erstellung (Wie kommt sie auf das Papier?) und Erscheinung (Wie sieht sie aus?) der Zeichnung wesentlich beeinflussen (Van Meter & Firetto, 2013). Malen-nach-Zahlen-Formate, bei denen die Lernenden zwar die Erstellung, aber nicht die Erscheinung der Zeichnung entscheidend beeinflussen, wären also nicht dem Lernen durch Zeichnen zuzuordnen. Dies bedeutet allerdings nicht, dass die Lernenden beim Lernen durch Zeichnen ihre Zeichnungen stets vollständig selbst erstellen müssen. Unterstützungsmaßnahmen wie beispielsweise vorgezeichnete Hintergründe oder vorgegebene Bildelemente, die von den Lernenden abgezeichnet und/oder räumlich arrangiert werden müssen, sind beim Lernen durch Zeichnen durchaus üblich (siehe unten, Kapitel 3.4.2) und widersprechen nicht dem Prinzip, dass die Erscheinung der Zeichnung bedeutend von den Lernenden beeinflusst werden muss. Ebenfalls zentral ist, dass die Zeichnungen ikonischen Charakter haben müssen, also dass die Zeichnungen so angelegt sind, dass sie den tatsächlichen Merkmalen der gezeichneten Objekte bzw. Modellvorstellungen von den gezeichneten Objekten ähneln. Das Erstellen von Darstellungen, die weniger abbildenden, sondern eher beschreibenden Charakter haben, wie beispielsweise Concept Maps (siehe Kapitel 3.3) oder Flussdiagramme, würde nicht dem Lernen durch Zeichnen entsprechen.

3.4.1 Was sagt die Theorie?

Erklärung mittels des Cognitive Model of Drawing Construction

Mit dem Cognitive Model of Drawing Construction (Van Meter & Firetto, 2013; siehe auch Leutner & Schmeck, 2021), welches auf der einige Jahre zuvor publizierten Generative Theory of Drawing Construction (Van Meter & Garner, 2005) basiert, existiert ein aktuelles theoretisches Modell zu den lernförderlichen kognitiven und metakognitiven Prozessen, die beim Lernen durch Zeichnen ablaufen (siehe Abbildung 3.4). Dieses Modell hat enge Bezüge zum SOI-Modell generativen Lernens (siehe Kapitel 2.2.2) und zu Phasenmodellen selbstregulierten Lernens (siehe Kapitel 2.3.1).

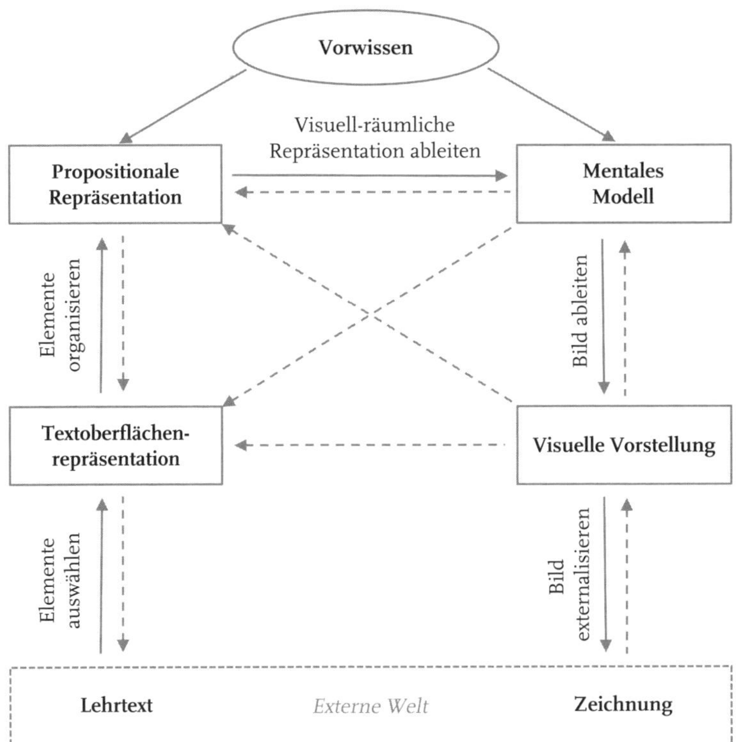

Abbildung 3.4. Schematische Darstellung des Cognitive Model of Drawing Construction. Durchgezogene Pfeile repräsentieren kognitive Prozesse, gestrichelte Pfeile repräsentieren metakognitive Prozesse.

Das Cognitive Model of Drawing Construction bezieht sich auf das Lernen durch Zeichnen als Begleitaktivität zum Lesen eines Lehrtexts, was sich im linken Pfad (vom Lehrtext zur propositionalen Repräsentation) widerspiegelt. Das Modell nimmt (analog zu Modellen zum Textverständnis, siehe z. B. Kintsch, 2004) an, dass die Lernenden zunächst eine Textoberflächen-Repräsentation bilden. Hier liegt noch keinerlei Verständnis vor, da diese Textoberflächen-Repräsentation „nur" die sprachlichen Details des Texts bzw. das wörtliche Abbild des Texts widerspiegelt. Im nächsten Schritt wird eine propositionale Repräsentation gebildet, indem die zentralen Aussagen (Propositionen) des Texts entnommen (generative Lernaktivität des Organisierens) und in einen Bezug zum Vorwissen gesetzt werden (generative Lernaktivität des Elaborierens).

Bis zu diesem Schritt ist die Theorie noch wenig spezifisch für das Lernen durch Zeichnen. Dies ändert sich aber im nächsten Schritt, bei dem sich die Lernenden nun eine räumlich-bildhafte Vorstellung von den Lerninhalten machen müssen, um im späteren Verlauf eine Zeichnung erstellen zu können. Hierzu leiten sie sowohl aus der gebildeten propositionalen Repräsentation als auch aus ihrem Vorwissen (und ggf. der gegebenen Unterstützung in Form von Bildkomponenten oder Bildhintergründen) ein mentales Modell ab, in dem nun verbale und bildhafte Informationen integriert sind. Vereinfacht ausgedrückt kann man sich dieses mentale Modell wie eine Art inneren Film inklusive erklärender Tonspur vorstellen, in dem die zu lernenden Abläufe oder Prozesse erklärt und veranschaulicht werden. Aus diesem mentalen Modell muss nun wiederum ein Bild abgeleitet werden, das die in dem jeweiligen Textabschnitt zentralen Inhalte darstellt. Die Lernenden müssen hierzu sozusagen einen Screenshot aus dem Teil ihres inneren Films erstellen, der den Inhalten des Textabschnitts möglichst gut entspricht. Diese visuelle Vorstellung ist nun, ähnlich wie die Textoberflächen-Repräsentation, eher oberflächlich, da das dahinterstehende Wissen (z. B. über Ursachen und Wirkungen) nicht mehr explizit enthalten ist. Ausgehend von dieser visuellen Vorstellung wird nun die Zeichnung erstellt – im Grunde wird die visuelle Vorstellung externalisiert und beispielsweise zu Papier gebracht.

Rolle von Wissenskonstruktionsaktivitäten

Folgt man dem Modell von Van Meter und Firetto (2013) einmal „von links unten nach rechts unten", dann wird deutlich, dass die Lernförderlichkeit des Lernens durch Zeichnen zum einen mittels konstruktionsorientierter Lerntheorien (siehe Kapitel 2.2) erklärt werden kann. Im Speziellen können die Lernaktivitäten des Organisierens (von Textinformation) und Generierens (eines mentalen Modells auf Basis von Vorwissen und Textinformation) als wesentliche Treiber der Lernförderlichkeit des Lernens durch Zeichnen angesehen werden. Das theoretische Modell von Van Meter und Firetto beinhaltet allerdings noch einen zweiten wesentlichen Wirkmechanismus.

Rolle selbstregulierten Lernens

Die gestrichelten Pfeile stellen metakognitive Rückkopplungsschleifen dar. Sie verdeutlichen, dass die Lernenden immer dann, wenn sie Verständnisschwierigkeiten feststellen bzw. bestimmte Teile der Lerninhalte (noch) nicht zeichnen können, zu vorherigen Verarbeitungsschritten bzw. gebildeten Repräsentationen zurückkehren, um die Schwierigkeiten zu beheben. Stellt eine Lernende beispielsweise fest, dass sie Schwierigkeiten hat, für einen bestimmten Teil des Lerninhaltes eine visuelle Vorstellung abzuleiten, könnte sie sich zum Beispiel erneut mit dem vorherigen Schritt des Ableitens eines mentalen Modells aus der propositionalen Repräsentation oder auch mit dem Erstellen der propositionalen Repräsentation beschäftigen. Das Lernen durch Zeichnen läuft also vermutlich in den seltensten Fällen einfach sequentiell „von links unten nach rechts unten" entsprechend der dargestellten Schritte ab. Stattdessen sind, angestoßen durch den Prozess des metakognitiven Überwachens, zahlreiche Wiederholungen von Schritten und Sprüngen zwischen den Schritten wahrscheinlich. Entsprechend können, ähnlich wie beispielsweise beim Schreiben eines Lerntagebuchs (siehe Kapitel 3.2), auch Theorien bzw. Phasenmodelle selbstregulierten Lernens zur Begründung der Lernförderlichkeit des Lernens durch Zeichnen herangezogen werden. Die durch das metakognitive Überwachen angestoßene Regulation würde in diesem Fall im wiederholten Ausführen bestimmter Verarbeitungsschritte bzw. im wiederholten Inspizieren bestimmter Repräsentationen bestehen.

Denkanstoß
An welcher Stelle bzw. in welcher Unterrichtsphase würden Sie die Lerntechnik Lernen durch Zeichnen in Ihren Unterricht integrieren? Welche Vorteile sehen Sie? Welche Probleme könnten bei der Implementierung von generativem Zeichnen auftreten?

3.4.2 Was sagt die Empirie?

Auch wenn die pädagogisch-psychologische Forschung zum Lernen durch Zeichnen insgesamt noch vergleichsweise jung ist, liegt bereits eine beachtliche Menge an empirischen Studien vor. Diese Studien beschäftigen sich sowohl mit analogem als auch mit digitalem Zeichnen und sind in der Regel als Experimente mit Prä- und Posttest konzipiert (siehe Kapitel 5.1)

Vergleich zu textfokussierten Verarbeitungsaktivitäten

Als sehr belastbar anzusehen ist die empirische Evidenz in Bezug auf die Vorzüge des Lernens durch Zeichnen im Vergleich zu textfokussierten Verarbeitungsaktivitäten. So fanden beispielsweise Leopold und Leutner (2012) deutliche Vorzüge des Zeichnens gegenüber der Lerntechnik des Zusammenfassens. Auch Alesandrini (1981) fand deutliche positive Effekte des Zeichens im Vergleich zum Lesen oder Paraphrasieren eines Lehrtexts. In ihrer Übersichtsarbeit stellen Fiorella und Zhang (2018) für den Vergleich von Zeichnen mit textfokussierten Verarbeitungsaktivitäten mittlere (in Bezug auf das erreichte Verständnis; $d = 0.41$) bzw. kleine bis mittlere (in Bezug auf den Transfer des erlernten Wissens; $d = 0.37$) Effekte des Lernens durch Zeichnen fest.

Effekte unterstützender Formate

Ebenfalls belastbar ist die Feststellung, dass Lernende beim Lernen durch Zeichnen von Unterstützung profitieren können (z. B. Fiorella & Zhang, 2018; Leutner & Schmeck, 2021). Zwei etablierte und vergleichsweise stark unterstützende Formate bestehen darin, den Lernenden entweder einen vorgezeichneten Hintergrund sowie vorgefertigte Bildelemente zur Verfügung zu stellen (z. B. Schmeck et al., 2014;

Schwamborn, Mayer, Thillmann, Leopold & Leutner, 2010) oder die Lernenden zunächst mit wenig Anleitungen Zeichnungen erstellen zu lassen und diese im Anschluss mit vorgefertigten Musterlösungen vergleichen zu lassen (z. B. Van Meter, 2001; Van Meter, Aleksic, Schwartz & Garner, 2006). Auch wenn Studien, die diese beiden starken Formen der Unterstützung systematisch vergleichen, bisher weitgehend fehlen, so deutet die Befundlage dennoch darauf hin, dass diese stark unterstützten Formate des Lernens durch Zeichnen in der Regel mit positiven Effekten auch gegenüber stärkeren (d. h. lernförderlichen/sinnvoll unterstützten) Kontrollbedingungen (z. B. Text + vorgegebene Bilder) einhergehen. Weniger unterstützte Formate des Lernens durch Zeichnen haben hingegen mitunter keine oder sogar negative Effekte (siehe Fiorella & Zhang, 2018). Trotz dieser vielversprechenden Befundlage ist allerdings weitere Forschung zu den Effekten unterschiedlich stark unterstützter Formate des Lernens durch Zeichnen vonnöten – insbesondere fehlt bisher ein theoretischer Rahmen, der die verschiedenen Arten der Unterstützung systematisiert und aus dem Hypothesen für spezifische Effekte unterschiedlicher Arten der Unterstützung abgeleitet werden können.

Vergleich zu anderen, auf mentale Modelle abzielenden Lerntechniken

Zusätzlich zu der in Teilen offenen Frage zur Rolle der Unterstützung beim Zeichnen gibt es noch einige weitere zentrale offene Fragen zu dieser noch relativ jungen Lerntechnik. Eine dieser Fragen betrifft die Effektivität des Lernens durch Zeichnen im Vergleich zu anderen Lerntechniken, die ebenfalls auf die Bildung eines mentalen Modells abzielen. So zeigt sich in Bezug auf die Effekte des Zeichnens im Vergleich zur Lerntechnik des mentalen Vorstellens sowie im Vergleich zum Selbsterklären (siehe Kapitel 3.1) bisher ein inkonsistentes Bild in der Literatur (für eine Übersicht, siehe Fiorella & Zhang, 2018). Diese heterogene Befundlage könnte unter anderem darauf zurückzuführen sein, dass die Effektivität des Zeichnens (und auch der anderen Lerntechniken) von verschiedenen Umständen der Ausführung abhängt. So kann das Lernen durch Zeichnen im Vergleich zum Lernen durch mentales Vorstellen zwar das Arbeitsgedächtnis entlasten, da die mentalen Vorstellungen auf Papier oder ein Display ausgelagert werden (z. B. Schmidgall, Eitel & Scheiter, 2019) – das Zeichnen kann allerdings die kognitive Belastung der Lernenden gegenüber dem mentalen Vorstellen auch erhöhen, wenn das Erstellen der Zeichnung selbst aufwändig ist bzw. nur in geringem Ausmaß unterstützt wird (vgl. Leutner, Leopold & Sumfleth, 2009). Um diese und weitere potenzielle Erklärungen für die bislang inkonsistenten Effekte aufzuklären, bedarf es weiterer Forschung.

Vergleich zum Lernen aus vorgegebenen Bildern

Ebenfalls spärlich und heterogen ist bisher die Befundlage zur Effektivität des Lernens durch Zeichnen im Vergleich zum Lernen aus vorgegebenen Bildern. So zeigen die wenigen Studien, die sich bisher mit dieser Frage beschäftigt haben, teilweise förderliche, teilweise abträgliche und teilweise nicht vorhandene Effekte des Lernens durch Zeichnen gegenüber dem Lernen aus gegebenen Bildern (für eine Übersicht, siehe Fiorella & Zhang, 2018). Eine potenzielle Erklärung für dieses Befundmuster könnte darin liegen, dass sowohl das Lernen durch Zeichnen als auch das Lernen aus gegebenen Bildern jeweils spezifische Vorzüge mit sich bringen, die unter bestimmten Umständen besonders zum Tragen kommen. Ein Vorzug des Lernens durch Zeichnen besteht darin, dass die Lernenden durch den Auftrag, eine Zeichnung zu erstellen, im Grunde mit Nachdruck eingeladen (oder gezwungen) werden, ein mentales Modell zu erstellen, in dem verbale und räumlich-visuelle Informationen aufeinander bezogen werden. Beim Lernen aus vorgegebenen Bildern hingegen sind die Lernenden weniger stark gezwungen, die verbalen und bildhaften Informationen tatsächlich miteinander zu integrieren (vgl. Scheiter, 2017). Ein Vorzug des Lernens aus vorgegebenen Bildern besteht allerdings darin, dass die Qualität der bildhaften Information in der Regel hoch sein dürfte, so dass die Lernenden, insofern sie denn hinreichend Aufwand in die Integration der verbalen mit den bildhaften Informationen investieren, eine gute Grundlage für das Erstellen ihrer mentalen Modelle haben. Das Lernen durch Zeichnen ist im Vergleich dazu stärker fehleranfällig – so erstellen die Lernenden selten Zeichnungen, die in vollem Umfang einer hochqualitativen bildhaften Darstellung der verbalen Informationen entsprechen. Das Ausmaß, in dem die skizzierten Vorzüge und Nachteile zum Tragen kommen, dürfte wiederum von verschiedenen Faktoren wie beispielsweise dem Vorwissen der Lernenden, dem Grad an Unterstützung beim Erstellen der Zeichnungen aber auch dem Ausmaß, in dem Lernende zur aktiven Integration von gegebener verbaler und bildhafter Information angeregt werden, abhängen. Dies sollte in zukünftigen Studien eingehend untersucht werden.

Abhängigkeit von der Art der Lerninhalte

Eine dritte zentrale offene Frage betrifft die Abhängigkeit der Effektivität des Lernens durch Zeichnen von der Art der Lerninhalte. In verschiedenen Übersichtsarbeiten wird plausibel dafür argumentiert, dass die Vorzüge des Lernens durch Zeichnen vor allem dann zur Geltung kommen sollten, wenn die Lerninhalte zumindest in Teilen räumlich-visuellen Charakter haben und wenn Ursache-Wirkungs-Gefüge erklärt werden (z. B. Leutner & Schmeck, 2021). Systematisch untersucht wurden diese Annahmen allerdings bisher kaum. Experimente, die beispielsweise den Anteil der Lerninhalte mit räumlich-visuellem Charakter variieren, könnten in Zukunft helfen, mehr Licht in diese potenziell zentrale Randbedingung effektiven Lernens durch Zeichnen zu bringen.

Take-Home Message

Das Lernen durch Zeichnen zielt darauf ab, dass Lernende kognitive und metakognitive Lernprozesse ausführen, welche zur Bildung eines mentalen Modells von Lerninhalten mit räumlich-visuellem Charakter beitragen.

Die Lernförderlichkeit des Lernens durch Zeichen kann sowohl mit konstruktionsorientierten Lerntheorien als auch mit Theorien selbstregulierten Lernens begründet werden.

Die Effektivität des Lernens durch Zeichnen ist besonders hoch im Vergleich zu textfokussierten Verarbeitungsstrategien und besonders ausgeprägt, wenn das Lernen durch Zeichnen substantiell unterstützt wird.

3.5 Lernen durch Abrufübung

Das Lernen durch Abrufübung zählt zum Urbestand evidenzbasierter Lerntechniken. So wurde die Lernförderlichkeit von Abrufübung bereits vor mehr als 100 Jahren in ersten Studien dokumentiert (z. B. Abott, 1909; Kühn, 1914). Die Befundlage zu Abrufübungen ist allerdings keineswegs alt und angestaubt. Im Gegenteil – insbesondere in den letzten ca. 20 Jahren hat die Lerntechnik Abrufübung eine beachtliche Renaissance in der pädagogisch-psychologischen Forschung erlebt, während derer sich die Anzahl der jährlich veröffentlichten Artikel in Fachzeitschriften zu dieser Thematik beinahe verzehnfacht hat (siehe Karpicke, 2017).

Lernen durch Abrufübung

Beim Lernen durch Abrufübung rufen Lernende Informationen aktiv aus dem Langzeitgedächtnis ab – zum Beispiel, indem sie alles aufschreiben, was sie aus einer vorhergegangenen Lernepisode noch erinnern. Wie der Begriff schon andeutet, wird also das Abrufen von Wissen aus dem Gedächtnis geübt. Das Lernen durch Abrufübung ist entsprechend eine Anschlussaktivität an vorherige Lernepisoden, in denen neue Lerninhalte verarbeitet und in das Langzeitgedächtnis aufgenommen worden sind.

Ziel des Lernens durch Abrufübung

Das zentrale Ziel des Lernens durch Abrufübung besteht darin, dass die Lernenden aktiv Prozesse des Gedächtnisabrufs ausführen. Dies beinhaltet unter anderem, dass die Lernenden bereits vorhandene Zugriffspfade zu bestimmten Lerninhalten nutzen oder die anvisierten Lerninhalte über neue Pfade in ihrem Gedächtnis aktivieren bzw. rekonstruieren. Dies soll die Konsolidierung der Lerninhalte im Gedächtnis und somit das langfristige Behalten der Lerninhalte bedeutend fördern. Die Abrufübung korrespondiert also eng mit der Funktion des

Stärkens, die von Renkl (2015b) als eine wesentliche Funktion von lernförderlichen Verarbeitungsaktivitäten angeführt wird (siehe Kapitel 2.2.1)

Umsetzung des Lernens durch Abrufübung

In welchem Rahmen der Abruf von Lerninhalten beim Lernen durch Abrufübung konkret erfolgt, ist äußerst vielfältig. So können Lernende beispielsweise zu freiem Gedächtnisabruf aufgefordert werden, was bedeutet, dass alle Inhalte einer Lernepisode abgerufen werden sollen (dies erfolgt oftmals in schriftlicher Form). Alternativ können Lernenden Quizfragen gestellt werden, deren Beantwortung den Abruf bestimmter Lerninhalte erfordert. Die Aufgaben „Schreibe alles auf, woran Du dich aus dem Kapitel zu Lernen durch Erklären erinnerst" (freier Gedächtnisabruf) oder „Welche Unterstützungsmaßnahmen sollten im Freiburger Ansatz selbstregulierten Lerntagebuchschreibens (siehe Kapitel 3.2) beim Schreiben eines Lerntagebuchs implementiert werden?" (Quizfrage) könnten also zur Anregung von Abrufübung genutzt werden. Tatsächlich können auch das Ausfüllen eines Lückentexts, das Erstellen einer Concept Map (siehe Kapitel 3.3), das Generieren einer Selbsterklärung oder einer Erklärung für andere (siehe Kapitel 3.1) oder das Rechnen von Übungsaufgaben die Abrufübung anregen, sofern die Lernenden dabei auf den Abruf von Wissen aus dem Langzeitgedächtnis angewiesen sind. So würde beispielsweise beim Erstellen einer Concept Map zumindest dann Abrufübung stattfinden, wenn die Lernenden während der Erstellung der Concept Map nicht mehr auf das Lernmaterial, zu dem sie eine Concept Map erstellen sollen, zugreifen können. Alle Inhalte bzw. Konzepte, die die Lernenden unter diesen Umständen in ihre Concept Map integrieren, sind dann zuvor aus dem Langzeitgedächtnis abgerufen worden. Hieran wird auch schnell deutlich, dass die Abrufübung in vielen Fällen nicht in Reinform ausgeführt wird. So würden Lernende beispielsweise bei dem beschriebenen Abrufübung-beim-Concept-Mapping-Szenario auch die generativen Lernaktivitäten des Organisierens und Elaborierens ausführen (vgl. Blunt & Karpicke, 2014). Die Abrufübung wird entsprechend bei zahlreichen Lerntechniken mit ausgeführt, aber steht (bisher) selten im Fokus bei der Beschreibung der jeweiligen Lerntechniken.

Denkanstoß

Überlegen Sie, in welchen Lerntechniken, die Sie regelmäßig ausführen, eine Abrufübung enthalten ist. Überlegen Sie auch, in welchen von den Lerntechniken, die in diesem Lehrbuch beschrieben werden, eine Abrufübung enthalten ist bzw. enthalten sein kann.

3.5.1 Was sagt die Theorie?

Bei der theoretischen Erklärung der lernförderlichen Effekte von Abrufübung ist es wichtig, zunächst zwei grundlegend verschiedene Wirkmechanismen der Lerntechnik zu unterscheiden: die indirekten und die direkten Effekte.

Indirekte Effekte von Abrufübung

Intuitiv einleuchtend ist vermutlich, dass Abrufübung den Lernenden vergleichsweise deutlich widerspiegelt, welche Lerninhalte sie noch nicht hinreichend im Langzeitgedächtnis verankert haben. Wenn Lernende eine Quizfrage nicht beantworten können oder einen Lerninhalt beim freien Gedächtnisabruf nicht niederschreiben können, zeigt das, dass sie diesem Lerninhalt weitere Aufmerksamkeit widmen sollten. Abrufübung würde in diesem Fall also als Unterstützung des metakognitiven Überwachens fungieren, wodurch die Lernenden in die Lage versetzt werden, ihr weiteres Lernen passgenau zu regulieren. Vor diesem Hintergrund kann die Lernförderlichkeit von Abrufübung also mit Theorien selbstregulierten Lernens begründet werden, in denen das Zusammenspiel von metakognitiver Überwachung und Regulation beschrieben wird (für eine Übersicht, siehe Panadero, 2017). Die Abrufübung selbst würde in diesem Fall allerdings nicht direkt zum erhöhten Lernerfolg beitragen, sondern wäre letztlich nur der Auslöser für die eigentlich lernförderlichen Lernaktivitäten, die im Rahmen des Regulierens ausgeführt werden. Entsprechend wird der skizzierte Wirkmechanismus in der Literatur als indirekter Effekt von Abrufübung bezeichnet (z. B. Arnold & McDermott, 2013; Roelle, Endres & Renkl, 2022). Genauer gesagt werden unter indirekten Effekten von Abrufübung alle Effekte gefasst, die sie auf das Lernen hat, das im Anschluss an die Abrufübung stattfindet. Als solches unterstützt Abrufübung sowohl das gezielte Ausbessern von Wissenslücken als auch die Anpassung der Herangehensweise bei der Erarbeitung eines nächsten Themengebiets. Die Effekte von Abrufübung auf das Erarbeiten eines nächsten, neuen Themengebiets werden auch unter dem Label des Vorwärts-Testungseffekts geführt. Dieser Effekt beinhaltet, grob ausgedrückt, dass Lernende anhand ihres Erfolgs bei der Abrufübung zu einer vorherigen Lernepisode feststellen können, ob die Art, wie sie die Lerninhalte erarbeitet haben, hinreichend bzw. zielführend gewesen ist. Im Falle geringen Erfolgs bei der Abrufübung würden Lernende gegebenenfalls die Art, wie sie die Lerninhalte eines nächsten Themengebiets erarbeiten, anpassen, um den Abruferfolg zu steigern (vgl. Wissman, Rawson & Pyc, 2011).

Vorwärts-Testungseffekt

Direkte Effekte von Abrufübung

Deutlich weniger intuitiv einleuchtend als die skizzierten indirekten Effekte von Abrufübung sind vermutlich die direkten Effekte, die unmittelbar aus dem Abruf von Lerninhalten aus dem Langzeitgedächtnis resultieren. Die Empirie zeigt, dass Abrufübung selbst dann den Lernerfolg bzw. die Behaltensleistung steigert, wenn Lernende kein Feedback bzw. keine anschließende Lerngelegenheit erhalten, bei der sie Wissenslücken ausbessern können. Für diese direkten Effekte gibt es derzeit verschiedene, sich zum Teil überlappende, theoretische Erklärungen.

Erklärung mittels der Theorie der wünschenswerten Erschwernisse

Eine vergleichsweise grobe, aber dennoch prominente Erklärung bietet die Theorie der wünschenswerten Erschwernisse (Bjork & Bjork, 2011). Abrufübung kann aus dieser Perspektive als ein Mittel gesehen werden, das den Lernprozess gegenüber anderen Verarbeitungsaktivitäten, wie beispielsweise dem erneuten Durchlesen des zu lernenden Materials, erschwert. Der erhöhte Aufwand, den Abrufübung verursacht, ist allerdings zuträglich für den Lernerfolg. Durch jeden Abruf der Inhalte wird deren Zugänglichkeit (retrieval strength) und Konsolidierung (storage strength) erhöht. Hieraus ergibt sich die theoretische Vorhersage, dass die Vorzüge von Abrufübung größer bei Lerninhalten sind, die erst kaum im Langzeitgedächtnis konsolidiert sind, als bei Lerninhalten, die bereits gut konsolidiert sind (vgl. Bjork & Bjork, 1992). Im Speziellen würde man aus dieser Perspektive davon ausgehen, dass die Effektivität von Abrufübung mit steigendem Aufwand, den die Abrufübung erfordert, bzw. mit steigender Schwierigkeit der Abrufübung, zunimmt. Dies gilt allerdings nur solange es Lernenden gelingt, die Lerninhalte erfolgreich abzurufen (vgl. Karpicke, 2017). Eine Möglichkeit, erfolgreichen Abruf mit (möglichst) hoher Schwierigkeit zu verbinden, wird im untenstehenden Fallbeispiel skizziert. Problematisch an dieser theoretischen Perspektive auf die direkten Effekte von Abrufübung ist allerdings, dass keine konkreten Aussagen dazu getroffen werden, wie oder warum der erhöhte Aufwand die Konsolidierung fördert. Letztendlich beschreibt diese Perspektive eher, was beim Lernen durch Abrufübung passiert (Lernende betreiben anstrengenden Gedächtnisabruf, wodurch Wissen konsolidiert wird), als dass sie die Effekte von Abrufübung erklären würde.

Gabe von an die Lernenden angepassten Quizfragen

In einer Reihe von Studien konnten Heitmann und Kolleg*innen zeigen, dass die Gabe von Quizfragen, die an die kognitiven Ressourcen der Lernenden angepasst sind, die Effekte von Abrufübungen noch weiter steigern kann. In zwei Laborexperimenten beantworteten Studierende Quizfragen unterschiedlicher Schwierigkeit, um die Inhalte einer vorher angesehenen e-Lecture zu konsolidieren. In der nicht-adaptiven Bedingung wurden die Quizfragen stetig komplexer, wohingegen die Komplexität der nächsten Frage in der adaptiven Bedingung von den kognitiven Ressourcen der Lernenden (Wissen zum Thema bzw. kognitive Kapazität) abhängig gemacht wurde. Als Adaptionsgrundlage dienten die Qualität der Antwort auf die vorherige Frage (Maß für das Wissen zum Thema;

Heitmann, Grund, Berthold, Fries & Roelle, 2018) oder die von den Lernenden wahrgenommene kognitive Beanspruchung bei der Beantwortung der vorherigen Frage („Wie sehr hat Sie die Frage beansprucht?" zur Einschätzung des Cognitive Load; Heitmann, Grund, Fries, Berthold & Roelle, 2022). Je nachdem wurde in der adaptiven Bedingung den Lernenden als nächstes eine einfachere (wenig Wissen bzw. hohe Beanspruchung), gleichbleibend komplexe (mittleres Wissen bzw. mittlere Beanspruchung) oder komplexere (hohes Wissen bzw. niedrige Beanspruchung) Quizfrage dargeboten. Die Adaption zielte darauf ab, das Komplexitätslevel der Fragen individuell so anzupassen, so dass die dargebotenen Fragen für die Lernenden eine Herausforderung darstellen, die nötigen Informationen aber trotzdem im Wesentlichen erfolgreich abgerufen werden konnten. Beide Adaptionsansätze führten zu höherem Lernerfolg in der adaptiven Bedingung im Vergleich zur nicht-adaptiven Bedingung. Die Effektivität der Anpassung der Fragenkomplexität auf Grundlage der wahrgenommenen kognitiven Beanspruchung konnte in einer Feldstudie im universitären Kontext repliziert werden (Heitmann et al., 2021).

Erklärung mittels des episodischen Kontextansatzes

Zwei theoretische Ansätze, die stärker als die Theorie der wünschenswerten Erschwernisse die zugrundliegenden Mechanismen der direkten Effekte von Abrufübung zu erklären versuchen, sind der episodische Kontextansatz und der Ansatz elaborativen Abrufs. Beide Ansätze gehen grundsätzlich davon aus, dass direkte Effekte von Abrufübung daher rühren, dass der Abruf von Informationen aus dem Langzeitgedächtnis die Anzahl von Abrufreizen (sog. Cues) erhöht, die mit den abgerufenen Informationen assoziiert werden. Der Ursprung dieser zusätzlichen Abrufreize wird in den beiden Ansätzen jeweils unterschiedlichen Quellen zugeschrieben. Im episodischen Kontextansatz (vgl. Karpicke, Lehman & Aue, 2014) wird die Zunahme an Abrufreizen darüber erklärt, dass die abgerufenen Wissenselemente mit einer zunehmenden Menge an episodischen Kontextinformationen verknüpft werden. Kontextinformationen können sich sowohl auf die äußere Umwelt beziehen (z. B. der Ort oder der Zeitpunkt, an dem der Gedächtnisabruf stattfand) als auch auf innere Zustände der Lernenden (z. B. die Stimmung während des Gedächtnisabrufs). Bei jedem erfolgreichen Abruf werden die abgerufenen Informationen mit Informationen des gegenwärtigen episodischen Kontexts verknüpft, wodurch sich die Menge der mit den abgerufenen Informationen verknüpften episodischen Kontextmerkmale mit jedem erfolgreichen Abruf erhöht. Dadurch, dass mit zunehmender Menge an verknüpften Kontextinformationen die abzurufenden Informationen effektiver gesucht werden können, wird der zukünftige Abruf erleichtert.

Erklärung mittels des Ansatzes elaborativen Abrufs

Der Ansatz elaborativen Abrufs (z. B. Carpenter, 2009) nimmt darüber hinaus an, dass es beim Abruf von Wissenselementen zu einer Aktivierungsausbreitung kommt, bei der nicht nur die abgerufenen

Informationen, sondern automatisch auch eng mit diesem Konzept assoziierte Informationen aktiviert werden (zum Beispiel Informationen zu einem anderen Konzept). Durch die simultane Aktivierung werden die abgerufenen Informationen enger mit den assoziierten Informationen verknüpft. Hierdurch können fortan auch diese assoziierten Informationen als effektive Abrufreize genutzt werden (siehe Kapitel 1.3; so kann beispielsweise Konzept A zu einem Abrufreiz für das assoziierte Konzept B werden). Zu beachten ist hier, dass mit dem Begriff des elaborativen Abrufs nicht das Gleiche gemeint ist, wie mit dem in Kapitel 2.2.1 thematisierten Prozess des Elaborierens. Vielmehr geht es beim dem elaborativen Abruf um eine Art automatische Stärkung bereits vorhandener Verknüpfungen und weniger um das bewusste Herstellen neuer Verknüpfungen zwischen neuem Wissen und Vorwissen.

3.5.2 Was sagt die Empirie?

Die empirische Befundlage zu den Effekten von Abrufübung ist äußerst reichhaltig. Sehr gut belegen die bisher publizierten Studien, dass bei gleicher Lernzeit Abrufübung bedeutend effektiver (mittlerer bis großer Effekt) ist als das erneute Durchsehen des zu lernenden Materials (z. B. Adesope, Trevisan & Sundararajan, 2017; Rowland, 2014). Sogar wenn die Effekte von Abrufübung nicht im Labor, sondern in authentischen Lernkontexten im Feld untersucht werden, übersteigt die in Metaanalysen gefundene Effektstärke noch deutlich die von Hattie (2009) gesetzte Schwelle von $d = 0.40$ für wünschenswerte Effekte im Bildungsbereich (z. B. Yang, Luo, Vadillo, Yu & Shanks, 2021). Die Effekte scheinen zudem nicht nur auf den Erwerb von Faktenwissen, auf bestimmte Fächer oder auf bestimmte Altersgruppen (siehe hierzu auch Brod, 2021) begrenzt zu sein. Deutlich zeigt die Befundlage zudem, dass der Vorzug von Abrufübung in der Regel umso größer ist, je später der Lernerfolg gemessen wird (vgl. Rowland, 2014). Mitunter zeigen unmittelbar im Anschluss an eine Lernepisode gemessene Befunde, dass das erneute Durcharbeiten des Lernmaterials effektiver ist als Abrufübung. Erneutes Durcharbeiten erhöht allerdings nur kurzfristig die Zugänglichkeit von Wissen. Nach einem oder mehreren Tagen kehrt sich das Befundmuster deshalb um und zeigt, dass Abrufübung zu deutlich besseren Testergebnissen führt als das erneute Durcharbeiten des Lernmaterials (z. B. Roediger & Karpicke, 2006). Dieses Muster steht im Einklang mit der theoretischen Annahme, dass Abrufübung vorwiegend zur Konsolidierung und Zugänglichkeit von Wissen im Langzeitgedächtnis beiträgt. Die Effekte von Abrufübung sind zudem zumeist höher, wenn die Lernenden

Feedback oder die Möglichkeit erhalten, das Lernmaterial nach der Abrufübung erneut einzusehen (vgl. Rowland, 2014; Yang et al., 2021). Dies ermöglicht, dass nicht nur direkte, sondern auch indirekte Effekte von Abrufübung wirken können. Wenn es kein Feedback bzw. keine Möglichkeit zum Nacharbeiten gibt, zeigen sich bedeutende förderliche Effekte von Abrufübung nur dann, wenn der Abruf weitgehend erfolgreich ist (z. B. bei 75 % Abruferfolg, siehe Rowland, 2014). Abhängig sind die Effekte von Abrufübung zudem vom Aufgabenformat. Die Effekte sind größer, wenn die Abrufübungsaufgaben mehr als das bloße Wiedererkennen von zuvor gelernten Informationen verlangen (z. B. Rowland, 2014). Ebenfalls sehr gut belegt ist, dass wiederholte Abrufübung, zumindest wenn sie über die Zeit verteilt wird, effektiver ist als einmalige oder massierte mehrfache Abrufübung zu einem Zeitpunkt (z. B. Karpicke, 2017; Rawson & Dunlosky, 2012). Als Faustregel für eine hinreichende Menge an Abrufübung wird in einigen Publikationen die Zahl von drei bis vier über die Zeit verteilten erfolgreichen Abrufen der zu lernenden Information genannt (vgl. Rawson & Dunlosky, 2012).

Auswirkungen von Feedback

Auswirkungen unterschiedlicher Umsetzung

Angesichts der oben angedeuteten zahlreichen Belege für die große Effektivität von Abrufübung kommen Übersichtsarbeiten des Öfteren zu euphorischen Schlussfolgerungen in Bezug auf den Nutzen von Abrufübung für das bedeutungshaltige Lernen in Schule und Hochschule. So stellen beispielsweise Dunlosky, Rawson, Marsh, Nathan und Willingham (2013) Abrufübung als eine kognitionspsychologisch begründete Lerntechnik mit hohem praktischem Nutzen heraus. Es gibt allerdings dennoch einige zentrale offene Fragen, was den Nutzen von Abrufübung in authentischen Lernkontexten anbetrifft (für eine Übersicht zentraler offener Fragen, siehe Roelle et al., 2022).

Auswirkungen der Materialkomplexität

Beispielsweise argumentieren Van Gog und Sweller (2015), dass sich der Effekt von Abrufübung mit zunehmender Komplexität des Lernmaterials verringern und für hoch-komplexes Lernmaterial sogar vollständig verschwinden würde. Diese Argumentation basiert auf der Annahme, dass das Herstellen von Verknüpfungen zwischen zu lernenden Informationen, was zumindest entsprechend dem Ansatz des elaborativen Abrufs ein zentraler Wirkmechanismus von Abrufübung ist, bei komplexem Material kaum nötig sei. In komplexem Material seien die Verknüpfungen im Lernmaterial bereits enthalten oder würden von den Lernenden bereits in der initialen Lernphase, also vor der Abrufübung, hergestellt, um das Lernmaterial zu verstehen. Angesichts dessen, dass zumindest beim fortgeschrittenen Wissenserwerb in den meisten Inhaltsdomänen komplexes Wissen erworben werden muss, würde dies den praktischen Nutzen von Abrufübung deutlich einschränken. Die empirische Befundlage zu dieser Frage ist bisher allerdings recht dürftig, so dass hier noch keine belastbaren Schlussfolgerungen gezogen werden können (siehe auch Karpicke & Aue, 2015; Rummer & Schweppe, 2022). Eine weitere offene Frage betrifft die Effektivität von Abrufübung im Vergleich zu anderen Lerntechniken. Wie oben bereits beschrieben, ist die empirische Befundlage zur Effektivität von Abrufübung gegenüber dem erneuten Durcharbeiten des Lernmaterials sehr gut und belastbar. Auch im Vergleich zur Lerntechnik des Notizenmachens gibt es bereits einige vielversprechende Befunde (z. B. Heitmann et al., 2018; Rummer, Schweppe, Gerst & Wagner, 2017). Andere Lerntechniken, die beispielsweise stärker die generativen Lernaktivitäten des Organisierens und Elaborierens anregen, sind bisher allerdings nur vereinzelt mit Abrufübung verglichen worden (z. B. Karpicke & Blunt, 2011; Lechuga, Ortega-Tudela & Gómez-Ariza, 2015; Roelle & Nückles, 2019). Dieses spärliche Ausmaß an Studien, in denen Abrufübung mit anderen Lerntechniken verglichen wird, ist zum großen Teil in der vorherrschenden Forschungslogik der experimentellen pädagogisch-psychologischen Forschung begründet, die aus nachvollziehbaren Gründen stärker Vergleiche innerhalb von Lerntechniken fokussiert (z. B. verschiedene Formen von Abrufübung werden verglichen) und weniger Vergleiche zwischen (grundlegend) verschiedenen Lerntechniken anstrebt (siehe Kapitel 5.3). Ebenfalls bisher nicht gut untersucht – obwohl von hoher Relevanz für die pädagogische Praxis – ist die Frage, inwiefern Abrufübung mit generativen Lerntechniken bzw. Lernaktivitäten gewinnbringend kombiniert werden kann. Wie eingangs des Kapitels bereits angedeutet, kann Abrufübung in zahlreiche generative Lerntechniken wie das Schreiben eines Lerntagebuchs, das Erstellen von Concept Maps oder das Lernen durch Erklären integriert werden. Dazu muss den Lernenden während der jeweiligen generativen Lerntechnik der Zugriff auf das zugrundeliegende Lernmaterial verwehrt werden, so dass sie entsprechend alle Informationen, die sie generativ verarbeiten sollen, zunächst aus dem Langzeitgedächtnis abrufen müssen. Die wenigen Studien, die sich bisher mit der Frage beschäftigt haben, ob diese Integration von Abrufübung lernförderlich ist, zeigen ein heterogenes Bild. So konnten Blunt und Karpicke (2014) beispielsweise zeigen, dass Concept Mapping durch die Integration von Abrufübung an Effektivität gewinnen kann. Waldeyer, Heitmann, Moning und Roelle (2020) konnten außerdem belegen, dass die Lernförderlichkeit von Organisations- und Elaborationsaufgaben, die ähnlich zu Prompts beim Schreiben von Lerntagebüchern gestaltet waren, durch die Integration von Abrufübung gesteigert werden konnte. In beiden Studien konnten wohlgemerkt sowohl direkte als auch indirekte Effekte von Abrufübung wirken, da die Lernenden die Gelegenheit hatten, Wissenslücken durch gezieltes

Vergleich zu anderen Lerntechniken

Kombination mit anderen Lerntechniken

Nachlesen zu schließen. In Studien, in denen es keine Überarbeitungs- bzw. Nachlesemöglichkeiten gab und somit nur direkte Effekte von Abrufübung wirken konnten, konnten förderliche Effekte der Integration von Abrufübung in generative Lerntechniken bisher kaum nachgewiesen werden (z. B. Hiller, Rumann, Berthold & Roelle, 2020; Roelle & Berthold, 2017; siehe auch Wenzel, Schweppe & Rummer, 2022). Es gibt allerdings auch Studien, in denen die Integration von Abrufübung selbst dann keinen Mehrwert brachte, wenn die Lernenden Möglichkeiten zur Überarbeitung erhalten haben (z. B. Agarwal, Karpicke, Kang, Roediger & McDermott, 2008; Roelle & Renkl, 2020), so dass bisher keine Schlüsse zum Nutzen der Integration von Abrufübung in generative Lerntechniken gezogen werden können (eine Übersicht zentraler offener Fragen findet sich in Roelle & Nückles, 2022).

Take-Home Message

Das Lernen durch Abrufübung zielt darauf ab, dass Lernende den Abruf von Informationen aus dem Langzeitgedächtnis üben, was zur Konsolidierung der Informationen im Langzeitgedächtnis führen soll.

Abrufübung kann den Lernerfolg bzw. die Konsolidierung von Wissen sowohl indirekt als auch direkt beeinflussen.

Die Lernförderlichkeit von Abrufübung ist oft erst in zeitlich verzögerten Lernerfolgstests zu messen und hängt zudem entscheidend davon ab, wie hoch der Erfolg während der Abrufübung ist und ob es Feedback bzw. Möglichkeiten zum Schließen von Wissenslücken gibt. Auch das Aufgabenformat und die Häufigkeit von Abrufübung haben bedeutenden Einfluss auf die Lernförderlichkeit.

3.6 Lernen mit Relevanzinstruktionen

Der Begriff der Relevanzinstruktionen ist vermutlich den meisten Leser*innen vor dem Lesen dieses Bandes noch nie untergekommen. Dies ist zumindest unsere Schätzung auf Basis der Eindrücke, die wir in den letzten Jahren in unseren Seminaren für Lehramtsstudierende zu dieser Thematik gewonnen haben. Mit der Maßnahme, die sich hinter diesem Begriff verbirgt, ist aber vermutlich jede*r Studierende schon des Öfteren in Berührung gekommen. Entsprechend der Forscher Matthew T. McCrudden und Gregory Schraw (2007), die sich im Forschungsfeld zu Relevanzinstruktionen besonders verdient gemacht haben, können Relevanzinstruktionen wie folgt definiert werden:

Relevanzinstruktionen
Relevanzinstruktionen kommunizieren Kriterien, die Lernende zur Einschätzung der Relevanz verschiedener Lerninhalte (für das Lernen bzw. für eine anschließende Prüfung) verwenden können (für eine Abgrenzung des Konzepts der Relevanz von dem der Wichtigkeit, siehe Kapitel 3.6.1). Gängige Formen von Relevanzinstruktionen sind beispielsweise gröbere Lernziele oder spezifische Leitfragen, die den Lernenden genannt werden. Relevanzinstruktionen können vorab, also vor der Bearbeitung eines bestimmten Lernmaterials, gegeben oder in das jeweilige Lernmaterial integriert werden.

Ziel der Gabe von Relevanzinstruktionen

Vor dem Hintergrund, dass in beinahe jedem Lernmaterial nicht jede Information und Passage gleichermaßen relevant ist, um die Lernziele zu erreichen, besteht das Ziel der Gabe von Relevanzinstruktionen darin, Lernende auf die zentralen zu lernenden Inhalte zu fokussieren. Um dieses Ziel zu erreichen, kommunizieren Relevanzinstruktionen Kriterien zur Einschätzung der Relevanz von Lerninhalten. Auf deren Basis können Lernende wiederum Ziele für die Verarbeitung des jeweiligen Lernmaterials erstellen bzw. informiert zwischen – aus der Sicht der Lernziele – relevanten und weniger relevanten Informationen unterscheiden (vgl. McCrudden & Schraw, 2007). Relevanzinstruktionen sollen also zum einen dazu führen, dass Lernende ihre kognitiven Ressourcen zielgenau in die Verarbeitung zentraler zu lernender Inhalte investieren. Zusätzlich können Relevanzinstruktionen, in Abhängigkeit von ihrer Gestaltung, darauf abzielen, bestimmte Arten der Verarbeitung bzw. ein bestimmtes Level an Verarbeitungstiefe anzuregen. So können Relevanzinstruktionen beispielsweise kommunizieren, in welchem Ausmaß das (einfache) Erinnern von Fakten oder das Verstehen und Anwenden bestimmter Lerninhalte relevant ist, um den Lernenden nicht nur die zu fokussierenden Inhalte, sondern auch die für das Erreichen der Lernziele notwendige Tiefe der Verarbeitung zu vermitteln. Dies kann – ähnlich wie beim Einsatz von kognitiven Prompts beim Schreiben von Lerntagebüchern (siehe Kapitel 3.2) – so erfolgen, dass die Relevanzinstruktionen direkt so gestaltet sind, dass sie in Form von Fragen gegeben werden, zu deren Beantwortung die entsprechende anvisierte Tiefe der Verarbeitung vonnöten ist. Wenn Relevanzinstruktionen jedoch eher auf gröbere Lernziele verweisen (z. B. Erreichen eines tiefen Verständnisses bestimmter Konzepte), wird die anvisierte Verarbeitungstiefe eher indirekt kommuniziert, da hier die Lernenden stärker selbst entscheiden müssen, welche Verarbeitungsaktivitäten sie initiieren.

Umsetzung von Relevanzinstruktionen

Stellen Sie sich vor, Sie sollten das Kapitel 3.2 „Lernen durch Schreiben eines Lerntagebuchs“ lesen. Wenn Sie nun vorab die Instruktion bekämen, diesen Text aus der Perspektive einer Lehrperson zu lesen, die bereits seit zehn Jahren unterrichtet und die vor allem daran interessiert ist, wie sie das Lerntagebuchschreiben im Fach Mathematik konkret anleiten kann, dann hätten sie eine sogenannte **generelle Relevanzinstruktion** erhalten, die auf die einzunehmende Perspektive abzielt. Diese Relevanzinstruktion könnten Sie nun nutzen, um Ihre Ziele beim Lesen des Kapitels zu generieren bzw. zu aktualisieren und Ihre kognitiven Ressourcen gezielt auf die Passagen zu verwenden, in denen die instruktionalen Unterstützungsmaßnahmen beim Schreiben eines Lerntagebuchs besprochen werden. Möglicherweise würden Sie die Inhalte in diesen Passagen zudem elaborieren, indem Sie sie auf den Kontext Mathematikunterricht übertragen bzw. sich Beispiele aus dem Mathematikunterricht ausdenken, um der von der Relevanzinstruktion nahegelegten Perspektive gerecht zu werden. In diesem Fall würde also potenziell nicht nur der Fokus, sondern auch die Tiefe der Verarbeitung von der generellen Relevanzinstruktion beeinflusst.

Hätten Sie vor dem Lesen oder integriert in das Lerntagebuch-Kapitel hingegen spezifische, auf bestimmte einzelne Fakten oder Passagen bezogene Leitfragen erhalten, die Sie beantworten sollten (z. B. „Welche Lernaktivitäten sollen durch das Schreiben eines Lerntagebuchs angeregt werden?“ oder „Wie heißt Prof. Dr. Nückles mit Vornamen?“) wäre dies als spezifische Relevanzinstruktion einzuordnen. Beide beispielhaften spezifischen Relevanzinstruktionen könnten Sie zum Anlass nehmen, das Ziel zu verfolgen, die Fragen tatsächlich zu beantworten. Dazu würden Sie Ihre Ressourcen auf scharf umrissene, spezifische Passagen des Kapitels – bzw. im Falle der Frage nach dem Vornamen sogar auf einen spezifischen Satz innerhalb des Kapitels – fokussieren. Da die Antworten auf beide Fragen explizit in dem Kapitel gegeben werden, wären Sie in diesem Fall nicht zu einer (besonders) tiefen Verarbeitung der zu fokussierenden Inhalte angeregt. Wären die spezifischen Relevanzinstruktion tatsächlich vor dem Lesen des Kapitels gegeben, würden Sie das Lesen des Kapitels gegebenenfalls nach dem Beantworten der beiden Fragen beenden, auch wenn Sie noch die Hälfte des Kapitels vor sich hätten. Würden die Fragen erst am Ende des Kapitels gestellt, hätten Sie jedoch auch die übrigen Passagen des Kapitels zumindest einmal durchgelesen. Genau wie in dem Fall, dass die Fragen in das Kapitel eingeschoben wären, würden Sie, sofern Sie die Antworten auf die Fragen nicht sicher aus dem Gedächtnis abrufen könnten (siehe Kapitel 3.5 Lernen durch Abrufübung), die relevanten Passagen bzw. Sätze außerdem vermutlich erneut durchgehen. Somit hätten Sie Ihre kognitiven Ressourcen zielgenau auf die relevanten Informationen ausgerichtet.

3.6.1 Was sagt die Theorie?

Relevanz vs. Wichtigkeit

Um die theoretische Erklärung der Funktionsweise von Relevanzinstruktion verstehen zu können, ist es zunächst wichtig, das Konzept der Relevanz, also das, was durch die Relevanzinstruktion beeinflusst werden soll, genauer zu beleuchten. In diesem Kontext ist es zum einen von Bedeutung, Relevanz vom Konzept der Wichtigkeit abzugrenzen. Wie oben bereits angedeutet bezieht sich **Relevanz** nach McCrudden und Schraw (2007) auf das Ausmaß, in dem eine bestimmte Information bzw. eine bestimmte Passage eines Lernmaterials zentral für die Bearbeitung einer bestimmten Aufgabe oder die Erreichung eines bestimmten (Lern-)Ziels ist. **Wichtigkeit** hingegen bezieht sich auf das Ausmaß, in dem eine bestimmte Information oder Passage eines Lernmaterials zentral ist, um das jeweilige Lernmaterial (z. B. einen Lehrtext) zu verstehen. Relevanz ist also etwas, was von Faktoren beeinflusst wird, die außerhalb des Lernmaterials liegen (z. B. eine spezifische Leitfrage oder ein Lernziel, das zu einem Text hinzugegeben wird), während Wichtigkeit etwas dem Lernmaterial Inhärentes ist. Eine bestimmte Information kann also relevant sein (z. B. der Vorname von Prof. Dr. Nückles, wenn die oben genannte spezifische Leitfrage zum Lerntagebuch-Kapitel hinzugegeben wird), obwohl sie nicht wichtig ist (den Vornamen von Prof. Dr. Nückles zu kennen ist nicht nötig, um die zentralen Aussagen des Kapitels nachvollziehen zu können).

Funktionen von Relevanz

Neben der Unterscheidung von Wichtigkeit ist es für eine Annäherung an das Konzept der Relevanz zudem nützlich, sich mit den theoretischen Funktionen von Relevanz vertraut zu machen. McCrudden und Schraw (2007) stellen, basierend auf Sperber und Wilson (2002) sowie Wilson und Sperber (2004), vier zentrale Funktionen von Relevanz heraus, die sich in Teilen etwas überlappen. Zum einen dient Relevanz als ein Signal der Lehrperson an die Lernenden. Es wird den Lernenden kommuniziert, dass aus Sicht der Lehrperson bestimmte Informationen oder Passagen relevanter sind als andere, worauf die Lernenden verstärkt Aufmerksamkeit auf die jeweiligen Passagen richten können. Die oben genannte Leitfrage nach dem Vornamen von Prof. Dr. Nückles würde also signalisieren, dass der Satz, in dem der Vorname enthalten ist bzw. die Information „Vorname von Prof. Dr. Nückles“, von besonderer Relevanz ist. Zweitens dient Relevanz der Funktion, dass entsprechendes Vorwissen aktiviert und damit zugänglich wird. Die Annahme ist, dass Lernende eher zu relevanten als zu nicht-relevanten Passagen des jeweiligen Lernmaterials ihr Vorwissen aktivieren würden, wodurch nachfolgende Informationsverarbeitungsprozesse wie beispielsweise das Interpretieren, das Organisieren und das Elaborieren (siehe Kapitel 2.2.1) erleichtert würden. Im Falle der Leitfrage nach dem Vornamen würde vermutlich kaum Vorwissen aktiviert werden; im Falle der Leitfrage nach den Lernaktivitäten, die durch das Schreiben eines Lerntagebuchs angeregt werden, würden Leser*innen dieses Lehrbuchs hingegen möglicherweise die sieben Funktionen von Informationsverarbeitungsprozessen nach Renkl (2015b) aktivieren. Drittens beeinflusst Relevanz die Verarbeitungsprozesse der Lernenden. Dies wurde bei der zweiten Funktion in Bezug auf die Aktivierung von Vorwissen bereits deutlich, da die Aktivierung von Vorwissen indirekt nachfolgende Prozesse wie beispielsweise das Organisieren und Elaborieren erleichtern kann (ähnlich zum Concept Mapping, siehe Kapitel 3.3.1). Relevanz kann die Verarbeitungsprozesse jedoch nicht nur indirekt über die Aktivierung von Vorwissen, sondern auch auf direkterem Wege über die Kommunikation des zu verfolgenden Ziels beeinflussen. Beispielsweise verarbeiten Lernende, die einen Text lesen und vorab die Relevanzinstruktion erhalten haben, den Text zum Zwecke des Lernens zu lesen, den Text anders (eingehender und tiefer) als Lernende, die den gleichen Text nach der Relevanzinstruktion lesen, den Text zum Zwecke der Unterhaltung zu lesen (vgl. Van den Broek, Lorch, Linderholm & Gustafson, 2001). Die vierte Funktion von Relevanz besteht darin, dass sie Lernenden dabei hilft, Kriterien für ein zielführendes Investment ihrer Aufmerksamkeitsressourcen zu entwickeln. Schraw, Wade und Kardash (1993) berichten in diesem Zusammenhang den interessanten Befund, dass sich Lernende besser an nicht-relevante Passagen eines Lernmaterials erinnern, je wichtiger die Passagen sind. Bei relevanten Passagen hingegen spielt die Wichtigkeit der Passagen keine Rolle für die Erinnerungsleistung. Wenn die Relevanz unklar ist, lassen sich Lernende also vermutlich von der Wichtigkeit der jeweiligen Informationen leiten; wenn die Relevanz jedoch kommuniziert bzw. geklärt ist, nimmt diese ebenfalls starken Einfluss auf den Fokus der Verarbeitungsprozesse der Lernenden.

Das Goal-Focusing Model

Nachdem das Konzept der Relevanz etwas beleuchtet wurde, kann nun die Funktionsweise von Relevanzinstruktionen, die die Relevanz gezielt beeinflussen und die skizzierten Funktionen aktivieren sollen, in den Blick genommen werden. Aufbauend auf Theorien aus der Forschung zum Lesen bzw. zum Leseverständnis (z. B. Graesser, Singer & Trabasso, 1994; Kintsch, 2004), haben McCrudden und Schraw (2007) ein aus vier Phasen bestehendes theoretisches Modell entwickelt, das Annahmen dazu trifft, wie Relevanzinstruktionen Einfluss auf das Lernen nehmen.

Dieses Goal-Focusing Model (siehe Abbildung 3.5) nimmt an, dass in der ersten Phase Relevanz entweder explizit (z. B. über Leitfragen,

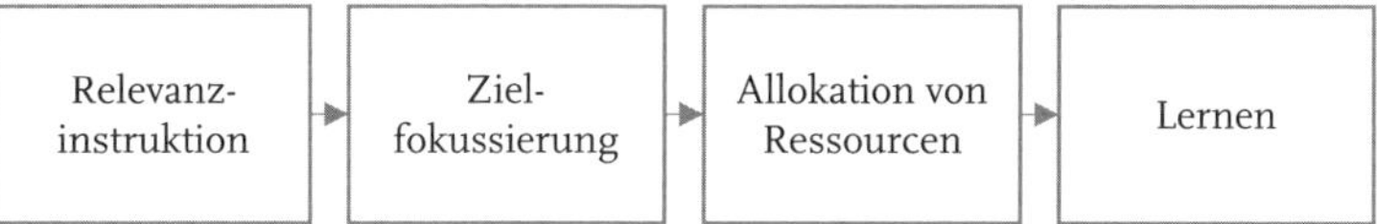

Abbildung 3.5. Das Goal-Focusing Model nach McCrudden und Schraw (2007)

die von der Lehrperson gegeben werden) oder implizit (z. B. wenn die Lehrperson bestimmte Informationen wiederholt) kommuniziert wird. Wenn die Lernenden diese Relevanzhinweise wahrnehmen, ziehen sie im Folgenden weniger die Wichtigkeit von Informationen, sondern stärker die Relevanz von Informationen bei der Bildung von Verarbeitungszielen heran. Das Bilden von Verarbeitungs- oder Lernzielen ist Inhalt der zweiten Phase des Goal-Focusing Model. In dieser Phase bilden die Lernenden, informiert von den Relevanzinstruktionen, spezifische Ziele, die sie bei der Verarbeitung des jeweiligen Lernmaterials erreichen möchten. Um diese Ziele fokussieren zu können, bilden die Lernenden zudem Kriterien, anhand derer sie die Relevanz bestimmter Informationen oder Lernmaterialpassagen einschätzen können. Die dritte Phase betrifft die Allokation (Zuweisung) von Ressourcen bzw. der verfügbaren kognitiven Kapazität (siehe Kapitel 2.4 zur Cognitive Load Theory). Während der Verarbeitung des jeweiligen Lernmaterials prüfen Lernende auf Basis der in der zweiten Phase gebildeten Kriterien fortlaufend die Relevanz der jeweiligen Informationen. Auch initiieren sie bei relevanten Passagen Verarbeitungsaktivitäten, bei denen sie davon ausgehen, dass diese für das Erreichen der jeweils gesetzten spezifischen Ziele geeignet sind. An dieser Stelle wird deutlich, dass die Effekte von Relevanzinstruktionen von Selbstregulationsfähigkeiten bzw. vom Strategiewissen der Lernenden abhängen sollten. Ob die jeweils initiierten Verarbeitungsaktivitäten tatsächlich zielführend sind, sollte bedeutend von diesen Fähigkeiten und diesem Wissen abhängen. Die vierte Phase betrifft das eigentliche Lernen bzw. das Bilden der jeweiligen mentalen Repräsentationen der (relevanten) Lerninhalte. Bei diesem Schritt, zu dem auch die oben bereits skizzierte gezielte Aktivierung relevanten Vorwissens beiträgt, werden die, entsprechend der gebildeten Kriterien, hoch relevanten Informationen gezielt in kohärente mentale Repräsentationen überführt. Diese werden wiederum in das Vorwissen der Lernenden integriert (vgl. SOI-Modell generativen Lernens, Kapitel 2.2.2).

Veranschaulichung des Goal-Focusing-Models

Der Schüler Marc soll im Fach Pädagogik einen Text lesen, in dem das Studium der Erziehungswissenschaft in seinen Grundzügen vorgestellt wird. Seine Lehrerin hat ihm dazu vorab zwei Leitfragen gegeben, die er beim Lesen des Textes beantworten soll. Zum einen soll er beantworten, welche zentralen Kompetenzen in dem Studiengang vermittelt werden, zum anderen soll er beantworten, für welche Berufsziele ein Studium der Erziehungswissenschaft eine gute Idee ist. Marc liest diese Leitfragen aufmerksam durch und erkennt somit die Signale, die seine Lehrerin ihm sendet (Relevanzinstruktion, Phase 1). Marc nimmt sich nun vor, diese beiden Fragen beim Lesen des Textes zu beantworten und entscheidet, auch vor dem Hintergrund der begrenzten Zeit, die er für das Lesen des Textes hat, dass er Passagen, die sich nicht auf die Leitfragen beziehen, nur oberflächlich überfliegen möchte (Zielfokussierung, Phase 2). Beim Lesen prüft er also fortlaufend, ob die jeweiligen Sätze aus Sicht der beiden Leitfragen relevante Informationen beinhalten, und konzentriert sich vorwiegend auf die entsprechenden Passagen. Da in dem Text nicht explizit steht, für welche Berufsziele das Studium der Erziehungswissenschaft eine gute Idee ist, macht Marc sich anhand der dargelegten Kompetenzen und seines Vorwissens eigene Gedanken, in welchen Berufsfeldern diese Kompetenzen wohl gut zu gebrauchen wären (Allokation von Ressourcen, Phase 3). Diese generative Verarbeitungsaktivität führt dazu, dass er sowohl die im Text explizit genannten Kompetenzen, die vermittelt werden sollen, als auch seine Gedanken dazu, wann ein Studium der Erziehungswissenschaft eine gute Idee ist (Marc kommt zu dem Schluss, dass ein Studium der Erziehungswissenschaft fast immer eine gute Idee ist), in eine kohärente mentale Repräsentation integriert, die gut mit seinem Vorwissen verknüpft ist (Lernen, Phase 4).

3.6.2 Was sagt die Empirie?

Dass es einen Relevanzeffekt, also einen Effekt von Relevanzinstruktionen auf Verarbeitungsaktivitäten und Lernerfolg gibt, ist empirisch überzeugend belegt (für eine Übersicht siehe McCrudden & Schraw, 2007). Diese förderlichen Effekte wurden zwar im Wesentlichen in Situationen nachgewiesen, in denen das Lernmaterial aus einem oder mehreren Lehrtexten bestand (andere Arten von Materialien sind in der Forschung zu Relevanzinstruktion bisher vergleichsweise selten eingesetzt worden), allerdings konnten sie sowohl für generelle als auch für spezifische Relevanzinstruktionen konsistent gezeigt werden.

Effekte genereller Relevanzinstruktionen

Das Ziel genereller Relevanzinstruktionen besteht darin, Lernende auf relativ grobe Kategorien von Informationen zu fokussieren oder sie in einen bestimmten Kontext zu versetzen, aus dem sich dann bestimmte Verarbeitungsaktivitäten ergeben sollen. Eine Form solcher genereller Relevanzinstruktionen sind sogenannte **Perspektivinstruktionen**, die, wie zu Beginn des Kapitels bereits skizziert, den Lernenden eine bestimmte Perspektive vorgeben. So könnte man Lernende beispielsweise dazu auffordern, einen Text zur Französischen Revolution aus der Perspektive eines Mitglieds des Klerus, eines Mitglieds des Adels oder eines Mitglieds einer Bauernfamilie zu lesen. Empirische Befunde zeigen, dass die instruierte Perspektive einen förderlichen Einfluss auf die Erinnerungsleistung von jeweils aus der Perspektive relevanten Fakten hat (z. B. Pichert & Anderson, 1977). Zudem können Perspektivinstruktionen die Zeit, die auf das Lesen bestimmter (relevanter) Passagen verwendet wird sowie das Interesse an den jeweiligen Inhalten positiv beeinflussen (z. B. Goetz, Schallert, Reynolds & Radin, 1983; Schraw et al., 1993). Für Perspektivinstruktionen zeigt sich also insgesamt ein deutlicher Relevanzeffekt.

Neben Perspektivinstruktionen sind **Zweckinstruktionen** die zweite große Kategorie genereller Relevanzinstruktionen. Zweckinstruktionen laden Lernende ein, gegebene Lernmaterialien zu einem bestimmten Zweck durchzuarbeiten. Dies kann beispielsweise beinhalten, dass Lernmaterialien zum Zwecke der Vorbereitung auf einen Test, der Vorbereitung auf anschließendes Erklären der Lerninhalte (siehe Kapitel 3.1) oder der Unterhaltung durchgearbeitet werden sollen. Der Vergleich von Relevanzinstruktionen, die entweder Lernen oder Unterhaltung als Zweck herausstellen, zeigt, dass der angegebene Zweck des Lernens zu einer insgesamt tieferen und eingehenderen Verarbeitung führt als der der Unterhaltung. So konnten beispielsweise Narvaez, Van den Broek und Ruiz (1999) und Van den Broek, Tzeng, Risden, Trabasso und Basche (2001) zeigen, dass bedeutend mehr Schlussfolgerungen (Inferenzen) gezogen wurden und Inhalte öfter wiederholt wurden, wenn Lernen als Zweck der Verarbeitung kommuniziert wurde. Aber auch zwischen verschiedenen Relevanzinstruktionen, die jeweils Lernen als Zweck der Verarbeitung kommunizieren, zeigen sich interessante Effekte. So erachten beispielsweise Lernende, denen die Vorbereitung auf das Schreiben einer Zusammenfassung als Zweck genannt wird, andere Lernmaterialpassagen als relevant als Lernende, denen die Vorbereitung auf einen Satzverifikationstest (ein Test, der abfragt, ob bestimmte Sätze im Lernmaterial enthalten gewesen sind oder nicht) als Zweck genannt wird (vgl. Lorch, Lorch & Mogan, 1987).

Effekte spezifischer Relevanzinstruktionen

Im Gegensatz zu generellen Relevanzinstruktionen zielen spezifische Relevanzinstruktionen auf die Fokussierung enger umrissener Informationen oder Lernmaterialpassagen ab. Typische Formen spezifischer Relevanzinstruktionen sind Leitfragen, die entweder vorab oder in das Lernmaterial integriert gegeben werden und die jeweils entweder (einfach) den Fokus auf bestimmte Fakten richten sollen oder zur Elaboration bestimmter Lerninhalte anregen sollen. In Bezug auf die Effektivität von Leitfragen, die den Fokus auf spezifische Fakten oder Aussagen richten sollen (z. B. „In welchem Jahr haben McCrudden und

Schraw ihren Übersichtsartikel zu Relevanzinstruktionen veröffentlicht?“ oder „Welche Effekte zeigen Relevanzinstruktionen, die Lernenden eine bestimmte Perspektive nahelegen?“), zeigt sich, dass sie die Erinnerungsleistung in Bezug auf die relevanten Fakten sowohl dann erhöhen, wenn sie vor der Bearbeitung des Lernmaterials gegeben werden, als auch, wenn sie in das Lernmaterial integriert werden (z. B. McCrudden, Schraw & Kambe, 2005; Rothkopf & Billington, 1979). Gleichzeitig zeigt sich, dass die Erinnerungsleistung in Bezug auf nicht-relevante Informationen eingeschränkt wird, was darauf hindeutet, dass Lernende vorwiegend die Passagen aufmerksam durcharbeiten, in denen die jeweils relevanten Informationen enthalten sind, und andere Passagen entsprechend nur oberflächlich verarbeiten. Zudem zeigt sich, dass auf Fakten bzw. bestimmte Passagen gerichtete Relevanzinstruktionen die subjektive kognitive Belastung, die Lernende beim Differenzieren zwischen relevanten und nicht-relevanten Informationen verspüren, verringern können (Roelle, Lehmkuhl, Beyer & Berthold, 2015). Erstaunlicherweise zeigen sich allerdings keine konsistenten Effekte in Bezug auf die Lernzeit. Auf spezifische Fakten oder Aussagen gerichtete Relevanzinstruktionen erhöhen also nicht konsistent die Dauer der Durcharbeitung der jeweils relevanten Passagen. Ebenfalls erwähnenswert ist, dass die Effekte von auf spezifische Fakten gerichteten Relevanzinstruktionen mitunter von Lernvoraussetzungen der Lernenden abhängen. So zeigt sich beispielsweise, dass die Effekte für Lernende mit guten Lesefähigkeiten ausgeprägter sind und dass sie für jüngere Lernende (z. B. Schüler*innen der vierten Klasse) sogar abträgliche Effekte auf den Lernerfolg haben können (z. B. Lapan & Reynolds, 1994; Van den Broek, Tzeng et al., 2001).

Neben Relevanzinstruktionen, die auf spezifische Fakten oder Aussagen gerichtet sind, sind jene, die die Elaboration bestimmter Inhalte erfordern (die Antwort auf diese Relevanzinstruktionen ist also nicht explizit im Lernmaterial enthalten), die zweite zentrale Form spezifischer Relevanzinstruktionen. Diese Relevanzinstruktionen, die oftmals die Form von Warum-Fragen haben (z. B. „Warum sind die Effekte von auf spezifische Fakten gerichtete Relevanzinstruktionen für jüngere Lernende gering oder sogar negativ?“), zielen darauf ab, im Vergleich zu (einfachen) auf Fakten oder Aussagen gerichtete Relevanzinstruktionen, die Verarbeitungstiefe zu erhöhen, was entsprechend den Annahmen generativer Lerntheorien (siehe Kapitel 2.2.2) den Lernerfolg steigern sollte. Diese theoretisch anzunehmende erhöhte Lernförderlichkeit konnte empirisch in mehreren Studien bestätigt werden (vgl. Roelle et al., 2015; Seifert, 1994) und auf die erhöhte Menge an generierten Elaborationen zurückgeführt werden. Das Generieren der Elaborationen erfordert allerdings in der Regel Vorwissen, weswegen die Effekte dieser Art von spezifischen Relevanzinstruktionen vom Vorwissen der Lernenden abhängen (z. B. Willoughby, Wood & Khan, 1994). Es ist jedoch nicht zwangsläufig so, dass die Effekte stets für Lernende mit höherem Vorwissen größer ausfallen. Wenn die Elaborationen, auf welche die jeweiligen spezifischen Relevanzinstruktionen abzielen, von den Lernenden bereits gebildet wurden und entsprechend Teil des Vorwissens sind, regen die Relevanzinstruktionen redundante Elaborationen an, was sich abträglich auf den Lernerfolg auswirken kann (vgl. Roelle et al., 2015).

Denkanstoß

Versuchen Sie, für das vorliegende Kapitel eigene Beispiele für die vier thematisierten Arten von Relevanzinstruktionen zu finden. Versuchen Sie zudem, bei der auf Elaboration abzielenden spezifischen Relevanzinstruktion eine Anpassung an unterschiedliche Vorwissensniveaus zu realisieren (z. B. eine Variante für hohes und eine für geringes Vorwissen). Versuchen Sie außerdem, Bezüge zwischen spezifischen Relevanzinstruktionen und dem Kapitel 3.5 Lernen durch Abrufübung herzustellen. Sind Quizfragen im Grunde auch spezifische Relevanzinstruktionen? Welche Gemeinsamkeiten und Unterschiede sehen Sie?

Auswirkungen des Lernmaterials

Der Relevanzeffekt ist gut etabliert und dennoch gibt es, wenig überraschend, einige ungeklärte Fragen, denen sich zukünftige Forschung zu Relevanzinstruktionen widmen könnte (vgl. McCrudden & Schraw, 2007). Eine dieser offenen Fragen betrifft die Effekte von Relevanzinstruktionen bei Lernmaterialien, die nicht vorwiegend aus Lehrtexten bestehen (z. B. multimediales Lernmaterial). Ausgehend vom Goal-Focusing Model von McCrudden und Schraw (2007; siehe Abbildung 3.5) gibt es zwar auf den ersten Blick wenig Gründe anzunehmen, dass die Effekte von Relevanzinstruktionen bedeutend von der Art des Lernmaterials abhängen sollten. Nichtsdestotrotz wäre Forschung, die zur Generalisierung des Relevanzeffekts über verschiedene Arten von Lernmaterial hinweg beitragen würde, eine wertvolle Ergänzung, die wohl insbesondere bei Lehrpersonen in der Praxis auf großes Interesse stoßen dürfte.

Vergleich der Effektivität

Ebenfalls nicht gut untersucht sind bisher die Effekte zwischen verschiedenen Arten von Relevanzinstruktionen. So wurde bisher kaum untersucht, ob generelle und spezifische Relevanzinstruktionen sich bedeutend in ihren Effekten auf den Lernerfolg und die ausgeführten Lernaktivitäten unterscheiden. Wie auch bei anderen Lerntechniken mag der Pferderennen-Charakter solcher Vergleiche von Maßnahmen, die unterschiedlichen Funktionen dienen, dazu beitragen, dass in der grundlagenorientierten Forschung diese Vergleiche mitunter als wenig hilfreich angesehen werden (siehe Kapitel 5.3). Das Kontrastieren der Effekte verschiedener Arten von Relevanzinstruktionen kann jedoch dazu beitragen, die Wirkmechanismen der jeweiligen Relevanzinstruktionen besser zu verstehen, was wiederum für die Optimierung von Relevanzinstruktionen nützlich sein kann. Zudem sind verlässliche Informationen in Bezug auf die relative Effektivität unterschiedlicher Relevanzinstruktionen für die Praxis von großer Bedeutung.

Auswirkungen von Lernvoraussetzungen

Ein drittes Feld an offenen Fragen betrifft die Abhängigkeit der Effekte von Relevanzinstruktionen von Lernvoraussetzungen wie dem Vorwissen oder dem Alter. Diese sind bisher nur von wenigen Studien adressiert und gefunden worden. Auch wenn einige Abhängigkeiten (wie beispielsweise die Abhängigkeit der Effekte von spezifischen Relevanzinstruktionen, die auf Elaborationen abzielen) vom Vorwissen der Lernenden theoretisch plausibel sind, sollten diese Effekte also nur mit Vorsicht interpretiert werden. Studien, die gezielt versuchen, bestimmte Abhängigkeiten zu replizieren, und die auch die zugrundeliegenden Mechanismen dieser Abhängigkeiten in den Blick nehmen, wären entsprechend von großem Wert, um diese interessanten und für die Praxis potenziell hochrelevanten Effekte auf ein robustes empirisches Fundament zu stellen.

Take-Home Message

Relevanzinstruktionen zielen darauf ab, Lernenden Kriterien zur Einschätzung der Relevanz – Achtung: dies ist etwas anderes als Wichtigkeit – von verschiedenen Lerninhalten zu kommunizieren und sie somit auf bestimmte Informationen oder Lernmaterialpassagen zu fokussieren.

Die Wirkweise von Relevanzinstruktion kann mittels des Goal-Focusing Models erklärt werden.

Sowohl generelle als auch spezifische Relevanzinstruktionen führen zu robusten Relevanzeffekten, wobei es erste Hinweise darauf gibt, dass die Effekte von Lernvoraussetzungen, wie beispielsweise dem Vorwissen, abhängen können.

3.7 Verkörpertes Lernen

Sicherlich kennen Sie das Gesellschaftsspiel Scharade, in dem ein Begriff pantomimisch, also ohne Worte aber mit Gesten, Bewegungen und Mimik, dargestellt wird, bis die Mitspieler*innen den gesuchten Begriff erraten haben. Vielleicht haben Sie dabei auch die Erfahrung gemacht, dass Sie sich an von Ihnen dargestellte Begriffe später leichter erinnern konnten als an die ihrer Mitspieler*innen. Solche verkörperten Darstellungen können auch in Lehr-Lernkontexten genutzt werden, indem

Lernende ihren Körper während des Lernens nutzen, um Inhalte, zum Beispiel durch Gesten, zu repräsentieren und zu elaborieren.

Verkörpertes Lernen
Verkörpertes Lernen (engl. embodiment oder embodied learning) bezeichnet Lernsituationen, in denen körperliche Aktivitäten explizit während kognitiver Lernaktivitäten einbezogen werden, um eine tiefere Verarbeitung der Lerninhalte zu erzielen.

Bislang wurde in der Lehr-Lernforschung meist eine kognitive Perspektive auf Lehr-Lernprozesse gelegt. Dahingehend wurde Lernen in der Regel als individueller interner Prozess der Informationsverarbeitung interpretiert, der vorwiegend „im Kopf" stattfindet. In den letzten Jahrzenten gewann die Perspektive situierter Lehr-Lerntheorien zunehmend an Bedeutung, die soziale und kulturelle Faktoren des Lernens in den Fokus setzten. Das bedeutet, dass Lernen nicht nur als ein interner kognitiver Prozess dargestellt werden kann, sondern (teilweise) durch soziale Faktoren und kulturelle Praktiken bedingt wird. Im Zuge dieses Paradigmenwechsels von primär internen kognitiv-konstruktivistischen Lerntheorien hin zu situierten Lerntheorien gewann auch die Rolle des Körpers beim Lernen, also verkörpertes (englisch: embodied) Lernen, zunehmend an Aufmerksamkeit. Die zentrale Annahme beim verkörperten Lernen ist, dass kognitive Prozesse (z. B. Informationsverarbeitung, Lernen oder Wahrnehmung) nicht als rein interne kognitive Aktivität gesehen werden können. Stattdessen wird angenommen, dass sie eine sensu-motorische Koordination, also eine Koordination körperlicher und kognitiver Aktivitäten, voraussetzen (Barsalou, 2008; Gallagher & Lindgren, 2015; Pouw, Van Gog & Paas, 2014). Daher betont dieser Ansatz die Rolle des Körpers bei kognitiven Prozessen und die wechselseitige Wirkung zwischen kognitiven und körperlichen Zuständen sowie die Verankerung kognitiver Prozesse in der jeweiligen Situation (siehe Exkurs zu situiertheitsorientierten Lerntheorien, Kapitel 2.5).

3.7.1 Was sagt die Theorie?

Die Betonung körperlicher Prozesse beim Lernen lässt sich bereits in frühen Ansätzen, beispielsweise in der kulturhistorischen Schule der sowjetischen Psychologie (z. B. Vygotski) sowie in reformpädagogischen Ansätzen (z. B. Montessori, Pestalozzi), wiederfinden. Die Perspektive des verkörperten Lernens wurde jedoch häufig als eher vereinfachte Sichtweise auf die Interaktion körperlicher und kognitiver Prozesse angesehen. Beispielsweise stellte Ball (1992) in seiner kritischen Diskussion verkörperten Lernens überspitzt dar: „Understanding does not travel through the fingertips and up the arm“ (S. 3). Er verdeutlicht damit, dass eine Annahme der förderlichen Effekte reiner motorischer Aktivität beim Lernen als wenig tragfähig angesehen werden kann. Dieser kritischen Perspektive stehen jedoch empirische Befunde gegenüber, beispielsweise aus der Neurowissenschaft (Decety & Grèzes, 2006), der Kognitionswissenschaft (Barsalou, 2008; Glenberg, 2010) oder der Linguistik (Lakoff & Johnson, 1980), die einen Effekt verkörperter Kognition nachweisen konnten. Gleichwohl ist anzunehmen, dass körperliche Anteile wohl nicht die primären Treiber kognitiver Lernprozesse darstellen, sondern dass die kognitive Ausführung bestimmter Lernaktivitäten maßgeblich den Lernerfolg beeinflusst.

Kongruenzprinzip

Zwei Dimensionen sollen die Wirksamkeit verkörperten Lernens maßgeblich bestimmen. So postulieren Johnson-Glenberg, Birchfield, Tolentino und Koziupa (2014) in ihrer Taxonomie, dass Embodiment das Lernen besonders dann fördern kann, wenn die ausgeführten Körperbewegungen mit den Lernaufgaben kongruent sind und dabei ein ausgeprägtes motorisches Engagement darstellen. Motorisches Engagement beschreibt damit die Ebene, wie viel Körperaktivität beim Lernen involviert ist (Skulmowski & Rey, 2018). Demnach sollten sensorisch-motorische Erfahrungen nur dann effektiv sein, wenn sie ein integraler (z. B. das Nachzeichnen des Herzkreislaufsystems mit dem Finger) und nicht ein zufälliger Bestandteil der Lernaufgabe sind und als „enaktive Metapher“ zum Erlernen des Lernstoffs dienen (siehe auch Gallagher & Lindgren, 2015 für einen Überblick).

Motorische Anstrengung

Als zweite Dimension sollten die Körperaktivitäten ein hohes Maß an motorischer Anstrengung hervorrufen. Ein geringes Maß an motorischer Anstrengung liegt beispielsweise vor, wenn die Lernenden z. B. Variablen in Simulationen auf einem Desktop oder einer Tablet-Anwendung manipulieren, während sie am Schreibtisch sitzen. Ein höheres Maß an motorischer Anstrengung umfasst Situationen, in denen die Lernenden Ganzkörperinteraktionen und -bewegungen durchführen können. Daher sollte ein hohes Maß an motorischer Anstrengung einen besseren Hinweisreiz beim Abruf darstellen und somit für nachhaltiges Lernen dienen (Johnson-Glenberg et al., 2014; siehe auch das folgende Fallbeispiel). Solche motorischen Anstrengungen können aus Perspektive generativen Lernens helfen, die Lerninhalte mit kongruenten Bewegungen in Bezug zu setzten, um bedeutungshaltige Repräsentationen zu konstruieren (Fiorella & Mayer, 2016).

Studie: Effekte motorischer Anstrengung
Hinweise zu den Effekten motorischer Anstrengung können in den beiden Studien von Skulmowski und Rey (2017) gefunden werden. Die Autoren untersuchten die Auswirkungen der körperlichen Anstrengung auf das Lernen und die Metakognition, indem sie variierten, ob ein Rucksack mit 15 % des Körpergewichts getragen wird oder nicht, während die Teilnehmenden 20 Substantive lernten, die im Grad ihrer Schwierigkeit variierten (leicht versus schwer). In Experiment 1 konnte gezeigt werden, dass das Tragen eines Rucksacks zu höheren subjektiven Einschätzungen des Lernerfolgs für leichte aber nicht für schwere Substantive führte. Teilnehmende, die einen Rucksack trugen, konnten tatsächlich die Substantive besser abrufen als Teilnehmende, die keinen Rucksack trugen. Die Ergebnisse können so interpretiert werden, dass körperliche Anstrengung als eine Form von wünschenswerten Erschwernissen (siehe Kapitel 3.5.1) beim Lernen wirken kann. In Experiment 2 sollten noch schwierigere Substantive gelernt werden. Interessanterweise verschwand der Einfluss der körperlichen Anstrengung auf die Selbsteinschätzungen des Lernerfolgs und das Lernen der Substantive. Dies kann so interpretiert werden, dass eine hohe kognitive Belastung die Effekte körperlicher Anstrengung abschwächen kann. Die Befunde deuten darauf hin, dass Effekte körperlicher Anstrengung mit kognitiver Anstrengung interagieren können.

3.7.2 Was sagt die Empirie?

Wie die obigen theoretischen Ausführungen darstellen, kann verkörpertes Lernen lernförderliche Effekte erzielen, wenn die auszuführenden Körperbewegungen kongruent zur jeweiligen Lernaufgabe sind und ein bestimmtes Maß an Körperbewegungen induzieren. Allerdings ist das Forschungsfeld noch relativ jung und die Befundlage heterogen, weswegen es weiterer Studien bedarf. Ein empirisches Beispiel für die Rolle der Verkörperung findet sich in der im folgenden Fallbeispiel dargestellten Studie von Lindgren, Tscholl, Wang und Johnson (2016), die eine Mixed-Reality-Umgebung einsetzten, um das konzeptionelle Verständnis der Lernenden für Gravitationskräfte und planetare Bewegungen zu verbessern.

Studie: Mixed-Reality-Umgebung METeor
Die Mixed-Reality-Umgebung METeor stellte eine hoch-immersive virtuelle Umgebung dar, die es den Schüler*innen in der Experimentalgruppe ermöglichte, in die Rolle eines Asteroiden zu schlüpfen. Währenddessen wurde ein laserbasiertes Motion-Capture-System eingesetzt, um die Gesten und Bewegungen der Schüler*innen zu verfolgen. Die Schüler*innen in der Experimentalbedingung der Studie von Lindgren et al. (2016) arbeitete mit der Mixed-Reality-Version von METeor, während diejenigen in der Kontrollbedingung lediglich eine Desktop-Version von METeor erhielten, die mit Hilfe einer Computer-

maus gesteuert wurde. Die Autor*innen fanden kleine, aber signifikante Effekte zugunsten der Experimentalbedingung. Dies deutet darauf hin, dass die Mixed-Reality-Version, wahrscheinlich aufgrund des höheren motorischen Engagements, mehr zum Lernen der Schüler*innen beitrug (siehe auch Johnson-Glenberg et al., 2014). Gleichwohl verdeutlicht diese Studie auch die Schwierigkeit, empirische Nachweise von Embodiment zu identifizieren, da die erhaltenen Befunde alternativ auch von einem Neuigkeitseffekt herrühren konnten. Neuigkeitseffekte basieren auf anfänglichen Motivationssteigerungen durch die Nutzung neuer und interessanter Technologien, die aber bei längerer Nutzung deutlich abschwächen (Clark, 1994).

Manipulation von Objekten

In der Literatur werden verschiedene Strategien diskutiert, die lernförderliche Körperbewegungen induzieren sollen. Die Manipulation von Objekten bezeichnet didaktische Verfahren, in denen Lernende konkrete physikalische Objekte (z. B. Geldmünzen) manipulieren, um abstrakte Konzepte (z. B. das Konzept der Menge) zu verstehen. Zum Beispiel kann die Interaktion mit echten Geldmünzen helfen, ein besseres Verständnis über das Konzept der Menge zu erlangen. Die Manipulation konkreter Objekte findet vorwiegend im Mathematikunterricht Anwendung, wenngleich es auch Ansätze in den Naturwissenschaften (siehe Lazonder & Ehrenhard, 2014) oder den Sprachen (Glenberg, Gutierrez, Levin, Japuntich & Kaschak, 2004) gibt. Beispielsweise kann Textverstehen gefördert werden, indem die Handlungen im Text mit konkreten Gegenständen simuliert werden. Allgemein wird angenommen, dass die direkte Interaktion mit physikalischen Objekten Lernenden hilft, die Lerninhalte besser zu enkodieren und durch die non-verbale Kodierung später leichter abrufen zu können (Carbonneau, Marley & Selig, 2013). Die Effektivität von solchen Manipulativen wurden in einer Metaanalyse von Carbonneau et al. (2013) untersucht. Basierend auf 55 Einzeluntersuchungen aus dem Bereich der Mathematik konnte ein kleiner Effekt instruktionaler Manipulative ($d = 0.37$) identifiziert werden. Allgemein wird angenommen, dass die Nutzung physikalischer Manipulative mit zunehmender Expertise abnehmen sollte (concreteness fading, Fyfe & Nathan, 2019). Dieser Effekt kann analog zu gängigen Expertise-Umkehr-Effekten interpretiert werden (siehe Kapitel 4.2.1), da Lernende mit geringem Vorwissen von der zusätzlichen externalen Unterstützung durch konkrete Manipulative bei der Schemakonstruktion profitieren, wohingegen Lernende mit hohem Vorwissen bereits über die nötigen Schemata verfügen und somit redundante Informationen verarbeiten müssen. Ein möglicher adaptiver Dreischritt wäre dahingehend, eine Lerneinheit zunächst mit konkreten physikalischen Objekten zu beginnen, dann zunehmend ikonische Repräsentationen der physikalischen Objekte zu nutzen

(z. B. Grafiken oder piktorale Modelle), um schließlich in abstrakte Repräsentationen (Symbole) zu münden. Dieses Vorgehen kann helfen, die erlernte Information zu dekontextualisieren (also vom Kontext zu abstrahieren) und Transfer zu fördern. Eine damit zusammenhängende Methode stellen physikalische Darstellungen dar, in denen Lerninhalte körperlich nachgeahmt werden. Beispielsweise konnten Dackermann, Fischer, Nuerk, Cress und Moeller (2017) zeigen, dass Ganzkörperbewegungen auf einer Tanzmatte genutzt werden konnten, um den Erwerb basis-numerischer Kompetenzen (z. B. Zahlengröße) in der Grundschule zu unterstützen. Des Weiteren existieren Angebote, die auf Spielen basieren, welche ebenfalls sensu-motorische Bewegungen induzieren (Kiili, Moeller & Ninaus, 2018), um klassische Lehr-Lern-Arrangements in lernförderlicher Weise zu erweitern. Zum Beispiel hat das Spiel *Semideus* das Ziel, das konzeptuelle Verständnis von mathematischen Brüchen bei Schüler*innen zu fördern (siehe Abbildung 3.6). Hierzu werden Spieler*innen gebeten, für einen virtuellen Charakter Goldmünzen auf einem Zahlenstrahl zu finden. Die Verstecke sind dabei als Brüche dargestellt. Körperliche Bewegungen werden dadurch induziert, dass Spieler*innen den Charakter bewegen können, indem sie das Tablet nach links oder rechts neigen.

Körperliche Nachahmung

Abbildung 3.6. Screenshot aus dem Spiel Semideus. Durch Bewegung des Tablets kann die Spielfigur Semideus auf dem Zahlenstrahl navigiert werden. Ziel in diesem Beispiel ist es, 1/8 auf dem Zahlenstrahl zu finden (für mehr Details siehe Kiili et al., 2018).

Komplexere Verfahren integrieren Ganzkörperbewegungen, um abstrakte Inhalte nachzuahmen (siehe Beispielstudie von Lindgren et al., 2016).

Gesten

Gesten sind eine weitere Variante lernförderlicher Körperbewegungen und werden gemeinhin zur non-verbalen Kommunikation genutzt. Es lassen sich verschiedene Typen von Gesten unterscheiden (siehe Tabelle 3.2).

Ikonische Gesten	Nachahmung abstrakter Objekte oder Handlungen Beispiel: Lenkbewegung, um Autofahren zu verdeutlichen
Metaphorische Gesten	Abstrakte Metaphern Beispiel: Verdeutlichung eines Gewinns durch die Aufwärtsbewegung der Faust
Deiktische Gesten	Zusammenhänge zwischen Kommunikation und Umgebung Beispiel: Zeigen mit der Hand auf Gegenstände
Rhythmische Gesten	Rhythmische Bewegungen, um wichtige Punkte in der Kommunikation zu betonen Beispiel: Gestikulation der Hände bei einem Vortrag

Tabelle 3.2. Kategorisierung von Gesten nach McNeill (1992)

In einer Metaanalyse (83 Vergleiche, 3883 Lernende) untersuchten Dargue, Sweller und Jones (2019) Effekte von Gesten auf Verstehen. Insgesamt zeigte sich ein mittlerer Effekt von Gesten auf das Lernen ($d = 0.61$). Die Effekte waren deutlich stärker, wenn die Gesten selbst durchgeführt wurden ($d = 0.91$), als wenn Gesten anderer beobachtet wurden ($d = 0.54$). Zudem zeigten sich signifikante Effekte für ikonische, metaphorische und deiktische Gesten ($.43 < d < 1.41$), nicht aber für rhythmische Gesten ($d = 0.20$), da rhythmische Gesten wohl weniger generative Prozesse anregten als die übrigen Gesten.

Studie: Tracing

Ein Beispiel für die einfache Nutzung deiktischer (d. h. zeigender) Gesten stellt das sogenannte Tracing dar. In der Studie von Hu, Ginns und Bobis (2015) wurden beispielsweise die Studienteilnehmer*innen gebeten, während der Bearbeitung eines papierbasierten Lösungsbeispiels (siehe Kapitel 3.9), die Inhalte in einem Text mit ihrem Zeigefinger im dazugehörigen visuellen Diagramm nachzuverfolgen. Tracing sollte dabei helfen, die textuellen und visuellen Inhalte auf Papier besser zu integrieren. In Experiment 1 löste die Tracinggruppe mehr Testfragen als die Kontrollgruppe, zudem in höherer Geschwindigkeit und mit weniger Fehlern bei gleichzeitig geringerer wahrgenommener kognitiver Belastung. Experiment 2 replizierte und erweiterte die Ergebnisse von Experiment 1, da gezeigt werden konnte, dass Lernende am meisten von Tracing profitierten, wenn dieses direkt auf dem Papier und nicht oberhalb des Papiers durchgeführt wurde.

Denkanstoß

Versuchen Sie, ohne das Kapitel nochmals zu lesen oder Informationen nachzuschlagen, aufzuschreiben, was aus theoretischer und empirischer Sicht für das verkörperte Lernen spricht. Korrigieren Sie nach dieser Abrufübung (siehe Kapitel 3.5) Ihre Antwort mithilfe des Kapitels.

Überlegen Sie zudem, ob Ihnen konkrete Inhalte aus einem Ihrer Unterrichtsfächer einfallen, bei deren Erwerb Sie verkörpertes Lernen einsetzen könnten.

Auswirkungen expliziter Unterstützung

Die heterogene Befundlage mit eher kleinen Effekten illustriert, dass verkörpertes Lernen nicht zwangsläufig zu den gewünschten Effekten führt. Aus Erkenntnissen der generativen Lerntheorie kann geschlossen werden, dass explizite Unterstützung während der Ausübung von verkörperten Lernaktivitäten eine wichtige Gelingensbedingung darstellt, um diese lernförderlich einzusetzen (Fiorella & Mayer, 2016). Lernenden muss bewusst gemacht werden, wie die körperlichen Bewegungen (wie Gesten oder Manipulation) auf die Lerninhalte übertragen werden können, um tiefergehende Lernprozesse zu induzieren. Wie sich solche expliziten Unterstützungsmaßnahmen auf verkörpertes Lernen auswirken, ist allerdings noch nicht hinreichend untersucht worden.

Take-Home Message

Verkörpertes Lernen stellt eine wirksame Lerntechnik dar, bei der Inhalte durch körperliche Aktivitäten elaboriert werden.

Dies ist insbesondere dann der Fall, wenn die motorischen Aktivitäten im Sinne einer generativen Aktivität selbst durchgeführt werden.

Wichtig erscheint dafür, dass die motorische Aktivität in Einklang, also kongruent, mit der eigentlichen Lernaufgabe ist. Daher eignet sich verkörpertes Lernen besonders für visuellräumliche Aufgaben. Zudem sollte ein gewisser Grad an motorischer Anstrengung erfüllt sein. Es ist allerdings offen, welche Rolle die körperlichen Aktivitäten für das Lernen spielen. Hierfür ist weitere Forschung nötig, welche in der Lage ist, kognitive und körperliche Aktivitäten deutlicher zu trennen.

3.8 Lernen aus Feedback

„The Power of Feedback“ (Hattie & Timperley, 2007) ist der Titel einer der meistzitierten wissenschaftlichen Artikel über die Wirksamkeit von Feedback in Lehr-Lernkontexten. Der Titel macht mit wenigen Worten deutlich, dass Feedback als eine der wirksamsten Maßnahmen im Unterricht angesehen wird, um Kompetenzentwicklungen von Schüler*innen anzuregen. Darüber hinaus gibt es auch Ansätze, in denen, ähnlich wie beim Lernen durch Erklären (Kapitel 3.1), durch das Geben von (Peer-)Feedback Lernprozesse angeregt werden sollen. Daher möchten wir Ihnen an dieser Stelle einen Einblick in die Wirksamkeit von Feedback geben, auch wenn Feedback – ähnlich wie das im nächsten Kapitel beschriebene Lernen aus Lösungsbeispielen – eigentlich keine Lerntechnik im engen Sinne darstellt, sondern eher ein didaktisches Verfahren.

Feedback
Feedback wird gemeinhin als Information bzgl. verschiedener Aspekte der Leistung von Lernenden verstanden und kann sowohl zur Bewertung als auch zur Diagnostik von Leistungen dienen (Hattie & Timperley, 2007; Kluger & DeNisi, 1996).

Formen von Feedback

Bei der Gabe von Feedback lassen sich nach Hattie und Timperley (2007) vier Ebenen unterscheiden: Feedback kann auf der **Aufgabenebene** erfolgen (z. B. „Wie gut war die Leistung bei der Lösung einer Aufgabe?“; „Wie gut wurde der Inhalt des Textes verstanden?“). Des Weiteren kann Feedback auf der **Prozessebene** (z. B. „Wie gut wurden die einzelnen Lösungsschritte umgesetzt?“) und auf der **Selbstregulationsebene** (z. B. „Wie gut wurden selbstregulierte Lernprozesse umgesetzt?“) gegeben werden. Eine weitere viel genutzte Feedbackebene ist die **Selbst-Ebene** (z. B. „Lina, du bist eine gute Schülerin“), welches insbesondere affektive Aspekte des Lobs oder der Kritik einer Person umfasst. Der Grad an zusätzlicher inhaltlicher Information darüber, wie man die Leistung und die damit verbundenen (selbstregulierten) Lernprozesse weiter verbessern kann, ist bei Feedback auf der Selbst-

Ebene allerdings gering. Daher ist die Gabe von Feedback auf der Selbst-Ebene wenig effektiv.

In Lehr-Lernkontexten wird allgemein zwischen formativem und summativem Feedback unterschieden. **Formatives Feedback** wird (idealerweise wiederkehrend) während des Lernprozesses gegeben und kann sich beispielsweise auf aktuelle Lernleistungen oder aktuell realisierte Lernstrategien beziehen. **Summatives Feedback** dagegen wird am Ende der Lerneinheit gegeben, ohne dass weitere Lerngelegenheiten angestrebt werden. Feedback kann dabei sowohl von anderen Personen (Lehrpersonen oder Peers) als auch computerbasiert zur Verfügung gestellt werden. Vor dem Hintergrund, dass es in diesem Kapitel um instruktionale Aktivitäten zur Anregung von Lernprozessen gehen soll, ist im Folgenden mit Feedback stets formatives Feedback gemeint.

Umsetzungsmöglichkeiten von Feedback

Feedback kann auf unterschiedliche Art und Weise eingesetzt werden. Eine klassische Form von Feedback ist das Feedback durch Lehrpersonen, das gegeben wird, um bestimmte Lernprozesse anzuregen, wie zum Beispiel in individuellen Lehr-Lernsettings während des Unterrichts. Ein ähnliches Verfahren ist Peer-Feedback, in dem sich Mitschüler*innen gegenseitig Rückmeldung geben. Des Weiteren wurden insbesondere durch die Nutzung künstlicher Intelligenz und computerlinguistischer Methoden auch computer-basierte Systeme, sogenannte intelligente tutorielle Systeme (ITS; Aleven & Koedinger, 2002; Meurers, De Kuthy, Nuxoll, Rudzewitz & Ziai, 2019) entwickelt. Diese geben Lernenden adaptive Rückmeldung, um Lernprozesse anzuregen (siehe Kapitel 4). Sie wurden zu Beginn vorwiegend in wohlstrukturierten Domänen wie Mathematik oder Physik eingesetzt (Aleven & Koedinger, 2002). Durch zunehmende computerlinguistische Möglichkeiten findet Feedback inzwischen auch in weniger strukturierten Domänen wie dem Fremdspracherwerb (Meurers et al., 2019) oder beim Schreiberwerb Anwendung (Burkhart et al., 2021). Neben den Umsetzungsmöglichkeiten lassen sich auch unterschiedliche Arten von Feedback unterscheiden, die im Informationsgrad variieren (Shute, 2008). So gibt es Feedbackarten, die relativ wenige Informationen beinhalten, beispielsweise Hinweise (hints) oder kurze Auskünfte über die Korrektheit der Antwort (Verifikationsfeedback). Des Weiteren gibt es Feedbackarten, die einen höheren Informationsgrad haben und beispielsweise zusätzliche Erklärungen (elaboratives Feedback) oder konkrete Hinweise bei falschen Lösungen beinhalten (error flagging). Es wird davon ausgegangen, dass ein höherer Informationsgrad mit höheren Lernleistungen einhergeht.

Arten von Feedback

Folgendes Fallbeispiel zeigt zwei verschiedene Arten von Feedback. Bei Verifikationsfeedback wird lediglich die Korrektheit bzw. Akkuratesse der Antwort gegeben. Bei elaboriertem Feedback werden beispielsweise Gründe für die Richtigkeit oder Hinweise für eine Verbesserung der Leistung gegeben.

> Gruppe A besteht aus 10 Mitgliedern, die im Durchschnitt 50 Jahre alt sind.
> Gruppe B besteht aus 20 Mitgliedern, die im Durchschnitt 20 Jahre alt sind.
>
> Wie alt sind beide Gruppen zusammengenommen im Durchschnitt?
>
> ○ 40 Jahre alt
>
> ⊗ 35 Jahre alt
>
> ○ 30 Jahre alt

Korrektives Feedback: Die Antwort ist falsch.

Elaboriertes Feedback: Die richtige Antwort ist „30 Jahre alt“. Den Mittelwert zweier unterschiedlich großer Gruppen ermittelt man, indem man für jede Gruppe die jeweilige Anzahl der Werte mit dem Gruppendurchschnittswert multipliziert, die Produkte über die Gruppen aufaddiert und anschließend durch die Summe aller Werte teilt.

Gruppe A: $10 \times 50 = 500$

Gruppe B: $20 \times 20 = 400$

Zusammen: $500 + 400 = 900$

$900 \div 30 = 30$

3.8.1 Was sagt die Theorie?

(Meta-)kognitive Funktion von Feedback

Allgemeines Ziel von Feedback ist es, Lernende dabei zu unterstützen, die Diskrepanz zwischen der aktuellen Performanz und der gewünschten Performanz (beispielsweise definiert durch bestimmte Lernziele) zu ermitteln und zu reduzieren (Butler & Winne, 1995; Stevenson & Phakiti, 2014). Dadurch kann Feedback Lernende insbesondere dabei unterstützen, Wissenslücken oder -defizite zu identifizieren oder auch suboptimale Lernstrategien aufzudecken. Feedback ist somit eine potenzielle Konsequenz des Verhaltens der Lernenden, was es zu einer indirekten Unterstützungsmaßnahme macht (Hattie & Timperley, 2007). Als Unterstützungsmaßnahme erfüllt Feedback auch eine wichtige Rolle bei der Förderung von selbstreguliertem Lernen (siehe Kapitel 2.3).

Feedback fördert selbstreguliertes Lernen

Einerseits kann es genutzt werden, um gesteckte Lernziele anzupassen (beispielsweise nicht erreichbare Lernziele neu zu definieren) oder zu überlegen, wie die gesteckten Ziele mit weiteren Strategien erreicht werden können. Andererseits kann Feedback bei der Entscheidung unterstützen, welche nächsten Lernschritte in Angriff genommen werden müssen. Dabei kann Feedback helfen, tiefergehende Lernaktivitäten, wie Elaborationen oder Organisationsstrategien, auszuführen. Feedback spielt demnach insbesondere in individuellen Lern- und Übungsphasen mit hohen Anteilen an Selbstregulation eine zentrale Rolle. Feedback hat aber nicht nur für diejenigen, die Feedback erhalten, eine lernförderliche Wirkung. Auch die Personen, die Feedback geben, können im Sinne einer generativen Aktivität hinsichtlich ihrer eigenen Lernleistungen profitieren: So erfordert die Analyse der Leistung, zu der Feedback gegeben werden soll, das aktive Selektieren und Organisieren von Informationen. Die so analysierte Leistung muss außerdem mit dem eigenen Vorwissen (z. B. zuvor erstellte Qualitätskriterien zur Beurteilung der Leistung) in Bezug gesetzt werden, um Feedback geben zu können. Die lernförderliche Wirkung der Gabe von Feedback zeigt sich insbesondere bei Peer-Feedback, also in Kontexten, in denen sich Peers gegenseitig Rückmeldung geben (Cho & MacArthur, 2010, 2011; Van Popta, Kral, Camp, Martens & Simons, 2017). Die Überprüfung von Peer-Produkten kann unter Umständen sogar hilfreicher sein als die Überprüfung der eigenen Lernleistung, weil es den Lernenden schwerer fällt, eigene Performanzdefizite zu erkennen als die ihrer Peers (Cho & Cho, 2011; Cho & MacArthur, 2011). Um die eigene Performanz durch Peer-Feedbackgabe zu steigern, muss dem Feedback jedoch eine tiefergehende Auseinandersetzung mit der Performanz des Peers zugrunde liegen (Patchan, Schunn & Correnti, 2016). Um eine hohe Qualität von Peer-Feedback zu gewährleisten, hat es sich bewährt, den Lernenden im Vorfeld der Feedback-Phase verschiedene Qualitätskriterien an die Hand zu geben. Diese regen sie dazu an, sich bei der Überprüfung auf bestimmte Qualitätsaspekte zu konzentrieren und darauf beruhende, substantielle Kommentare zu geben (siehe 3.8.2 für empirische Befunde). Auch die Unterstützung durch geeignete Computerprogramme (wie z. B. das Lernmanagementsystem ILIAS) hat sich bewährt: Diese Computerprogramme bilden automatisiert Peer-Feedback-Paare, verteilen die Produkte, auf die Rückmeldung gegeben werden soll, strukturieren den zeitlichen Ablauf des Peer-Feedbacks und melden, wann welches Feedback an wen abgegeben werden muss. Zudem können viele Peer-Feedbacksysteme Kriterienkataloge integrieren, so dass die Lernenden beim Geben von Peer-Feedback zusätzliche Unterstützung erhalten.

Gabe von Feedback als generative Aktivität

Peer-Feedback

3.8.2 Was sagt die Empirie?

Auswirkungen von Peer-Feedback

Die Wirksamkeit von Feedback auf die Lernenden, die Feedback erhalten, wurde bereits in mehreren Metaanalysen untersucht. Eine der aktuellsten Metaanalysen stellt die Studie von Wisniewski, Zierer und Hattie (2020) dar. Basierend auf 994 Effektstärken und mehr als 61000 Lernenden zeigte sich ein mittlerer Effekt von $d = 0.55$ von Feedback auf Lernleistung. Die Befunde waren am stärksten bei kognitiven und motorischen Lernprozessen sowie wenn umfassende Informationen (d. h. elaboriertes Feedback) gegeben wurden. Interessanterweise zeigte sich in der Metaanalyse von Wisniewski et al. bei Peer-Feedback ein höherer Effekt, als wenn das Feedback durch eine Lehrperson gegeben wurde. In einer separaten Analyse von Huisman, Saab, Van den Broek und Van Driel (2019) konnte der lernförderliche Effekt von Peer-Feedback bestätigt werden. Die Autor*innen wiesen in ihrer Metaanalyse positive Auswirkungen von Peer-Feedback nach, die sogar vorteilhafter waren, als wenn die Lernenden ihre eigenen Produkte bewerteten (große Effektstärke für die Verfügbarkeit von Peer-Feedback-Aktivitäten, $g = 0.91$). Welche Effekte computerbasiertes Feedback jedoch im Vergleich zu Feedback durch menschliche Agenten spielt, ist eine offene Frage. Im Kontext von Textverständnis manipulierten Golke, Dörfler und Artelt (2015) die Art des Feedbacks (computer-mediiert versus personen-mediiert) bei Konstanthaltung der gegebenen Feedbackinformation und verglichen das Textverständnis der Experimentalgruppen mit einer Kontrollgruppe, die kein Feedback bekam. Golke et al. (2015) konnten zeigen, dass Lernende, die personen-mediiertes Feedback bekamen, die beiden anderen Bedingungen hinsichtlich des Textverständnisses übertrafen. Entgegen der Erwartung zeigten sich keine Unterschiede zwischen der computer-mediierten Feedbackbedingung und der Kontrollgruppe. Die Befunde sprechen dafür, dass der Agent, welcher Feedback bereitstellt (hier also Computer vs. Mensch), eine gewisse Rolle spielt. Die Effekte können daher gegebenenfalls aus sozialpsychologischer Perspektive mit der Valenz, also der wahrgenommenen Wertigkeit des Feedbacks, erklärt werden: Feedback, das von einer Person kommt, wird als höherwertiger eingestuft und daher stärker beachtet.

Auswirkungen computerbasierten Feedbacks

Auswirkungen von Vorwissen

Neuere Erkenntnisse legen nahe, dass das Vorwissen der Lernenden eine weitere Bedingung der Wirksamkeit von Feedback zu sein scheint. Beispielsweise untersuchten Fyfe und Rittle-Johnson (2016b) den Einfluss von Vorwissen und formativem Feedback auf das Problemlösen von Schüler*innen im Bereich der Elementarmathematik. Hierzu erhielt eine Hälfte der Lernenden ein Training, um experimentell Wissen zu induzieren (hohes Vorwissen). Die Kontrollgruppe erhielt kein Training (niedriges Vorwissen). In einem zweiten Faktor wurde während der Übungseinheit variiert, ob Feedback gegeben wurde oder nicht. Die Autorinnen konnten zeigen, dass lediglich Schüler*innen mit wenig Vorwissen von dem Feedback profitierten. Für Schüler*innen mit hohem Vorwissen hatte die Zugabe von Feedback sogar negative Effekte auf die Lernleistung. Im Bereich akademischen Schreibens untersuchte Wischgoll (2017) den Zusammenhang von Feedback und Vorwissen in einer Studie zum akademischen Schreiben, an der Doktorand*innen (höheres Vorwissen) und Studierende (geringeres Vorwissen) teilnahmen. Teilnehmer*innen erhielten während des Schreibens eines Abstracts entweder Feedback in Form von standardisierten Hinweisen (Prompts) oder lediglich einen Wiederholungsprompt („Versuchen Sie es nochmal"). Ähnlich wie Fyfe und Rittle-Johnson (2016b) fand Wischgoll (2017), dass die Studierenden (geringeres Vorwissen), nicht aber die Doktorand*innen (höheres Vorwissen) von dem Feedback, das standardisierte Hinweise enthielt, profitierten. Diese Effekte können gemäß der Cognitive Load Theory (siehe Kapitel 2.4) hinsichtlich eines Expertise-Umkehr-Effekts (siehe Kapitel 2.2.1) interpretiert werden. Für Lernende mit hohem Vorwissen stellte das Feedback redundante Information dar, welches zusätzlich verarbeitet werden muss. Lernende mit wenig Vorwissen können jedoch von der Bereitstellung des Feedbacks profitieren und ihre Lernleistungen verbessern (vgl. Befunde zur Gabe von Feedback beim Schreiben von Lerntagebüchern, Kapitel 3.2.2). Eine empirische Überprüfung aus Perspektive der Cognitive Load Theory steht jedoch noch aus.

Auswirkungen des Feedbackzeitpunkts

Neben dem Vorwissen ist der Zeitpunkt der Feedbackgabe eine weitere relevante Variable für den Effekt des Feedbacks. Insbesondere in der Bildungspraxis wird oft argumentiert, dass Feedback besser zeitig – idealerweise unmittelbar – nach der Lernleistung gegeben werden sollte als verzögert. Diese Annahme baut auf einer alten Metaanalyse von Kulik und Kulik (1988) auf, welche einen Vorteil unmittelbaren Feedbacks gegenüber verzögertem Feedback fanden. Neuere Untersuchungen legen jedoch nahe, dass der Zeitpunkt des Feedbacks in der Bildungspraxis eher eine untergeordnete Rolle zu spielen scheint. Fyfe et al. (2021) untersuchten in einer breit angelegten Untersuchung an US-Universitäten mit mehr als 2900 Lernenden in 38 Kursen und verschiedenen Fächern, wie der Zeitpunkt des Feedbacks auf Hausaufgaben die spätere Leistung beeinflusste. Die beteiligten Lernenden erhielten während Onlinehausaufgaben im Zufallsverfahren sowohl verzögertes als auch unmittelbares Feedback. Im Gegensatz zur Metaanalyse von Kulik und Kulik (1988) zeigten sich jedoch keine Unterschiede zwischen sofortigem und verzögertem Feedback. Diese Befunde legen nahe, dass der Zeitpunkt, wann Feedback gegeben wird, eher eine geringe Rolle spielt.

Auswirkungen von Feedbackgeben auf die Lernleistung

Die meisten Studien untersuchten bislang Effekte des Erhalts von Feedback auf die Lernleistung im Sinne einer instruktionalen Unterstützung. Effekte von Feedbackgeben – im Sinne einer generativen Aktivität – auf die Lernleistung gewinnen jedoch zunehmend an Aufmerksamkeit. So deuten die bislang wenigen Studien (z. B. Cho & MacArthur, 2011; Li, Liu & Steckelberg, 2010) an, dass die Gabe von Feedback ebenfalls positive Effekte auf die Lernleistung haben kann (siehe Fallbeispiel).

Studie: Auswirkung der Generierung von Peer-Feedback

In der Studie von Cho und MacArthur (2011) wurde untersucht, wie sich das Generieren von Feedback zu Schreibprodukten ihrer Peers auf die Schreibentwicklung von Lernenden auswirkt. Studierende wurden zufällig gebeten, entweder Rückmeldung auf das Schreibprodukt ihrer Kommiliton*in zu geben oder das Schreibprodukt lediglich zu lesen, ohne Feedback zu geben. Zudem gab es eine Basiskontrollbedingung, in der keine Schreibprodukte von anderen gelesen wurden. Anschließend verfassten alle Studierenden ein weiteres Schreibprodukt zu einem anderen Thema. Die Qualität des Schreibprodukts war bei den Studierenden in der Feedbackgruppe deutlich besser als der beiden anderen Gruppen.

Die Qualität des Feedbacks spielt dabei für den Lerneffekt eine wichtige Rolle. Zum Beispiel deuten Befunde darauf hin, dass, ähnlich zu den bisherigen Forschungsbefunden zum Erhalt des Feedbacks, die Ebene des Feedbacks bei der Gabe von Feedback eine zentrale Rolle spielt und dass insbesondere Feedback auf der Selbst-Ebene geringe Effekte zeigt (Lu & Zhang, 2012). Dahingehend sollte Feedback stärker inhaltsbezogene Aspekte (z. B. auf Ebene der Aufgabe oder der Lernprozesse) fokussieren. Insbesondere die Gabe von elaboriertem Feedback kann hierbei die Lernleistungen fördern (Cho & MacArthur, 2011; Dmoshinskaia, Gijlers & De Jong, 2022). Aus diesem Grund werden den Lernenden häufig im Vorfeld der Feedback-Phase verschiedene Qualitätskriterien an die Hand gegeben. Dadurch werden sie dazu angeregt, sich bei der Überprüfung auf bestimmte Qualitätsaspekte zu konzentrieren. Die Zugabe von solchen Kriterien ist wichtig, da Forschung zu Peer-Feedback nahelegt, dass Lernende dazu neigen, lediglich positive Aspekte der Performanz des Peers zu nennen. Elaboriertes Feedback wird seltener gegeben, obwohl dies günstiger wäre, um die eigene Performanz zu steigern (Patchan et al., 2016). Jedoch spielt nicht nur die Art des Feedbacks, sondern auch das Produkt, auf das Feedback gegeben werden soll, eine Rolle dafür, inwieweit Feedback im Sinne einer generativen Aktivität produktiv umgesetzt werden kann. Beispielsweise zeigte die Studie von Alqassab, Strijbos und Ufer (2018),

Auswirkungen der Qualität des bewerteten Produkts

dass Lernende stärker vom Feedbackgeben profitieren, wenn diese Rückmeldung zu hochwertigeren Produkten gaben als zu Produkten, die Fehler beinhalteten. Hierbei kann insbesondere das Vorwissen eine zentrale Rolle spielen, da qualitativ hochwertigere Textprodukte als Good-Practice Beispiel für Lernende mit niedrigem Vorwissen dienen können (siehe 3.7), um die eigenen Kompetenzen weiter zu steigern.

Denkanstoß

Schreiben Sie einen Lerntagebucheintrag (siehe Kapitel 3.2) zu dem gerade gelesenen Feedbackkapitel. Orientieren Sie sich dabei an den in Kapitel 3.2 beschriebenen kognitiven und metakognitiven Prompts. Versuchen Sie insbesondere, ihre Vorerfahrungen zum Geben und Erhalten von Feedback im Studium mit den im vorliegenden Kapitel dargelegten Wirkmechanismen und Befunden in Verbindung zu bringen.

Take-Home Message

Feedback ist eine effektive Methode, um Lernleistungen und selbstreguliertes Lernen zu fördern.

Insgesamt zeigt sich, dass die Ebene und die Art des Feedbacks eine zentrale Rolle für dessen Wirksamkeit spielen. Auch die Quelle des Feedbacks (Lehrperson vs. Peer vs. Computer) scheint die Wirksamkeit von Feedback zu beeinflussen. Insbesondere legen Metaanalysen nahe, dass Feedback durch Peers eine geeignete Strategie darstellt, um Lernleistungen zu erhöhen. Zudem scheinen individuelle Unterschiede im Vorwissen eine Rolle für die Effektivität von Feedback zu spielen, da bisherige Untersuchungen nahelegen, dass insbesondere schwächere Lernende von Feedback profitieren. Der Zeitpunkt, wann Feedback gegeben wird, scheint jedoch keine große Rolle zu spielen.

Im Sinne einer generativen Aktivität kann auch das Geben von Feedback einen lernförderlichen Effekt haben.

3.9 Lernen aus Lösungsbeispielen

Das Lernen aus und mit Beispielen kann auf viele verschiedene Weisen erfolgen und ist von so essenzieller praktischer Relevanz, dass wohl jede*r Lernende damit häufig beschäftigt ist. In diesem Kapitel beschäftigen wir uns ausschließlich mit dem Lösungsbeispielansatz beispielbasierten Lernens, der maßgeblich von den Pädagogischen Psychologen John Sweller und Alexander Renkl geprägt wurde (Letzterer wurde und wird auf Konferenzen daher des Öfteren „Alexample" genannt). Eine umfassende Übersicht zu diesen Arbeiten sowie zu weiteren Ansätzen beispielbasierten Lernens findet sich in Renkl (2014).

Lösungsbeispielansatz beispielbasierten Lernens
Im Lösungsbeispielansatz beispielbasierten Lernens erhalten Lernende im ersten Schritt Definitionen und instruktionale Erklärungen zu neuen Konzepten und Prinzipien. Diese instruktionalen Erklärungen enthalten in der Regel keine Beispiele. Im zweiten Schritt erhalten die Lernenden (mehrere) Lösungsbeispiele, die aus einer Problemstellung und der Lösung des Problems bestehen (oftmals, aber nicht zwingend, unterteilt in voneinander abgrenzbare Lösungsschritte). Diese Lösungsbeispiele sollen die Lernenden elaborieren, indem sie die Lösungsschritte in Bezug zu den zuvor eingeführten neuen Konzepten und Prinzipien setzen und die Ziele und Anwendungsbedingungen der einzelnen Lösungsschritte herausarbeiten. Essenziell für den Lösungsbeispielansatz ist, dass beide Schritte erfolgen, bevor die Lernenden selbstständig Probleme zu den jeweiligen Konzepten und Prinzipien zu lösen versuchen.

Ziel des Lösungsbeispielansatzes beispielbasierten Lernens

Das zentrale Ziel des Lernens aus Lösungsbeispielen ist die Förderung des anfänglichen Erwerbs kognitiver Fertigkeiten. Dieses Ziel soll dadurch erreicht werden, dass die Lernenden von der Bürde des ressourcenintensiven frühen selbstständigen Problemlösens befreit werden. Dies erhöht nach der Cognitive Load Theory (siehe Kapitel 2.4) die kognitiven Ressourcen, die in die Schemakonstruktion investiert werden können. Zur Schemakonstruktion sollen die Lernenden die bereits gelösten Aufgaben bzw. Probleme im Wesentlichen auf zwei Arten elaborieren. Zum einen sollen die Lernenden die in den Beispielen enthaltenen Lösungsschritte auf die zuvor eingeführten Konzepte und Prinzipien rückbeziehen, zum anderen sollen sie die Ziele und Anwendungsbedingungen der einzelnen Lösungsschritte erschließen (vgl. Renkl, 2014). Dies soll, entsprechend den Vorhersagen konstruktionsorientierter Lerntheorien (siehe Kapitel 2.5), ein anfängliches Anwendungsverständnis der zu lernenden Konzepte und Prinzipien fördern. Dieses Verständnis kann beim anschließenden eigenständigen Lösen von Problemen vertieft werden.

Umsetzung des Lösungsbeispielansatzes beispielbasierten Lernens

Stellen Sie sich vor, Sie hätten im Mathematikunterricht das Thema einstufige Zufallsversuche bereits erarbeitet und im Folgenden würden nun mehrstufige Zufallsversuche anstehen. Entsprechend des Lösungsbeispielansatzes würde nun im ersten Schritt eine eher abstrakt gehaltene, kurze Einführung in die zu erlernenden Konzepte und Prinzipien erfolgen. Danach würden den Lernenden mehrere gelöste Beispielaufgaben präsentiert werden. Um das Verständnis zu fördern, würden die Lernenden außerdem mittels Leitfragen oder Prompts zum Nachvollziehen der dargestellten Lösungen angeregt. Ein Beispiel für eine solche Umsetzung, die in ähnlicher Form in einer Studie von Schalk et al. (2020) eingesetzt wurde, finden Sie im folgenden Fallbeispiel.

Einsatz von Lösungsbeispielen
Die Lernenden erhalten zunächst eine Einführung in das zu lernende Thema. In diesem Fallbeispiel nehmen wir an, dass die Lernenden bereits das Konzept der mehrstufigen Zufallsexperimente und den Multiplikationssatz zur Bestimmung der Wahrscheinlichkeit von Ereignisfolgen kennen. Die folgende Einführung könnte nun wie folgt aussehen:

Es gibt unterschiedliche Typen von mehrstufigen Experimenten, bei denen die Anzahl der günstigen und möglichen Ereignisse unterschiedlich bestimmt werden muss. Insbesondere sind hierbei zwei Punkte relevant – diese beiden Punkte werden hier an dem Beispiel „Ziehen aus einer Urne mit Kugeln" erklärt:

1. Anzahl möglicher Ereignisse bleibt gleich oder ändert sich:
   Wird eine aus einer Urne gezogene Kugel vor einer zweiten Ziehung zurückgelegt, verändert sich die Anzahl der möglichen Ereignisse nicht von der ersten zur zweiten Ziehung. Wenn eine gezogene Kugel jedoch vor einer zweiten Ziehung nicht zurückgelegt wird, dann gibt es bei der zweiten Ziehung ein mögliches Ereignis weniger.
2. Eine oder mehrere Ereignisfolgen sind günstig:
   Sollen zwei Kugeln in einer bestimmten Reihenfolge gezogen werden (z. B. erst grün, dann orange), dann gibt es nur eine günstige Ereignisfolge. Ist die Reihenfolge der Ziehung der Kugeln hingegen irrelevant (egal, ob erst grün oder erst orange) dann gibt es mehrere günstige Ereignisfolgen.

Aus diesen beiden Punkten leiten sich vier Typen mehrstufiger Zufallsexperimente ab.

Im Anschluss an das Lesen dieser Einführung würden die Lernenden im zweiten Schritt mehrere Lösungsbeispiele erhalten, in welchen die zuvor erklärten Inhalte angewandt sind bzw. deren Lösung die zuvor erklärten Punkte berücksichtigt. Eine Auswahl von zwei Lösungsbeispielen, die den Lernenden nun im Folgenden präsentiert werden könnten und die ebenfalls eng an die Studie von Schalk und Kolleg*innen angelehnt sind, finden Sie in Abbildung 3.7. Da sich gezeigt hat, dass bei der Verarbeitung solcher oder ähnlich gestalteter Lösungsbeispiele nicht alle Lernenden von sich aus, sozusagen spontan, die intendierten Verarbeitungsaktivitäten initiieren und entsprechend beispielsweise die Lösungsbeispiele von sich aus nicht in hinreichendem Ausmaß auf die zuvor eingeführten Konzepte und Prinzipien rückbeziehen (z. B. Chi, Bassok, Lewis, Reimann & Glaser, 1989; Renkl, 1997), werden Lösungsbeispiele oftmals mit Prompts oder Leitfragen kombiniert, deren Beantwortung die intendierten Verarbeitungsaktivitäten erfordert. Bezüglich der in Abbildung 3.7 dargestellten Lösungsbeispiele könnten solche Prompts beispielsweise wie folgt aussehen.

- Warum ist in Beispielaufgabe 1 der Nenner beim zweiten Ereignis um 1 geringer als beim ersten Ereignis?
- Warum ist in Beispielaufgabe 2 die Anzahl möglicher Ereignisse bei beiden Ereignissen gleich?

Diese Prompts dienen also dazu, das Herstellen von Rückbezügen zwischen den Lösungsbeispielen und den zuvor erklärten Konzepten und Prinzipien anzuregen.

Du und Dein Freund nehmen an einem zweitägigen Mountainbike-Kurs teil. An beiden Tagen bringt der Kursleiter jeweils 5 Fahrradhelme mit, die alle unterschiedliche Farben haben (orange, silber, braun, rot und gelb). Die Helme werden zufällig verteilt und am Ende des Tages an den Kursleiter zurückgegeben. An beiden Tagen erhältst Du zuerst und Dein Freund als Zweiter einen Helm.

Beispielaufgabe 1

Wie hoch ist die Wahrscheinlichkeit, dass Du am ersten Kurstag den roten Helm bekommst und Dein Freund den gelben?

Günstige Ereignisse / Mögliche Ereignisse	$\frac{1}{5}$	$\times$	$\frac{1}{4}$	$=$	$\frac{1}{20}$
	ich		Freund		

Beispielaufgabe 2

Wie hoch ist die Wahrscheinlichkeit, dass Du am ersten Tag einen roten und am zweiten Tag einen gelben Helm bekommst?

Günstige Ereignisse / Mögliche Ereignisse	$\frac{1}{5}$	$\times$	$\frac{1}{5}$	$=$	$\frac{1}{25}$
	Erster Tag		Zweiter Tag		

Abbildung 3.7. Lösungsbeispiele zu mehrstufigen Zufallsexperimenten, angelehnt an Schalk et al. (2020)

3.9.1 Was sagt die Theorie?

Erklärung mittels Cognitive Load Theory

Wie oben bereits angedeutet, kann der Nutzen von Lösungsbeispielen zur Förderung des anfänglichen Erwerbs kognitiver Fertigkeiten aus zwei verschiedenen theoretischen Perspektiven erklärt werden. Zum einen kann die Lernförderlichkeit des Lernens aus Lösungsbeispielen mittels der Cognitive Load Theory erklärt werden (vgl. Sweller, Van Merriënboer & Paas, 1998, 2019; siehe Kapitel 2.4). Ausgangspunkt dieser theoretischen Erklärung ist der Vergleich des Lernens mit der oben skizzierten Lösungsbeispielsequenz mit einer Sequenz, die diesem Vorgehen nicht folgt. In letzterer Sequenz würden Lernende nach der anfänglichen Einführung in neue Konzepte und Prinzipien maximal ein Lösungsbeispiel bearbeiten und würden stattdessen früher mit dem selbstständigen Problemlösen beginnen. Zu diesem Zeitpunkt haben die Lernenden wahrscheinlich noch kein abstraktes Schema mit inhaltlich begründeten Lösungsschritten für den vorliegenden Problemtyp gebildet. Dies führt nach der Cognitive Load Theory dazu, dass die kognitiven Ressourcen der Lernenden zu einem großen Teil durch Problemlöseaktivitäten wie dem (teilweise zufälligen) Suchen und Ausprobieren von Lösungsschritten und dem Herstellen einer Lösungsschrittkette gebunden werden (vgl. Sweller et al., 1998). Dieses Vorgehen nach der Heuristik der Ziel-Mittel-Analyse ist für Lernende, die noch kein Problemlöseschema zur Verfügung haben, eine der wenigen gangbaren Möglichkeiten, mit der Anforderung sehr frühen selbstständigen Problemlösens umzugehen. Leider ist dieses Vorgehen nicht nur ressourcenaufwändig, sondern führt auch oftmals nicht zur korrekten Lösung der jeweiligen Probleme. Bedeutender ist aber, dass dieses Vorgehen selbst in dem Fall, dass die Probleme korrekt gelöst werden, in der Regel nicht dazu führt, dass die Lernenden abstrakte Schemata bilden, die für die Lösung von gleichgearteten und verwandten Problemen genutzt werden können. Der Grund hierfür ist, dass die Konstruktion solcher Schemata ebenfalls substanziell kognitive Ressourcen benötigen würde, die aber weitgehend durch das aufwändige Suchen und Ausprobieren von Lösungsschritten gebunden sind. Wenn das Lernziel darin besteht, ein abstraktes Schema zur Lösung eines bestimmten Problemtyps zu bilden, kann frühes selbstständiges Problemlösen also nach der Cognitive Load Theory als extrinsische kognitive Belastung aufgefasst werden.

Wenn die Lernenden allerdings zunächst mehrere Lösungsbeispiele erhalten, dann entfällt die Anforderung des frühen selbstständigen Problemlösens. Entsprechend stehen den Lernenden mehr kognitive Ressourcen zur Verfügung, ein abstraktes Schema für den jeweiligen Problemtyp zu konstruieren. Die Lösungsbeispiele reduzieren also die extrinsische Belastung und ermöglichen dadurch, dass mehr Ressourcen in die Ausführung von Aktivitäten zur Schemakonstruktion investiert werden können (vgl. Renkl, Gruber, Weber, Lerche & Schweizer, 2003). Diese theoretische Erklärung über die Reduktion lernirrelevanter kognitiver Belastung trifft jedoch keine Aussage dazu, in welche Lernaktivitäten Lernende die frei gewordenen kognitiven Ressourcen investieren sollten. Dieser Teil der theoretischen Erklärung der Lernförderlichkeit des Lernens aus Lösungsbeispielen kann allerdings aus konstruktionsorientierten Lerntheorien abgeleitet werden. Aus dieser Perspektive ist insbesondere die generative Lernaktivität des Elaborierens der Beispiele von zentraler Bedeutung. Eine Form der Elaboration ist das Herstellen von Bezügen zwischen den Lösungsbeispielen und den zuvor eingeführten Konzepten und Prinzipien. Durch diese Art der Verarbeitung, die auch als Generieren prinzipienbasierter Selbsterklärungen bezeichnet wird, wird die mentale Repräsentation der Konzepte

Erklärung mittels generativer Lerntheorien

und Prinzipien bedeutungsvoll angereichert (vgl. Hausmann & VanLehn, 2010; Renkl, 1997, 2014). Zudem werden durch das Herstellen der Bezüge die Lösungsbeispiele tiefer durchdrungen. So sollten prinzipienbasierte Selbsterklärungen dazu führen, dass Lösungsbeispiele eher entsprechend ihrer relevanten strukturellen Merkmale und nicht entsprechend ihrer Oberflächenmerkmale (z. B. anhand der Cover-Story, in die die jeweilige Aufgabe eingebettet ist) abgespeichert werden (vgl. Reimann, 1997). Eine zweite Form der Elaboration, die aus theoretischer Sicht zur Lernförderlichkeit des Lernens aus Lösungsbeispielen beitragen sollte, ist das Identifizieren der Ziele und Ausführungsbedingungen der einzelnen Lösungsschritte (sog. Ziel-Operator-Kombinationen; vgl. Conati & Vanlehn, 2000; Renkl, Stark, Gruber & Mandl, 1998; siehe auch Renkl, 2001). Diese Form der Elaboration dient nicht nur der Förderung eines konzeptuellen Verständnisses der Lösungsprozedur, sondern auch dem Transfer. Sie kann selbstverständlich nur bei Lösungsbeispielen zur Anwendung kommen, in denen voneinander abgrenzbare Lösungsschritte enthalten sind. Wenn Lernende die Ziele und Anwendungsbedingungen eines Lösungsschrittes verstanden haben, sollten sie ihn im Prinzip auch bei anders gearteten Problemen, in denen beispielsweise nur Teile einer zuvor gelernten Lösungsprozedur benötigt werden, anwenden können und somit zu Transfer in der Lage sein (vgl. Catrambone, 1996; Renkl, 1997).

3.9.2 Was sagt die Empirie?

Lösungsbeispieleffekt

Das Lernen aus Lösungsbeispielen gilt als eine der am besten empirisch fundierten Techniken zur Förderung des anfänglichen Erwerbs kognitiver Fertigkeiten. Im Speziellen ist der sogenannte Lösungsbeispieleffekt sehr gut empirisch untermauert, welcher besagt, dass die Gabe mehrerer Lösungsbeispiele vor der selbstständigen Bearbeitung von Problemen effektiver und effizienter ist als die Gabe von höchstens einem Lösungsbeispiel, bevor die Lernenden zu selbstständigem Problemlösen angeregt werden (vgl. Renkl, 2014). So lässt sich der Lösungsbeispieleffekt sowohl in Studien unter kontrollierten Laborbedingungen als auch in Studien in authentischen Lernsettings zuverlässig nachweisen (z. B. Carroll, 1994; Paas, 1992; Renkl et al., 2003).

Rolle der Verarbeitungsaktivitäten

Entsprechend der oben skizzierten theoretischen Vorhersage zur Rolle bestimmter Verarbeitungsaktivitäten zeigt sich allerdings, dass die Lernförderlichkeit des Lernens aus Lösungsbeispielen von dem Ausmaß abhängt, in dem Lernende die Beispiele elaborieren (vgl. Chi et al., 1989; Renkl, 1997). So zeigt sich, dass die Lernförderlichkeit des Lernens aus Lösungsbeispielen mit steigender Quantität und Qualität generierter Elaborationen (prinzipienbasierter Selbsterklärungen oder

Ziel-Operator-Kombinationen) zunimmt (z. B. Hefter et al., 2014; Hiller et al., 2020; Roelle & Renkl, 2020). Angesichts dessen, dass Lernende diese Elaborationen von sich aus oftmals nicht in hinreichendem Ausmaß generieren, hat es sich empirisch bewährt, Lösungsbeispiele mit Maßnahmen zur Anregung der anvisierten Elaborationen zu kombinieren. Im Wesentlichen haben sich hierzu die Ansätze eines vorangestellten Trainings, in dem das Generieren der anvisierten Elaborationen eingeführt und geübt wird (z. B. Renkl et al., 1998), sowie die Gabe von Prompts bzw. Leitfragen etabliert (vgl. R. K. Atkinson, Renkl & Merrill, 2003; Berthold & Renkl, 2009; Roelle et al., 2017).

Unterstützung durch Strukturbetonungs-Sets

Ein weiteres, empirisch gut fundiertes Prinzip der Gestaltung des Lernens aus Lösungsbeispielen besteht darin, den Lernenden eine Auswahl an Lösungsbeispielen zu geben, in denen die strukturell wichtigen Aspekte der Beispiele bzw. der jeweiligen Lösungen besonders hervorstechen. Dies kann durch ein sogenanntes Strukturbetonungs-Set an Lösungsbeispielen erreicht werden, bei dem jeder Problemtyp von mehreren Lösungsbeispielen mit unterschiedlichen Cover-Stories abgedeckt wird und zudem ähnliche Cover-Stories bei verschiedenen Problemtypen eingesetzt werden (vgl. Quilici & Mayer, 1996; siehe auch Scheiter, Gerjets & Schuh, 2003). Hierdurch wird der Fokus der Lernenden auf die strukturellen Gemeinsamkeiten bzw., bei verschiedenen zu lösenden Problemtypen, auf die strukturellen Unterschiede korrekter Lösungswege gelenkt, was die Schemakonstruktion unterstützen soll. Entscheidend für den Nutzen solcher oder ähnlich gearteter Sets von Lösungsbeispielen ist allerdings, dass die Lernenden die Lösungsbeispiele aktiv vergleichen (Renkl, 2014). Ähnlich zu den oben geschilderten elaborativen Aktivitäten zeigt sich allerdings, dass Lernende von sich aus nicht immer hinreichend Aufwand in das Vergleichen von Lösungsbeispielen investieren, weswegen auch hier Maßnahmen zur Förderung der anvisierten Vergleichsprozesse (z. B. Prompts oder Leitfragen) umgesetzt werden sollten.

Unterstützung durch fehlerhafte Lösungsbeispiele

Ein drittes, empirisch gut gesichertes Prinzip der Gestaltung des Lernens aus Lösungsbeispielen besteht darin, den Lernenden auch Lösungsbeispiele zu geben, in denen typische Fehler beim Lösen der jeweiligen Probleme enthalten sind. So zeigt sich, dass das Elaborieren von korrekten und fehlerhaften Lösungswegen effektiver ist als das alleinige Elaborieren korrekter Lösungswege (vgl. Siegler & Chen, 2008) und dass das Verarbeiten fehlerhafter Lösungen das Auftreten der jeweiligen Fehler bei eigenen Lösungsversuchen verringert (z. B. Durkin & Rittle-Johnson, 2012; siehe auch Jaeger, Marzano & Shipley, 2020). Insbesondere für Lernende mit wenig Vorwissen ist es allerdings essenziell, dass die Fehler in den Lösungsbeispielen deutlich zu erkennen oder sogar explizit markiert bzw. erklärt sind (Große & Renkl,

2007; Stark, Kopp & Fischer, 2011). Ohne diese Unterstützung besteht die Gefahr, dass Lernende die Fehler nicht erkennen und die fehlerhaften Lösungsprozeduren in ihre Schemata integrieren.

Ausschleichen von Lösungsbeispielen

Ein weiteres zentrales und empirisch gut fundiertes Prinzip beim Lernen aus Lösungsbeispielen besteht darin, mit der Zeit die Unterstützung durch die Lösungsbeispiele herunterzufahren und somit einen Übergang zum selbstständigen Problemlösen einzuleiten. Die zentrale Funktion des Lernens aus Lösungsbeispielen besteht darin, Lernende in der anfänglichen Phase des Fertigkeitserwerbs bei der Konstruktion akkurater Problemlöseschemata zu unterstützen. Wenn dieses Ziel erreicht ist, beginnt die externale Unterstützung durch die Lösungsbeispiele redundant zu werden und läuft entsprechend Gefahr, eine Quelle extrinsischer kognitiver Belastung zu werden. Um dies zu vermeiden und zugleich den Prozess der Automatisierung der konstruierten Schemata zu unterstützen, sollte der Ausarbeitungsgrad der Lösungsbeispiele schrittweise zurückgefahren werden (z. B. indem zunehmend weniger Lösungsschritte bereits enthalten sind und die Lernenden die übrigen Schritte selbstständig ausführen müssen), bis die Lernenden schließlich beim selbstständigen Problemlösen angekommen sind (z. B. Atkinson et al., 2003; siehe auch Foster, Rawson & Dunlosky, 2018).

Auswirkungen von Vorwissen

Das Prinzip des Ausschleichens von Lösungsbeispielen verdeutlicht noch einmal den Punkt, dass Lösungsbeispiele vor allem für den anfänglichen Fertigkeitserwerb geeignet sind. Die Effektivität von Lösungsbeispielen ist also vom Wissensstand der Lernenden abhängig. Je weiter die Lernenden bereits fortgeschritten sind, desto weniger lohnt sich die Gabe von Lösungsbeispielen und desto eher ist selbstständiges Problemlösen indiziert. Gegen Ende des Lösungsbeispieleinsatzes ist also das Einüben der Ausführung der Lösungsprozedur bzw. die Automatisierung das vorwiegende Lernziel, während das Lernziel zu Beginn im Erwerb eines grundlegenden Verständnisses der Lösungsprozedur besteht.

Denkanstoß

Versuchen Sie, für ein Thema Ihrer Wahl eine Reihe an Lösungsbeispielen zu entwickeln, die den skizzierten Gestaltungsempfehlungen entsprechen. Erklären Sie Ihr Produkt einer Kommilitonin/einem Kommilitonen (dies dient dem Lernen durch Erklären, siehe Kapitel 3.1).

Es gibt eine Reihe weiterer empirisch gut fundierter Gestaltungsprinzipien des Lernens aus Lösungsbeispielen, die von Renkl (2014) zusammengefasst werden und deren Darstellung jedoch den Rahmen des vorliegenden Kapitels deutlich sprengen würde.

Lösungsbeispiele bei nicht-algorithmischen Problemen

Stattdessen soll an dieser Stelle nicht unerwähnt bleiben, dass Lösungsbeispiele nicht nur bei Themengebieten wirksam sind, in denen algorithmische Lösungsprozeduren (also Lösungsprozeduren, die aus festen Abfolgen von spezifischen, vorab festlegbaren Einzelschritten bestehen) erlernt werden sollen, wie es beispielsweise bei mathematischen Themen oftmals der Fall ist. Vielmehr zeigt sich, dass Lösungsbeispiele auch bei nicht-algorithmisch zu lösenden Problemen (also Problemen, bei denen die einzelnen Lösungsschritte und deren Abfolge nicht vorab vollends spezifiziert werden können) den Fertigkeitserwerb fördern können. So fanden beispielsweise Schworm und Renkl (2007; siehe auch Hefter et al., 2014), dass Lösungsbeispiele bzw. gelöste Beispielprobleme (so werden Lösungsbeispiele genannt, in denen es nicht möglich ist, einzelne Lösungsschritte zu differenzieren) Argumentationsfertigkeiten bedeutend fördern können. In ähnlicher Weise fanden Hübner, Nückles und Renkl (2010; siehe auch Roelle et al., 2012), dass gelöste Beispielprobleme den Erwerb von Lernstrategien (unter anderem beim Schreiben von Lerntagebüchern, siehe Kapitel 3.2) erleichtern können. Lösungsbeispiele bzw. gelöste Beispielprobleme sind also, entgegen ihrem Ruf, im Grunde in jedem Themengebiet zur Förderung des anfänglichen Fertigkeitserwerbs einsetzbar.

Auswirkungen von integriertem Abruf

Trotz der breiten empirischen Basis, auf welcher der Lösungsbeispieleffekt und die skizzierten Gestaltungsempfehlungen basieren, gibt es in der Literatur zum Lernen aus Lösungsbeispielen einige ungeklärte Fragen. Eine dieser offenen Fragen bezieht sich auf die Anregung von Selbsterklärungen. So ist es bisher unklar, ob die Lernenden beim Selbsterklären von Lösungsbeispielen noch Zugriff auf die zuvor erhaltenen einführenden instruktionalen Erklärungen haben sollten oder nicht. Ohne Zugriff auf die einführenden Erklärungen werden Lernende während des Selbsterklärens zusätzlich zur Abrufübung angeregt, da sie die Grundlagen, zu denen sie Rückbezüge herstellen sollen, zunächst aus dem Gedächtnis abrufen müssen. Dies dürfte förderliche Effekte auf die Behaltensleistung haben (siehe Lernen durch Abrufübung, Kapitel 3.5). Allerdings erhöht sich hierdurch gleichzeitig das Risiko, dass es den Lernenden nicht gelingt, die anvisierten Rückbezüge zu den Grundlagen herzustellen. So dürfte es oftmals vorkommen, dass es Lernenden nicht möglich ist, die jeweils benötigten grundlegenden Konzepte und Prinzipien vollständig und korrekt aus dem Gedächtnis abzurufen, worunter die Qualität der Selbsterklärungen leiden sollte. Bisherige empirische Studien zu dieser Frage spiegeln die angenommene Zweischneidigkeit der Effekte wider, liefern aber bisher keine zufriedenstellende Antwort auf die

Frage, ob bzw. unter welchen Umständen es sich (nicht) lohnt, Abrufübung in den Prozess des Selbsterklärens zu integrieren (vgl. Hiller et al., 2020; Roelle & Renkl, 2020).

Einsatz bei selbstreguliertem Lernen

Eine zweite offene Frage bezieht sich auf den Einsatz von Lösungsbeispielen in Phasen selbstregulierten Lernens. Wenn Lernende selbstständig auswählen können, ob sie Lösungsbeispiele oder ungelöste Probleme bearbeiten möchten, zeigt sich, dass sie insbesondere zu Beginn (zu) selten Lösungsbeispiele auswählen und stattdessen in frühes Problemlösen investieren (Foster et al., 2018). Dies bedeutet allerdings nicht, dass Lernende beim selbstregulierten Einsatz von Lösungsbeispielen ausschließlich ungünstige Entscheidungen treffen – im Gegenteil, so zeigt die Studie von Foster und Kolleg*innen deutlich, dass Lernende nach fehlgeschlagenen Problemlöseversuchen im nächsten Schritt stärker die Verarbeitung eines Lösungsbeispiels präferieren. Nichtsdestotrotz scheinen Lernende von sich aus das Potenzial des Lernens aus Lösungsbeispielen nicht optimal zu nutzen, was in zukünftigen Studien beispielsweise durch die Entwicklung entsprechender Strategietrainings adressiert werden könnte.

Take-Home Message

Der Lösungsbeispielansatz beispielbasierten Lernens zielt darauf ab, Lernende beim anfänglichen Fertigkeitserwerb zu unterstützen.

Die Lernförderlichkeit des Lernens aus Lösungsbeispielen kann sowohl mittels der Cogntive Load Theory als auch mittels konstruktionsorientierter Lerntheorien erklärt werden.

Zentral beim Lernen aus Lösungsbeispielen ist, dass die Lernenden die Beispiele elaborieren, indem sie sie auf zuvor erklärte grundlegende Konzepte und Prinzipien beziehen und die Ziele und Anwendungsbedingungen der Lösungsschritte herausarbeiten. Prompts können die anvisierten Lernaktivitäten gut unterstützen. Auch das Betonen zentraler Strukturen durch Vergleiche zwischen Lösungsbeispielen, das Hervorheben von Fehlern in Lösungsbeispielen und das schrittweise Übergehen zum selbstständigen Problemlösen zählt zu den zentralen Gestaltungsrichtlinien des Lernens mit Lösungsbeispielen.

4. Hot Topics im Kontext Lernen
Wie wird Lernen gesellschaftlich beeinflusst?

Bislang haben wir uns allgemein damit befasst, was Wissen ist (Kapitel 1), welche Lernaktivitäten zum Wissenserwerb beitragen (Kapitel 2) und wie Lernaktivitäten durch generative Lerntechniken unterstützt werden können (Kapitel 3). Lernen ist jedoch kein isolierter Prozess, der losgelöst vom sozialen Kontext stattfindet, ebenso wie Wissen kein Substrat ist, das isoliert in den Köpfen der Individuen vorhanden ist. Stattdessen ist Lernen aus sozial-konstruktivistischer Perspektive insbesondere durch Teilhabe an einer Gesellschaft und als soziales Handlungsmuster zu verstehen (siehe Kapitel 2.5). Dahingehend ist es naheliegend, dass Lernen und Wissensaufbau insbesondere durch gesellschaftliche Umwälzungen bedingt sind. In diesem Kapitel wollen wir drei aktuelle gesellschaftliche Transformationen betrachten, die das Lernen und Lehren beeinflussen: Digitalisierung, Heterogenität und das Konzept des Lernens über die Lebensspanne. Diese drei Hot Topics sind nicht isoliert voneinander zu verstehen, sondern bedingen sich teilweise gegenseitig.

4.1 Hot Topics I: Lernen in einer Kultur der Digitalität

Digitale Transformation

Die digitale Transformation erfasst alle Lebensbereiche. Sie umfasst dabei fortwährende, tiefgreifende Veränderungsprozesse in der Gesellschaft, die durch die Entwicklung neuer digitaler Technologien ausgelöst werden. Da digitale Technologien so mittlerweile maßgeblich die Lern- und Lebenswelten von Schüler*innen bestimmen (Feierabend, Rathgeb, Kheredmand & Glöckler, 2020), ist die digitale Transformation eine vielschichtige und komplexe Herausforderung, mit der sich Bildungssysteme auseinandersetzen müssen (European Commission, 2021; SWK, 2021). Beispielsweise hat die Entwicklung des Internets neue Möglichkeiten des (informellen) Wissenserwerbs ermöglicht. Die Nutzung von Verfahren der künstlichen Intelligenz erlaubt es, Formen adaptiven intelligenten Lernens oder automatisches Feedback zu realisieren. Virtuelle (VR) oder augmentierte Realitäten (AR) ermöglichen neue Lernerfahrungen sowie die Verknüpfung unterschiedlicher Lebenswelten. Diese Beispiele illustrieren, dass digitale Transformationen auch tiefgehende Veränderungsprozesse in der Bildung auslösen. In Bildungskontexten besteht daher Einigkeit darüber, dass zum einen digitale Technologien dazu eingesetzt werden sollen, tiefergehende Lernprozesse bei Schüler*innen anzuregen, es zum anderen aber auch wichtig ist, eine kritische Medienbildung zu ermöglichen. In diesem

Unterkapitel wollen wir uns damit beschäftigen, was unter digitalen Medien zu verstehen ist und wie diese eingesetzt werden können, um tiefergehende Lernprozesse anzuregen und ein Lernen mit und über Medien zu ermöglichen.

Digitale Medien
Digitale Medien sind allgemein Kommunikationsmedien, die auf der Grundlage von Informations- und Kommunikationstechnologien basieren. Im weiteren Sinne umfassen digitale Medien zudem die zugrundeliegende computerbezogene Hardware, die zur Verarbeitung, Speicherung, Verteilung und Präsentation digitaler Medieninhalte genutzt wird. Im engeren Sinne werden unter digitalen Medien elektronische Medien verstanden, die, im Gegensatz zu analogen Medien, digital codiert sind. Analoge Signale werden stufenlos codiert, digitale Signale stellen dagegen ausgewählte Werte dar, die mit Hilfe des binären Zahlensystems codiert werden. Das binäre Zahlensystem codiert Informationen in diskrete Zustände von 0 und 1 und bildet die Basis von Computersystemen. Digitalisierung bezeichnet allgemein die Umwandlung von analogen Signalen in digitale (also diskrete) Formate, welche zu einer Weiterverarbeitung in computerbasierten Systemen geeignet sind. Die menschliche Stimme ist beispielsweise analog. Dieses analoge Signal kann in ein digitales Format überführt werden (z. B. mp3) und schließlich wieder in ein analoges Signal bei der Ausgabe überführt werden.

4.1.1 Lernen mit Medien

Potenziale digitaler Medien

Eine Grundvoraussetzung zum effektiven Lernen mit digitalen Medien ist, dass digitale Medien didaktisch-elaboriert im Unterricht eingesetzt werden. Das heißt, dass digitale Medien nicht einem Selbstzweck dienen, sondern als sogenannte didaktische Enabler fungieren, um tiefgehende Lehr-Lernprozesse anzuregen (z. B. generative Lernaktivitäten) und zu unterstützen (Jonassen, 1996). Die medienorientierte Instruktionspsychologie hat vor diesem Hintergrund seit den 1960er Jahren maßgeblich zu einem besseren Verständnis der zugrundeliegenden Lernprozesse beim Lernen mit digitalen Medien beigetragen. Im Vordergrund stand zunächst die Ausgangsfrage, ob digitale Lernmedien einen höheren Lernerfolg als analoge (z. B. papierbasierte) Formate aufweisen. Solche Medienvergleiche wurden oft in verschiedenen Metaanalysen zusammengefasst (z. B. Baker, Goodboy, Bowman & Wright, 2018; Cheung & Slavin, 2013; Kates, Wu & Coryn, 2018). Die Ergebnisse dieser Metaanalysen deuten darauf hin, dass digitale Medien – wenn überhaupt – nur einen leicht positiven Effekt auf die

Lernerfolge von Schüler*innen gegenüber analogen Medien haben. Diese einfachen Medienvergleiche wurden dafür kritisiert, dass sie das Medium als reinen Informationsträger untersucht haben, anstatt die Wirkung der zugrundeliegenden didaktischen Funktionen sowie die Qualität der aufbereiteten didaktischen Inhalte auf die Lernleistungen von Schüler*innen in den Fokus zu stellen (Clark, 1994; Scheiter, 2017). Daher orientiert sich die aktuelle medienorientierte Instruktionspsychologie eher daran, Potenziale digitaler Medien zur Förderung effektiver Lehr-Lernarrangements zu identifizieren, welche ohne die Nutzung digitaler Medien nicht oder nur mit großem Aufwand realisierbar wären. Ein weiterer Schwerpunkt liegt in der Identifikation von Bedingungen, die das Potenzial des Einsatzes digitaler Medien begrenzen bzw. das Gelingen ihres Einsatzes beeinflussen (Buhl, Bonanati, & Eickelmann, 2021; Gerjets & Scheiter, 2019; Scheiter, 2017).

Multimedia-anwendungen

Ein Potenzial digitaler Medien liegt in der Präsentation von Informationen. Beispielsweise lassen sich verbale und bildhafte Repräsentationsformate (z. B. Text und Bild) in sogenannten Multimediaanwendungen kombinieren, die über verschiedene Sinneskanäle verarbeitet werden. Die Kombination verbaler und visueller Informationen kann sich dabei als lernförderlicher erweisen als monomediale Repräsentationen (Mayer, 2014b). Diesem sogenannten Multimediaeffekt liegt die Annahme zugrunde, dass die mentale Integration von Text- und Bildinformation zu einer tieferen Verarbeitung und damit höheren Lernleistungen führt als monomediale Zugänge. Diese Annahme spiegelt sich in mehreren Studien wider, die zeigen, dass eine intensivere Integration von Text und Bild zu besseren Lernergebnissen führt (Scheiter & Eitel, 2015). Neben der Nutzung von statischen Bildern ermöglicht die Nutzung von Bewegtbildern wie Animationen die Darstellung von Veränderungen über die Zeit (z. B. animierte Funktionsweise eines Verbrennungsmotors). Die Nutzung von Computeranimationen ermöglicht zudem auch die Visualisierung von in der Realität nicht direkt sichtbaren Phänomenen (z. B. Räuber-Beute-Schema) und Prozessen (z. B. Osmose). Schüler*innen können diese Veränderungen direkt in der Animation beobachten, ohne dass sie sich diese selbst vorstellen müssen. Dies reduziert die kognitive Belastung während des Lernens im Vergleich zum Lernen mit statischen Bildern. Da Lernende bei statischen Bildern selbst verschiedene Bilder zusammensetzen müssen, ist der Prozess der mentalen Vorstellung bei statischen Bildern zudem fehleranfällig und zwar insbesondere dann, wenn sich Veränderungen nicht kontinuierlich ergeben, sondern sprunghaft sind.

Multimediale Anwendungen ermöglichen jedoch nicht nur eine bessere Darstellung von Inhalten im Sinne direkter Instruktion, sondern ermöglichen darüber hinaus auch, dass Schüler*innen selbst mediale

Inhalte erstellen (Lachner et al., 2022; Zahn et al., 2014). Damit können innovative Ansätze generativen Lernens gestaltet werden. Zum Beispiel können Schüler*innen mit geeigneten Applikationen eigene multimediale Erklärvideos produzieren.

Simulationen

Darüber hinaus erlauben Simulationen zusätzlich die direkte Manipulation von Information. Simulationen sind auf realen Modellen basierende Computermodelle, die bestimmte Phänomene, Prozesse oder Systeme in einer graphischen Oberfläche darstellen. Innerhalb der Oberfläche können einzelne Variablen des Modells variiert werden, worauf das zugrundeliegende Computersystem dynamisch reagiert.

Demzufolge wird die graphische Oberfläche entsprechend angepasst, so dass die Auswirkung einer bestimmten Variation direkt beobachtet werden kann. Simulationen erlauben das Nachvollziehen komplexer Phänomene, die durch verschiedene Variablen bedingt sind, indem sie einen forschenden Zugang gewährleisten. Schüler*innen können sich einem Phänomen schrittweise annähern und bilden allmählich ein mentales Modell des dem Phänomen zugrundeliegenden Konzepts (siehe beispielsweise Abbildung 4.1).

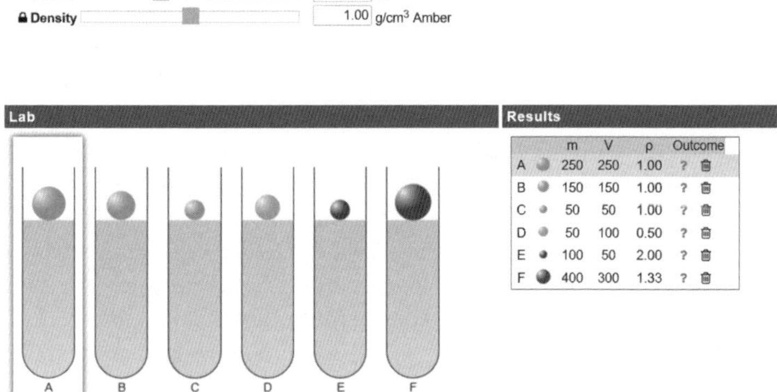

*Abbildung 4.1. Beispiel für eine Simulation. In der open-source Simulation Splash (Price, 2007) können Schüler*innen die Objekteigenschaften wie Masse, Volumen und Dichte variieren und diese Objekte in ein mit einer Flüssigkeit gefülltes Rohr fallen lassen. In einigen Phasen können die Schüler*innen die Dichte der Flüssigkeit selbst bestimmen und so die Wechselwirkung zwischen den Objekteigenschaften und der Flüssigkeitsdichte entdecken. In anderen Phasen können die Schüler*innen die vom Objekt verdrängte Flüssigkeitsmenge messen und das Archimedische Prinzip kennenlernen.*

Diese Herangehensweise kann zu einem verbesserten inhaltlichen Verständnis führen sowie Prozesse wissenschaftlichen Denkens anregen (De Jong, Linn & Zacharia, 2013). Dies ist insbesondere dann der Fall, wenn eine Beobachtung des Phänomens im realen Leben nur schwer möglich oder sogar gefährlich ist.

Augmented und virtual reality

Neuere technologische Entwicklungen ermöglichen es zudem, multimediale Inhalte in reale Kontexte einzubetten (Akçayır & Akçayır, 2017). In angereicherten Realitäten (augmented reality, AR) werden reale Umgebungen durch die Einblendung multi-medialer Inhalte, wie Visualisierungen oder textbasierte Informationen, ergänzt. Virtuelle Realitäten (engl. virtual reality, VR) zeichnen sich durch eine höhere Immersion der Lernenden in einer rein virtuellen Umgebung aus. Dadurch können Lernende mittels spezieller Ausgabegeräte komplett in eine virtuelle Welt eintauchen (Makransky, Terkildsen & Mayer, 2019). Die Befundlage zur Nutzung solcher komplexen Anwendungen im Unterricht ist allerdings bislang erst am Anfang. Bisherige laborexperimentelle Befunde weisen darauf hin, dass der höhere Grad an Immersion und Authentizität teilweise keine oder sogar abträgliche Effekte auf die Lernleistung haben, da der höhere Grad an Immersion Lernende vom eigentlichen Lernen ablenken und gegebenenfalls überfordern kann (Makransky et al., 2019). Allerdings wurden die Studien mit rein konzeptuellen Inhalten (z. B. Herzkreislaufsystem) durchgeführt. Daher ist offen, inwiefern die Nutzung von virtuellen dreidimensionalen Realitäten in stärker visuell-räumlichen Aufgaben einen Mehrwert bieten könnte.

Adaptives Lernen

Neben der Darstellung und Generierung von Inhalten können digitale Medien adaptives Lernen ermöglichen. Eine wichtige Form solcher Angebote ist die Darbietung individuellen computerbasierten Feedbacks (siehe Kapitel 3.8). Computerbasierte Feedbacksysteme ermöglichen eine individuelle Unterstützung von Schüler*innen insbesondere in Selbstlernphasen wie der Bearbeitung von Hausaufgaben. Im Fach Mathematik können z. B. computerbasierte Systeme genutzt werden, um elaboriertes Feedback bei der Bearbeitung mathematischer Aufgaben zu geben (Fyfe & Rittle-Johnson, 2016a). Zudem existieren computerlinguistische Ansätze, die die Gabe von Feedback (siehe Kapitel 3.8) z. B. beim argumentativen Schreiben oder beim Fremdspracherwerb ermöglichen (Lachner, Burkhart & Nückles, 2017; McNamara, Crossley, Roscoe, Allen & Dai, 2015; Meurers et al., 2019, siehe Fallbeispiel).

Computerbasiertes Feedback: CohViz
Im Tool CohViz (siehe Abbildung 4.2) können Schüler*innen Texte verfassen. Durch das Klicken auf den Pfeil wird der Text automatisch in eine Concept Map-ähnliche Repräsentation umgewandelt. Schüler*innen sollen durch die Visualisierung auf potenzielle Kohärenzbrüche in ihren Texten hingewiesen werden sowie beispielsweise darin unterstützt werden, fehlende Textelemente in ihren Texten zu identifizieren.

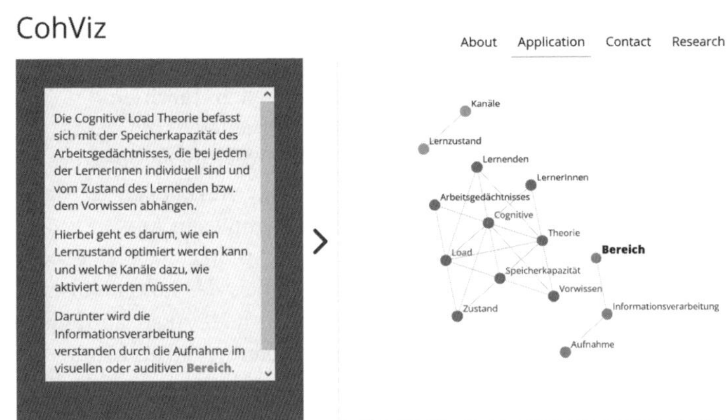

Abbildung 4.2. CohViz als Beispiel für ein computerbasiertes Feedbacktool beim Schreiben

intelligent tutoring systems

Einen weiteren vollständig automatisierten Ansatz stellen intelligente tutorielle Systeme (engl. intelligent tutoring systems, ITS, siehe Kapitel 3.8) dar. Diese Systeme verzahnen die computerbasierte Diagnose von Lernprozessen und Lernständen sowie die Bereitstellung adaptiver Inhalte auf Basis von Verfahren der künstlichen Intelligenz und maschinellem Lernen (Graesser, Hu & Sottilare, 2018). Zunächst wird der aktuelle Lernstand und -fortschritt automatisch diagnostiziert (bspw. innerhalb einer Übungsaufgabe). Auf Basis dieser Diagnostik werden dann passende Lerninhalte und Methoden (z. B. Feedback, Prompts etc.) ausgewählt und den Schüler*innen innerhalb des Lernprogramms bereitgestellt. Aktuelle Metaanalysen deuten darauf hin, dass die Nutzung intelligenter tutorieller Systeme auch über längere Zeiträume hinweg positive Effekte auf die Lernleistung von Schüler*innen erzielt und darüber hinaus effektiver sein kann als konventioneller Unterricht (Kulik & Fletcher, 2016; Ma, Adesope, Nesbit & Liu, 2014). Allerdings ist zu konstatieren, dass sich tutorielle Systeme bislang eher für den anfänglichen Wissenserwerb in wohlstrukturierten Domänen, wie der Mathematik, eignen und aufgrund des eingeschränkten Einsatzbereichs sowie der hohen Produktionskosten bislang eher geringen Eingang in die Schulpraxis erlangt haben (für Ausnahmen siehe aber schon Aleven & Koedinger, 2002; Roscoe & McNamara, 2013).

Kollaboration durch digitale Medien

Digitale Medien ermöglichen kollaboratives und kontextualisiertes Lernen, da sie es ermöglichen, leichter situative und soziale Aufgaben zu stellen, in deren Rahmen sich Schüler*innen orts- und zeitunabhängig miteinander vernetzen und in Gruppen austauschen können (Jeong & Hmelo-Silver, 2016). Im Vergleich zu den Kollaborationsmöglichkeiten in Präsenzphasen bietet die Nutzung digitaler Medien diverse Vorteile: So sind die erarbeiteten Inhalte dauerhaft verfügbar (z. B. in einem Wiki) und es wird den Lernenden ermöglicht, zusätzliche Repräsentationen selbst zu gestalten. Zudem können technologische Unterstützungsmöglichkeiten integriert werden, um die Ko-Regulation innerhalb der Gruppenarbeiten zu gewährleisten. So kann die Koordination zwischen Gruppen beispielsweise durch explizite Maßnahmen wie Kooperationsskripts (Fischer, Kollar, Stegmann & Wecker, 2013) oder durch die Bereitstellung sogenannter digitaler Awareness-Tools (Buder & Bodemer, 2008), welche Indikatoren z. B. über die aktuelle Motivation oder das Vorwissen individueller Gruppenmitglieder erfassen und zurückspiegeln, erleichtert werden.

Kontextualisierung durch digitale Medien

Außerdem erlaubt die Nutzung digitaler Medien einen höheren Grad an Kontextualisierung, da durch ihre Nutzung innerschulische und außerschulische Lernwelten in (kollaborativen) Settings verknüpft werden können. So können Schüler*innen computergestützt eigene Daten mittels spezifischer Applikationen und Hardware in außerschulischen Kontexten sammeln und dokumentieren (z. B. Informationen eines Museumsbesuchs) sowie diese anschließend im Unterricht auswerten und diskutieren (Trueman, 2014).

4.1.2 Lernen über Medien

Medienkompetenz

Die bisherigen Ausführungen fokussierten vorwiegend didaktische Aspekte des Medieneinsatzes. Gleichwohl zeigt die zunehmende Digitalisierung auch, dass Schüler*innen zu einem souveränen Umgang mit digitalen Medien befähigt werden müssen, was allgemein unter Medienkompetenz oder digitaler Bildung von Schüler*innen gefasst wird. Diese Medienkompetenz kann als notwendige Basis gesehen werden, um erfolgreich didaktische Verfahren mit digitalen Medien umzusetzen. Im Gegensatz zur Mediendidaktik hat die Medienerziehung meist normative Intentionen, da diese bestimmte Werte der Mediennutzung reflektiert. Damit gelten, neben allgemeinen Zielen der Förderung von Medienkompetenz, insbesondere die Persönlichkeitsentwicklung in einer mediatisierten Welt sowie die Begleitung und Mitgestaltung der Mediensozialisation als zentrale Grundbausteine von Medienerziehung. Seit den

1990er-Jahren existieren zahlreiche Modelle, um Medienkompetenz zu beschreiben (Aufenanger, 1997; Baacke, 1996; Groeben & Hurrelmann, 2002; Vuorikari, Punie, Gomez & Van den Brande, 2016). In ihrer Expertise „Bildung in der digitalen Welt" schlägt die Ständige Konferenz der Kultusminister der Länder (KMK, 2016) sechs verschiedene Kompetenzbereiche vor: (1) Suchen, Verarbeiten und Aufbewahren von Daten und Information; (2) Kommunizieren und Interagieren; (3) Produzieren und Präsentieren; (4) Schützen und sicher Agieren; (5) Problemlösen und Handeln; (6) Analysieren und Reflektieren. Damit ist Medienkompetenz breit angelegt: Beispielsweise werden unter dem Kompetenzbereich „Schützen und sicher Agieren" nicht nur Aspekte des Datenschutzes oder der Gewalt im Internet (z. B. Cyberbullying) gefasst, er umfasst auch gesundheitsbezogene Chancen und Risiken der Digitalisierung. Kritisch anzumerken ist jedoch, dass bisherige Konzeptualisierungen von Medienkompetenz hinter den technologischen Innovationen, beispielsweise im Bereich aktueller Entwicklungen wie der Künstlichen Intelligenz, zurückbleiben und die gesteigerte Komplexität solcher digitaler Lebenswelten nur in unzureichendem Maße beschrieben wird. Daher stellt die Befähigung von Schüler*innen, kompetent mit Informationen umzugehen und sich in algorithmisierten Kommunikations- und Informationswelten sicher bewegen zu können, eine zentrale bildungspolitische und praktische Herausforderung gesamtgesellschaftlichen Ausmaßes dar. Die Forschungslage zur evidenzbasierten Förderung von Medienkompetenz ist jedoch bislang eher spärlich. So etwa fanden Nisa und Setiyawati (2019) in ihrem systematischen Review lediglich acht internationale Studien, die sich systematisch mit der Förderung von Medienkompetenz befassten. Zudem konzentrierten sich diese Studien eher auf basale, aber voneinander isolierte Medienkompetenzfacetten (z. B. Schützen und sicher Agieren; Informationssuche). Demnach bedarf es weiterer Forschung, die eine integrierte Medienbildung unter Berücksichtigung aktueller technologischer Transformationen fokussiert. Ein weiterer Entwicklungsbereich wird sein, wie informatische und gesellschaftstheoretische Kontextualisierungen in Bezug auf eine umfassende Medienbildung integriert werden können, da ein solides Verständnis technischer Systeme die Grundlage bildet, um gesellschaftliche oder ethische Konsequenzen ziehen zu können. Hier hat Schule den expliziten Auftrag, die Medienkompetenzen von Schüler*innen zu fördern.

Denkanstoß

Welchen der skizzierten sechs Bereiche der Medienkompetenz sind Sie in der Schule oder in Lehrveranstaltungen schon begegnet? Haben Sie Ideen, wie die sechs Bereiche im Schulunterricht gefördert werden könnten?

4.2 Hot Topics II: Lernen in heterogenen Kontexten

Die aktuellen gesellschaftlichen Entwicklungen haben verdeutlicht, dass der produktive Umgang mit Differenz und Heterogenität eine zentrale Herausforderung beim Lehren und Lernen darstellt (Bohl, Budde & Rieger-Ladich, 2017). Ein produktiver Umgang mit Heterogenität wird insbesondere als vorteilhaft erachtet, wenn eine größere Bildungsgerechtigkeit und eine höhere Durchlässigkeit des Bildungssystems ermöglicht werden sollen.

Heterogenität im Bildungskontext
Heterogenität im Bildungskontext beschreibt die oft unmittelbar miteinander verwobenen Unterschiede zwischen Schüler*innen, wie etwa kulturelle, geschlechtsbezogene oder milieuspezifische Unterschiede. Diese Unterschiede spiegeln sich zumeist in interindividuellen Unterschieden in kognitiven oder motivationalen Voraussetzungen und Lernleistungen sowie Fähigkeiten zur Selbstregulation wider (siehe Jonassen & Grabowski, 1993).

Die Ergebnisse der PISA-Vergleichsstudien haben diese theoretischen Annahmen stark verdeutlicht, indem sie aufzeigten, dass Leistungen von Schüler*innen in hohem Maße von deren Voraussetzungen abhängen und sich somit soziale Ungleichheiten verfestigen können. Unterrichtsangebote, welche auf die heterogenen kognitiven und motivationalen Voraussetzungen von Schüler*innen angepasst (adaptiert) sind, werden daher als Möglichkeit gesehen, tiefgehende Lernprozesse bei allen Schüler*innen zu fördern und ungleichheitsverstärkende Effekte zu reduzieren. Dies stellt viele Lehrpersonen allerdings vor große Herausforderungen.

Adaptives Lernen

Das Konzept des adaptiven Lernens (teilweise auch personalisiertes Lernen) fokussiert genau solche heterogenen Ausgangslagen im Unterricht und verfolgt das Ziel, Lerngelegenheiten optimal an die Voraussetzungen und den Bedarf der Schüler*innen anzupassen (Bohl et al., 2017), so dass diese die Schüler*innen weder unter- noch überfordern („zone of proximal development“, Vygotsky, 1978). Meist wird der Umgang mit Heterogenität im Bildungskontext aus primär erziehungswissenschaftlicher bzw. bildungspolitischer Perspektive diskutiert. Doch auch die pädagogisch-psychologische Lehr-Lernforschung kann zu diesem Diskurs beitragen und hat bezüglich der Passung verschiedener didaktisch-instruktionaler Verfahren evidenzbasierte Hinweise geliefert, wie die Effektivität dieser Verfahren durch kognitive und motivationale Unterschiede bedingt sein kann. Insbesondere wird in neueren Diskussionen die Rolle digitaler Medien zur adaptiven Unterstützung von Lehr-Lernprozessen diskutiert. Im Folgenden werden wir daher zentrale sogenannte Umkehreffekte der Lehr-Lernforschung diskutieren.

4.2.1 Kognitive Faktoren

Auswirkungen von Vorwissen

Vorwissen gilt als eine der zentralen kognitiven Voraussetzungen, die die Effektivität von didaktischen Verfahren bedingen (vgl. Simonsmeier Flaig, Deiglmayr, Schalk & Schneider, 2022), und ist als wichtiger (wenn nicht wichtigster) moderierender Faktor in der Lern- und Unterrichtsforschung zu zählen (z. B. Kalyuga, 2009). Unter Moderation versteht man, dass ein bestimmter Faktor (wie Vorwissen) den Effekt einer Intervention (z. B. eines Trainings oder einer Unterrichtsstunde) auf eine Zielvariable (wie Lernleistung) verändert. Allgemein werden Moderationseffekte des Vorwissens als Expertise-Umkehr-Effekte bezeichnet.

Expertise-Umkehr-Effekt

So profitieren Lernende mit niedrigem Vorwissen beispielsweise von direkt-instruierenden Verfahren wie dem Lernen aus Lösungsbeispielen, während Lernende mit höherem Vorwissen eher von Verfahren mit geringerer instruktionaler Unterstützung profitieren. Die primäre Empfehlung, die sich aus dem Effekt der Umkehrung des Vorwissens ergibt, ist, dass didaktische Verfahren adaptiert werden müssen, wenn die Lernenden über mehr Wissen in einem bestimmten Bereich verfügen. Die Erklärung des Expertise-Umkehr-Effekts erfolgt meist auf Basis der Cognitive Load Theory (siehe Kapitel 2.4). Demnach fehlt es Lernenden mit geringem Vorwissen an ausreichend fachspezifischen Schemata, so dass diese externale Unterstützung durch bestimmte didaktische Verfahren benötigen. Die externale Unterstützung (z. B. in Form von Leitfragen bei der Lösung eines Problems, siehe Kapitel 3.6) trägt dazu bei, die extrinsische Belastung während des Schemaaufbaus zu reduzieren. Ohne diese Unterstützung würden Lernende sonst auf suboptimale Lösungsstrategien zurückgreifen (siehe auch Kapitel 3.9.1), die kaum den Erwerb wohlstrukturierter Schemata unterstützen. Für Lernende mit höherem Vorwissen dreht sich der Effekt allerdings um: Die eigentlich als Hilfestellung gedachte, überflüssige Information muss zusätzlich zur eigentlichen Aufgabe verarbeitet werden. Dies schlägt sich als lernirrelevante extrinsische Belastung nieder und reduziert die Lernleistung. Ein klassisches Beispiel für einen Expertise-Umkehr-Effekt ist das Lernen aus Lösungsbeispielen (siehe Kapitel 3.9). In ihrer wegweisenden Studie konfrontierten Kalyuga, Chandler, Tuovinen, und Sweller (2001) Auszubildende innerhalb von drei Trainingssessions über mehrere Wochen in zwei Bedingungen mit Problemen zur Programmierung von Steuerungen. In einer Bedingung bekamen die Auszubildenden Lösungsbeispiele, in der anderen wurden sie gebeten, die Probleme selbst zu lösen. In den anfänglichen Trainingssessions zeigte sich ein deutlicher Effekt der Lösungsbeispiele, der jedoch in fortgeschrittenen Trainingsphasen verschwand. Ähnliche Expertise-Umkehr-Effekte konnten zudem beim multimedialen Lernen (Richter, Scheiter & Eitel, 2016; siehe auch Kapitel 4.1), beim Lernen durch die Generierung von Erklärungen (Hoogerheide et al., 2019; siehe auch Kapitel 3.1) oder beim Verfassen von Lerntagebüchern (Nückles et al., 2010; siehe auch Kapitel 3.2) nachgewiesen werden.

Auswirkungen der Intelligenz

Neben Vorwissen wird zudem Intelligenz als potenzieller vorwissensunabhängiger kognitiver Moderator diskutiert. Beispielsweise zeigen erste Studien im Kontext von Abrufübungen (siehe Kapitel 3.5), dass Lernende mit höherer Intelligenz stärker von Abrufübungen profitieren als Lernende mit niedriger Intelligenz (Wenzel & Reinhard, 2019). Die moderierenden Effekte im Kontext von Abrufübungen werden oft mit der besseren Informationsverarbeitung und der höheren Arbeitsgedächtnisspanne bei Lernenden mit höherer Intelligenz erklärt.

4.2.2 Motivationale Faktoren

Der Fokus der Lehr-Lernforschung lag lange Zeit primär in der Identifikation von kognitiven Moderatoren, insbesondere von Vorwissen. Seit den 2010er-Jahren werden zunehmend auch motivationale Moderatoren bei der instruktionalen Gestaltung von Lernmaterialien untersucht. So werden beispielsweise Expertise-Umkehr-Effekte aus motivationaler Perspektive diskutiert. Insbesondere die wahrgenommene kognitive Belastung bzw. die Bereitschaft sich während des Lernens mental anzustrengen umfasst zu einem gewissen Grad auch motivationale Anteile (Feldon, Callan, Juth & Jeong, 2019). Diese motivationalen Anteile werden unter anderem durch motivationale Erwartungen und Wertüberzeugungen beeinflusst (Erwartung-mal-Wert-Theorie, siehe Wigfield & Eccles, 2020).

Auswirkungen des Selbstkonzepts

Als zentrale motivationale Moderatorvariable kann beispielsweise das akademische Selbstkonzept gesehen werden. Das akademische Selbstkonzept wird als die Selbstwahrnehmung der eigenen Kompetenz in einer bestimmten Domäne betrachtet (Marsh et al., 2019). Mehrere Studien deuten darauf hin, dass das akademische Selbstkonzept von Lernenden positiv mit den Lernleistungen sowie der Persistenz beim Lernen zusammenhängt (siehe z. B. Möller, Pohlmann, Köller & Marsh, 2009). Ein empirisches Beispiel für die moderierende Rolle des Selbstkonzepts im Kontext von Unterrichtsinterventionen ist die Studie von Roelle und Renkl (2020). Die Autoren untersuchten Effekte von

Unterstützungsmaßnahmen bei Gymnasiast*innen während des beispielbasierten Lernens im Fachbereich Chemie (siehe Kapitel 3.9). In einer Bedingung hatten die Lernenden keinen Zugang zu instruktionalen Erklärungen während sie sich die Beispiele erklärten. In der anderen konnten sie sich die Inhalte ansehen, wenn sie nicht weiterkamen oder ihre selbst-generierten Erklärungen überprüfen wollten (Review-Bedingung). Die Ergebnisse zeigten, dass die Wirksamkeit der Review-Option vom akademischen Selbstkonzept der Schüler*innen abhing: Lernende mit geringem Selbstkonzept profitierten von der Review-Option, während sich bei Lernenden mit hohem Selbstkonzept abträgliche Effekte zeigten. Ähnliche Befunde zeigten sich auch beim Lernen durch Erklären (siehe Kapitel 3.1), da insbesondere Schüler*innen mit geringem Selbstkonzept von der Generierung einer Erklärung – im Vergleich zum Notizenmachen – profitierten. Dieser Effekt drehte sich jedoch bei Schüler*innen mit hohem Selbstkonzept um (Jacob et al., 2022).

Auswirkungen von Interesse

Neben dem Selbstkonzept gibt es auch einige wenige Studien, die zeigen, dass das Interesse von Lernenden einen moderierenden Effekt auf die Effektivität von didaktischen Verfahren und Lerntechniken hat. Durik und Harackiewicz (Experiment 1, 2007) untersuchten etwa den moderierenden Einfluss des bereichsspezifischen Interesses auf zwei Aspekte: Zum einen auf die motivationssteigernde Wirkung von Lernmaterialien, die besonders das Interesse von Studierenden wecken sollten (Interest Catch) und zum anderen auf die wahrgenommene Kompetenz und das Engagement der Studierenden beim Lernen. Die Autor*innen konnten zeigen, dass nur Lernende mit geringem Interesse von den Materialien mit Interest Catch profitierten. Bei hochinteressierten Studierenden hingegen zeigte sich ein abträglicher Effekt. Diese Befunde deuten darauf hin, dass nicht nur kognitive, sondern auch motivationale Faktoren die Wirksamkeit von didaktischen Verfahren und Lerntechniken beeinflussen können.

Denkanstoß

Erklären Sie in eigenen Worten, warum Vorwissen die Effektivität instruktionaler Maßnahmen beeinflussen kann bzw. sogar zu sogenannten Expertise-Umkehr-Effekten führen kann. Versuchen Sie zudem, Erklärungen für die oben genannten Moderationseffekte des akademischen Selbstkonzepts zu finden. Was könnten Gründe dafür sein, dass Maßnahmen an Effektivität gewinnen, je niedriger das akademische Selbstkonzept der Lernenden ist?

4.3 Hot Topics III: Lernen über die Lebensspanne

Neben den beiden bereits diskutierten Hot Topics ist ein drittes, breit diskutiertes gesellschaftliches Hot Topic im Kontext des Lernens das lebenslange Lernen. Hier wird sehr deutlich, dass die Hot Topics miteinander verwoben sind, da die Themen Heterogenität und Digitalisierung beim lebenslangen Lernen eine Rolle spielen.

Lebenslanges Lernen
Gemeinhin wird unter lebenslangem Lernen die alltägliche und plausible Erfahrung zusammengefasst, dass Lernen nicht nur zu Beginn des Lebens während der institutionalisierten (Aus-)Bildung stattfindet, sondern über die komplette Lebensspanne hinweg (Brödel, 2015). Menschen machen stetig neue Erfahrungen und erwerben auch außerhalb von Bildungsinstitutionen wie Schulen und Hochschulen neues Wissen und Fertigkeiten. Damit schließt lebenslanges Lernen sowohl formelles als auch informelles Lernen entlang der Lebensspanne ein (Tippelt, 2018).

Formelle vs. informelle Kontexte

Zunächst war die Debatte des lebenslangen Lernens institutionell geprägt, das heißt, es wurden insbesondere die Gestaltung und Steuerung in formalen Kontexten, wie Fort- und Weiterbildung, also zentrale Felder der Erwachsenenbildung, fokussiert (Tippelt, 2018). In den 1990er Jahren fand jedoch ein Paradigmenwechsel statt, da die Erkenntnis entstand, dass insbesondere Erwachsene einen Großteil ihres Wissens in non-formalen Kontexten, also außerhalb institutioneller Lernorte, erwerben. Damit kam der Rolle der aktiven und selbstregulierten Lernenden (siehe Kapitel 2.3) eine tragende Funktion zu. Junge Erwachsene konzentrieren sich beispielsweise auf die Spezialisierung und Erweiterung ihrer formal erworbenen Kompetenzen, die vorwiegend in selbstregulierten Phasen mit hoher Eigenverantwortung und unterschiedlichen Kontexten weiterentwickelt werden. Ältere Erwachsene lernen zum Beispiel mit neu aufkommenden technologischen Innovationen umzugehen, um auf berufliche Änderungen produktiv reagieren zu können. Bei hochaltrigen Erwachsenen geht es oftmals um die Aufrechterhaltung von erworbenen Kompetenzen und die Selbstorganisation des eigenen Lernens, was Selbstständigkeit und Unabhängigkeit ermöglicht. Gleichzeitig haben ältere Erwachsene einen reichen Erfahrungs- und Wissensschatz innerhalb ihrer Entwicklung erworben, der Prozesse des Alterns kompensieren kann. Lebenslanges Lernen dient also der stetigen Optimierung von Wissen, Qualifikationen und Kompetenzen.

Die Wichtigkeit des lebenslangen Lernens ist mit Blick auf die immer weiter steigende Lebenserwartung, aber auch die zunehmende Automatisierung, Digitalisierung und Globalisierung nicht von der Hand zu weisen. Vor allem seit Beginn der 1960er Jahre nimmt der globale Wettbewerb stetig zu, der vorrangig auch vom Bildungsstand der Bevölkerung entschieden wird. Der stete Wissenszuwachs beschleunigt den Arbeitsmarkt, da ganze Berufsfelder durch die fortschreitende Automatisierung in den letzten hundert Jahren verschwanden. Diese gesellschaftlichen Umwälzungen spitzen sich aktuell noch weiter zu und illustrieren, dass ein Lernen über die Lebensspanne eine wichtige Kernkompetenz von Individuen darstellt, um sich adaptiv auf neue Umwelten und Situationen anzupassen.

4.3.1 Entwicklung von Expertise

Ein aus der Sicht der Lehr-Lernforschung relevantes Feld im Kontext des lebenslangen Lernens ist die Entwicklung von Expertise (siehe auch Kapitel 1.2), also die Entwicklung und der Aufbau von reichhaltigen Wissensbeständen. Ein gutes Verständnis von der Entwicklung von Expertise ist zum Beispiel dahingehend zentral, um zu verstehen, wie Personen über das Berufsleben hinweg lernen, effektiv mit Problemen umzugehen. Das prominente Modell von Dreyfus und Dreyfus (1986) beschreibt die Entwicklung von Expertise entlang eines Kontinuums vom Novizentum zum Expertentum innerhalb von fünf Phasen (siehe Abbildung 4.3).

Diese Phasen illustrieren, dass Expertise sich durch einen allmählichen und langjährigen Zuwachs an Erfahrungswissen und reflektierter Übung (deliberate practice) charakterisieren lässt. Mit zunehmender Expertise findet eine Automatisierung der erworbenen Wissensbestände statt. In der Lehrpersonenbildung werden ähnliche Prozesse der Professionalisierung angenommen.

Enkapsulierungstheorie

Eine prominente Theorie der Expertiseentwicklung ist die Enkapsulierungstheorie von Schmidt und Boshuizen (1993). In der Theorie wird angenommen, dass das Wissen von Noviz*innen vor allem in basalen deklarativen Wissensstrukturen organisiert ist. Durch die zunehmende Erfahrung wird dieses deklarative Wissen immer mehr in Form von sogenannten Fällen organisiert und gespeichert. Expert*innen haben daher nicht mehr alle deklarativen Zusammenhänge und Konzepte einzeln präsent, sondern integrieren ihr Wissen in einen größeren strukturierten Zusammenhang. Expert*innen haben somit das deklarative Wissen in erfahrungsbasiertes Wissen enkapsuliert.

Ein klassisches Beispiel des Enkapsulierungseffekts findet sich in der Medizin. Boshuizen und Schmidt (1992) untersuchten die Organisation kardiologischen Wissens in Abhängigkeit von Expertise. Dazu gaben sie Teilnehmer*innen (Medizinstudierende versus Kardiolog*innen) eine schriftliche klinische Fallbeschreibung eines Krankheitsfalls (Bakterielle Herzklappenentzündung) und baten diese, die Fallbeschreibung wiederzugeben. Studierende gaben mehr Details der Fallbeschreibung wieder und nutzten dafür eher Grundlagenwissen, wohingegen Expert*innen weniger Grundlagenwissen wiedergaben und sich eher an klinischen Fällen orientierten. Das Grundlagenwissen war jedoch gleichermaßen vorhanden, wenn im Nachhinein Expert*innen gebeten wurden, die Grundlagen des Falls zu erklären. Diese Befunde legen nahe, dass Expert*innen ihr Wissen fallbasiert organisieren und dass sich deklaratives Wissen mit zunehmender Erfahrung innerhalb von fallbasiertem Wissen enkapsuliert. Um die Entwicklung von Expertise zu unterstützen und Enkapsulierungsprozesse anzuregen ist es folglich wichtig, deklaratives Wissen in authentische Kontexte einzubetten und Problemstellungen des Fachs schon früh im Curriculum einzuführen und zu reflektieren.

Phase 1: Noviz*innen
Noviz*innen verfügen nur über geringe Wissensbestände in einer Domäne und sind nicht in der Lage, eigene Probleme selbstständig zu lösen.

Phase 2: Fortgeschrittene Noviz*innen
Fortgeschrittene Noviz*innen verfügen bereits über relevante Vorkenntnisse, die jedoch noch wenig miteinander verbunden sind. Die Analysen von Problemen sind noch stark auf der Detailebene, ohne das „große Ganze" zu adressieren.

Phase 3: Kompetenz
Lernende auf der Kompetenzstufe verfügen neben Wissen auch über Erfahrungen in der Anwendung der erworbenen Wissensbestände. Dieses Erfahrungswissen ermöglicht es, komplexe Probleme angemessen zu analysieren und in kohärente Zusammenhänge einzubetten.

Phase 4: Profizienz
Gewandte Lernende können routiniert und flexibel auf Problemsituationen (re-)agieren und bisherige Problemlösungen adaptiv anpassen. Gewandte Lernende analysieren Problemstellungen ganzheitlich; die Zielerreichung erfolgt variabel.

Phase 5: Expertise
Expert*innen zeichnen sich durch eine hohe Performanz bei der Analyse von Problemstellungen und dessen Lösungen aus. Das benötigte Wissen ist automatisiert und ermöglicht die spontane Anpassung an Situationen.

Abbildung 4.3. Entwicklungsphasen der Expertise nach Dreyfus und Dreyfus (1986)

4.3.2 Informelles Lernen

Informelles Lernen bezeichnet Lernprozesse, die außerhalb von institutionalisierten Lernorten stattfinden und sich durch einen hohen Grad an Autonomie und Selbstregulation auszeichnen. Diese Lernprozesse sind meist nicht systematisch und anlassbezogen und finden in Interaktion mit verschiedensten Menschen, Medien und Situationen statt (Dohmen, 2002). Neben informellen Lernorten, wie der Familien- oder dem Kolleg*innenkreis, findet informelles Lernen zunehmend in digitalen Informations- und Kommunikationstechnologien, insbesondere in den sozialen Medien, statt (siehe Kapitel 4.1.1). In den letzten Jahren entwickelte sich insbesondere im Bereich sozialer Medien eine Vielzahl komplexer informeller Lernorte. Beispielsweise interagieren Lehrpersonen über einen Hashtag (#twlz) auf der Plattform Twitter, um Erkenntnisse und Fundstücke rund um den Bereich Unterrichts- und Schulentwicklung auszutauschen und Fragen zu stellen (Fütterer et al., 2021). Gleichzeitig zeichnen sich soziale Medien durch potenzielle Spaltungen, Ungleichheiten sowie Distinktions- und Schließungsprozesse von Gemeinschaften aus. Das heißt, dass soziale Medien oft eher dazu dienen, Gemeinschaften, die ähnlich denken und kommunizieren, in sich abzuschotten, anstatt sich miteinander zu vernetzen (Iske, Klein & Verständig, 2016). Solche Prozesse können durch die Algorithmen der sozialen Netzwerke teilweise noch verstärkt werden. Algorithmen sind oft so programmiert, dass Nutzenden, basierend auf ihren Vorerfahrungen, ähnliches Wissen dargeboten wird, wodurch sogenannte Filterblasen entstehen können, die eine isolierende Wirkung haben (Spohr, 2017). Insbesondere der Umgang mit Fehlinformationen (fake news) spielt in der Nutzung von sozialen Medien eine immer größere Rolle, da durch die Nutzung von neuen Technologien, wie der künstlichen Intelligenz, Medieninhalte so gestaltet werden können, dass diese nur noch schwer als Fehlinformation identifizierbar sind (Westerlund, 2019). Mit Blick auf die unterschiedlichen Potenziale und Risiken der Nutzung sozialer Medien als informellen Lernort wird deutlich, dass Informations- und Medienkompetenzen zentrale Voraussetzungen für produktives lebenslanges Lernen sind, um mit medialen Informationen selbstbestimmt, souverän, verantwortlich und zielgerichtet umzugehen (siehe Kapitel 4.1.2). Folglich sind die Prozesse der Digitalisierung und lebenslanges Lernen eng miteinander verwoben.

Lernort soziale Medien

Denkanstoß

Welches Wissen, das Sie in Ihrem Studium oder in Ihrer beruflichen Tätigkeit gut gebrauchen können, haben Sie im Rahmen informellen Lernens erworben?
Wie könnten die oben skizzierten Enkapsulierungsprozesse im Lehramtsstudium angeregt werden?

Take-Home Message

Erfolgreiches Lernen ist oftmals von gesellschaftlichen Transformationen bedingt.
Ziel effektiver Lernarrangements sollte es daher sein, diese Transformationen zu berücksichtigen (Digitalisierung, Heterogenität, lebenslanges Lernen), um erfolgreiches Lernen zu ermöglichen bzw. zu fördern.
So können durch die Digitalisierung neue Lernarrangements realisiert werden, die in besonderer Art und Weise kognitive und metakognitive Prozesse anregen. Damit dieses Potenzial ausgeschöpft werden kann, sollte die Medienkompetenz der Schüler*innen systematisch aufgebaut werden, sodass Schüler*innen mündig und souverän mit digitalen Medien umgehen können.
Die Unterschiede zwischen Schüler*innen (Heterogenität) im Lernkontext zu berücksichtigen stellt eine Herausforderung im Bildungssystem dar. Die Lehr-Lernforschung gibt hier insbesondere Hinweise zu kognitiven und motivationalen Umkehreffekten, deren Berücksichtigung wichtig für einen produktiven Umgang mit Heterogenität im Lernkontext ist.
Ein weiteres Hot Topic stellt das lebenslange Lernen dar, bei dem oft die Entwicklung von Expertise über die Lebensspanne hinweg fokussiert wird. Dabei tritt das informelle Lernen in späteren Lernphasen, die weniger institutionalisiert sind, in den Vordergrund.

5. Forschungsmethodik in der Lehr-Lernforschung
Wie wird Wissen über das Lernen gewonnen?

Die meisten der in diesem Band berücksichtigten Schlüsse stammen aus Befunden der quantitativ-orientierten Lehr-Lernforschung. Das Grundparadigma quantitativ-orientierter Sozialforschung und damit auch der Lehr-Lernforschung ist, dass sich empirische Sachverhalte (z. B. Lernen, Motivation) in eine numerische Darstellung überführen lassen, um generalisierbare Aussagen über die jeweiligen Sachverhalte zu treffen.

Lehr-Lernforschung
Die Lehr-Lernforschung ist keine eigenständige Forschungsdisziplin, sondern vereint Theorien und Methoden der Pädagogischen Psychologie, der quantitativ-orientierten Erziehungswissenschaft, der empirischen Bildungsforschung und der Fachdidaktiken. Neben Lernleistungen als zentralem Ziel von Lernen und Lehren werden auch motivationale oder affektive Variablen (z. B. Emotionen) und Lernprozessvariablen berücksichtigt.

Das zentrale Interesse der Lehr-Lernforschung liegt darin, Lernzuwächse von Lernenden erklären und letztlich steigern zu können. Um hierüber Aussagen treffen zu können, werden Lernleistungen meist in Form von Testverfahren erhoben. Diese sind entweder von den Forschenden selbst konstruierte Testverfahren oder in großangelegten Studien (sogenannten Large-Scale Studien) speziell normierte Testverfahren. Zur Erhebung motivationaler und affektiver Variablen werden in der Regel etablierte und empirisch fundierte Fragebögen und Verhaltensmaße herangezogen. Neben solchen produktorientierten Maßen findet in der Lehr-Lernforschung zunehmend auch die Erfassung von Lernprozessen statt, da man nicht nur wissen möchte, ob eine Intervention die Lernleistungen von Lernenden verbessern kann, sondern auch, warum eine bestimmte Intervention einen Effekt auf die Lernleistung hat.

5.1 Typische Forschungsdesigns in der Lehr-Lernforschung

Das Methodenrepertoire der Lehr-Lernforschung ist vielfältig. Im Folgenden sollen unterschiedliche Forschungsdesigns vorgestellt werden, mit denen typische Fragestellungen der Lehr-Lernforschung empirisch untersucht werden können.

5.1.1 Unterscheidung nach Versuchsdesign

Experiment

In der Lehr-Lernforschung lassen sich verschiedene Versuchsdesigns unterscheiden. Das Experiment wird als Königsweg in der Lehr-Lernforschung gesehen und ist auch in anderen Forschungsdisziplinen, wie beispielsweise in der empirischen Sozialforschung, von großer Bedeutung. Lediglich Experimente erlauben es, eindeutige, kausale Schlüsse bezüglich des Einflusses einer Intervention (z. B. Einsatz einer Lerntechnik) auf eine abhängige Variable (z. B. Lernleistung) zu ziehen. Experimente können als between-subjects-design oder als within-subjects-design konzipiert werden.

Between-subjects-design

In einem Experiment mit between-subjects-design wird systematisch eine unabhängige Variable (z. B. Vorhandensein oder Nicht-Vorhandensein einer Intervention) variiert, indem Versuchspersonen zufällig einer Experimentalbedingung (Intervention) oder einer Kontrollbedingung zugewiesen werden. Dabei kann es selbstverständlich auch mehrere Experimentalbedingungen geben, die dann auch untereinander verglichen werden können. Durch die zufällige Zuweisung der Versuchspersonen wird angestrebt, dass alle vorab bekannten aber auch potenziell unbekannten Lernvoraussetzungen zwischen den Versuchsbedingungen ausbalanciert sind. Diese Randomisierung sorgt also dafür, dass die Gruppen vorab vergleichbar sind, so dass resultierende Effekte „nur" auf das Vorhandensein der unabhängigen Variable (z. B. die Intervention) zurückgeführt werden können.

Beispiel für ein einfaches Between-Subjects-Experiment: Lachner et al. (2018)
In dieser Studie untersuchten die Autor*innen die unterschiedlichen Auswirkungen des schriftlichen versus mündlichen Erklärens auf die Lernleistungen. Studierende bearbeiteten zunächst einen Hypertext über Verbrennungsmotoren. Anschließend wurden sie gebeten, den Lerninhalt entweder mündlich oder schriftlich zu erklären. Dabei wurden Studierende zufällig entweder der mündlichen oder der schriftlichen Erklärbedingung zugewiesen.

Within-subjects-design

In einem within-subjects-design durchläuft eine Versuchsperson in zufälliger Reihenfolge alle Bedingungen. Hierzu werden den Versuchspersonen verschiedene Versionen mit randomisierten Reihenfolgen vorgegeben (also A-B-C, A-C-B, B-A-C etc.), um Effekte der Reihenfolge der Bedingungen auszuschließen. Das heißt, dass eine Experimentalbedingung innerhalb (within) einer Person variiert wird. Der Vorteil eines Within-Designs besteht darin, dass weniger Versuchspersonen benötigt werden, um einen Effekt der Intervention zu identifizieren. Gleichzeitig müssen sogenannte Carry-Over-Effekte berücksichtigt werden. Carry-Over-Effekte sind Effekte vorheriger Interventionen, die in nachfolgenden Messungen fortbestehen und diese beeinflussen. Das kann insbesondere dann wichtig sein, wenn davon auszugehen ist, dass die veränderte Variable recht überdauernde Wirkung hat und somit nachfolgende Experimentierdurchgänge verzerrt. Wenn beispielsweise in einer vorangegangenen Bedingung das Vorwissen zu Lernstrategien einer Versuchsperson gestärkt wurde, ist davon auszugehen, dass in einer anderen Bedingung die Effekte des Lernstrategietrainings fortbestehen. Wichtig ist auch, dass der Kontrast zwischen den Interventionen nicht zu offensichtlich ist (z. B. „keine Intervention" versus „Intervention"). Wenn Versuchspersonen sofort die experimentelle Manipulation erkennen, kann die die Effekte verzerren, da sie dann weniger typisches Verhalten zeigen. Solche Carry-Over-Effekte können, wenn diese weniger stabil sind, durch eine strikte Randomisierung der Interventionen reduziert werden. Eine andere Methode sind Distraktoraufgaben, wie Additionsaufgaben oder Merkaufgaben, die zwischen den Interventionen dargeboten werden.

Beispiel für ein Within-Subjects-Experiment: Lachner, Weinhuber und Nückles, 2019
In der Studie von Lachner et al. (2019) wurden Lehrpersonen gebeten, die Effektivität von instruktionalen Erklärungen der Mathematikoberstufe einzuschätzen. Insgesamt schätzte jede der Lehrpersonen vier vergleichbare Mathematikerklärungen ein (within). Zwei dieser Erklärungen enthielten lediglich die Lösungsschritte (Kontrolle), zwei weitere beinhalteten zusätzlich konzeptuelle Informationen darüber, warum diese Schritte durchgeführt werden sollten (Intervention). Die Kombination aus dem Thema der Mathematikerklärungen und Erklärungsart sowie die Reihenfolge der Darbietung waren dem Zufall überlassen (Randomisierung). Dadurch schätzten die Lehrpersonen insgesamt zwei Kontrollerklärungen und zwei Interventionserklärungen ein, die sich systematisch in der Darstellung der Lösungsschritte unterschieden und über die Themen zufällig verteilt waren.

Die beispielhaft ausgewählten Experimente im between- und within-subjects-design illustrieren, dass die Art des Experiments sorgfältig gewählt werden sollte, um valide Schlüsse ziehen zu können. Idealerweise haben Experimente eine Prä-Posttest-Messung, z. B. der Lernleistungen vor und nach der Intervention, um eine Veränderung durch die Intervention messen zu können sowie potenzielle Gruppenunterschiede zwischen den Bedingungen vor der eigentlichen Intervention ausschließen zu können. Mehrfaktorielle Designs, die verschiedene Faktoren kombinieren, können auch within- und between-subjects-designs vereinen.

Beispiel für ein mehrfaktorielles Design: Fyfe und Rittle-Johnson (2016b)
Fyfe und Rittle-Johnson (2016b) untersuchten in ihrer Studie Effekte von Strategietrainings und elaborativem Feedback (siehe Kapitel 3.8). Kinder wurden zufällig einer von vier Bedingungen zugewiesen, die die beiden Faktoren Feedback und Training kreuzten (2×2-Design):

		Training	
		ja	nein
Feedback	ja	Training + Feedback	Feedback
	nein	Training	Kontrolle

Solche mehrfaktoriellen Designs erlauben sowohl Haupteffekte von Interventionen (z. B. „Hilft Feedback?“, „Hilft Training?“) zu identifizieren, als auch die kombinierte Wirkung von Interventionen bzw. Abhängigkeiten der Effekte (z. B. „Hilft Feedback besonders stark, wenn vorab Training gegeben wurde?“) zu identifizieren.

Gruppen-Randomisierung und Quasiexperiment

Neben dem Experiment mit randomisierter Zuweisung der individuellen Versuchspersonen zu den Bedingungen sind insbesondere in angewandten Kontexten auch Experimente mit Gruppen-Randomisierung und Quasi-Experimente vorherrschend. In beiden Arten von Experimenten wird keine randomisierte Zuweisung der individuellen Versuchspersonen vorgenommen, sondern die Versuchspersonen werden in (bereits bestehenden) Gruppen wie beispielsweise einer Schulklasse zu den Bedingungen zugewiesen. Grund kann beispielsweise sein, dass eine Intervention nur auf Klassenebene durchgeführt wird (Klasse A bekommt die Intervention, Klasse B nicht) oder dass Unterschiede aufgrund relativ stabiler Faktoren (z. B. biologisches Geschlecht, Expertise) untersucht werden und die Gruppen dementsprechend gebildet werden. Bei diesen Experimenten besteht oft das Problem, dass unklar ist, ob die gebildeten Gruppen in allen relevanten Lernvoraussetzungen vergleichbar waren und entsprechend ob ein gefundener Unterschied in Bezug auf den Lernzuwachs (ausschließlich) auf die jeweilige Intervention zurückzuführen ist. Soweit möglich sollten bei solchen Experimenten umfassende und gegebenenfalls sogar mehrfache Prätests durchgeführt werden, um auszuschließen, dass die gebildeten Gruppen sich im Wissensstand, in derzeit ablaufenden Reifungsprozessen oder anderen Faktoren, die den Lernzuwachs beeinflussen können, unterscheiden. In Experimenten mit Gruppen-Randomisierung besteht ein wesentlicher Grund für die aufwändigen Prätests darin, dass in der Regel die Anzahl der zufällig zugewiesenen Gruppen zu gering ist, um auf Individuenebene, die bei den Analysen letztlich oftmals im Vordergrund steht, eine Balance der Versuchsbedingungen in Bezug auf die Lernvoraussetzungen zu gewährleisten. In Quasi-Experimenten ist es gut denkbar, dass mit der interessierenden unabhängigen Variablen (z. B. biologisches Geschlecht) einige weitere Variablen konfundiert sind, von denen man ebenfalls annehmen könnte, dass sie in bestimmten Settings Einfluss auf die abhängigen Variablen nehmen und die somit eine sinnvolle Interpretation der Ergebnisse erschweren. Zusätzlich zu den Prätests sollte soweit möglich die Mehrebenenstruktur, also der erweiterte Kontext (z. B. Lernende – Klasse – Schule), berücksichtigt werden, um Effekte der natürlichen Umgebung (Klasse) zu reduzieren.

Beispiel für ein Experiment mit Gruppen-Randomisierung in der Schule: Bertram, Wagner und Trautwein (2017)

In der Studie von Bertram et al. (2017) wurde die Wirksamkeit von Zeitzeugenvideos im Geschichtsunterricht untersucht. In einem experimentellen Setting wurden 35 Klassen der neunten Jahrgangsstufe randomisiert einer von vier Bedingungen zugewiesen – Live-Zeitzeugenbericht, Zeitzeugenbericht auf Video, Zeitzeugenbericht als Text oder eine Kontrollgruppe. Hier ist also die Zuweisung der Intervention auf Klassenebene und nicht auf Schüler*innenebene erfolgt.

Beispiel für ein Quasiexperiment

Situationen im Klassenzimmer gleichzeitig wahrzunehmen und zu interpretieren, um den Unterricht effektiv zu gestalten, ist eine zentrale Kompetenz von Lehrpersonen. Mithilfe von Blickbewegungsmessungen untersuchten Wolff, Jarodzka, Van den Bogert und Boshuizen (2016) Unterschiede in den Augenbewegungen von Lehrpersonen mit Erfahrung (Lehrkräfte) und ohne Erfahrung (Lehramtsstudierende) bei der Wahrnehmung problematischer Szenen im Klassenzimmer, die ihnen als Videos vorgespielt wurden. Der Einflussfaktor „Erfahrung" beruhte also auf der Berufserfahrung und konnte somit nicht zufällig zugewiesen werden. Die Ergebnisse zeigten, dass die Lehrpersonen mit Erfahrung fokussierter auf einzelne Aspekte blickten (und ihr Wissen zu dieser Situation mutmaßlich bereits fallbasiert organisiert hatten, siehe Kapitel 4.3.1), während die Lehrpersonen ohne Erfahrung ihre Aufmerksamkeit auf die ganze Szene verteilten.

Prä-Posttest-Design

Darüber hinaus gibt es ebenfalls vereinzelte Studien, die lediglich Veränderungen einer Intervention ohne Kontrollbedingungen im Prä-Posttest-Design untersuchen. Diese Studien werden vorrangig in vulnerablen Gruppen mit geringen Stichproben (z. B. Kinder und Jugendliche mit sonderpädagogischem Förderbedarf, Kinder mit psychischen Störungen) durchgeführt, insbesondere wenn eine experimentelle Variation aus ethischen Gesichtspunkten nicht vertretbar ist. Effekte aus solchen Designs können jedoch nicht kausal interpretiert werden, denn Zuwächse könnten beispielsweise auch lediglich aufgrund der vergangenen Zeit resultieren.

5.1.2 Unterscheidung nach Forschungskontext

Laborstudien

Neben der allgemeinen Einteilung der Versuchsdesigns kann unterschieden werden, in welchem Kontext die Studien durchgeführt werden. Im Labor werden (experimentelle) Studien durchgeführt, die gewährleisten, dass für jede Versuchsperson vergleichbare Bedingungen (z. B. Lernzeit, ruhige Umgebung) bestehen. Dieses Vorgehen reduziert potenzielle Störeinflüsse.

Das TüDiLab: ein experimentelles Lehr-Lernlabor

Das Tübingen Digital Teaching Lab (TüDiLab) ist ein Beispiel für ein experimentelles Lehr-Lernlabor, welches ermöglicht, unter kontrollierten Bedingungen Schul- und Unterrichtsforschung zu betreiben (siehe Abbildung 5.1 links). Für Forschungszwecke stehen hierfür insgesamt drei im Raum montierte Kameras zur Verfügung, mit denen z. B. Unterrichtsszenarien aus unterschiedlichen Perspektiven aufgezeichnet werden können. Schließlich stehen 30 mobile Eyetracker für die Aufzeichnung von Blickbewegungen bei der Verarbeitung von am Bildschirm präsentierten Informationen zur Verfügung (siehe Abbildung 5.1 rechts). Der Eyetracker ist direkt unterhalb des Bildschirms angebracht, erkennt automatisch das Auge und „verfolgt" die Blickbewegung.

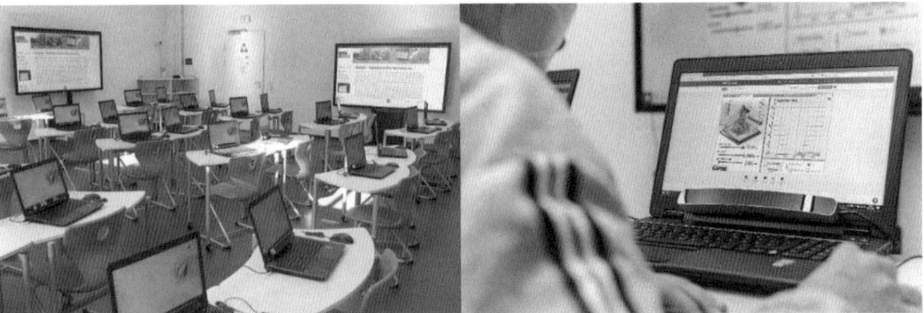

Abbildung 5.1. Das experimentelle Lehr-Lernlabor TüDiLab

Gleichzeitig können zusätzlich fortgeschrittene Verfahren genutzt werden, die Einblicke in die Prozesse während des Lernens geben: **Lautes Denken** in individuellen Lernsitzungen erlaubt es beispielsweise, empirische Schlüsse über die metakognitiven und kognitiven Prozesse während des Lernens zu ziehen. Hierzu spricht die Versuchsperson alles aus, was ihr beim Bearbeiten einer Aufgabe gerade durch den Kopf geht. **Blickbewegungsmessungen** mittels Eyetrackern (siehe Abbildung 5.1 rechts), die die Blickbewegungen von Versuchspersonen aufzeichnen, erlauben es, wahrnehmungsbezogene Verarbeitungsprozesse zu untersuchen. So kann beispielsweise untersucht werden, auf welche Textstellen eine Versuchsperson wie lange blickt. **Reaktionszeitmessungen** erlauben die Erhebung exakter Verarbeitungsdauern oder Reaktionen auf bestimmte Reize. **Log-File-Analysen** können Aufschluss über das Navigationsverhalten von Versuchspersonen in computerbasierten Lernumgebungen geben. Insbesondere in neueren Untersuchungen werden zudem **physiologische Messungen** (z. B. Elektroenzephalografie, elektrodermale Aktivität) durchgeführt, um Einblicke in neurologische oder affektive Prozesse während des Lernens zu erhalten. Solche physiologischen Verfahren finden zunehmende Anwendung, da diese mittlerweile mit vergleichsweise angenehmen (wenn auch nicht komplett exakten) Methoden erhoben werden können. Beispielsweise kann die elektrodermale Aktivität (Hautwiderstandsmessung) als zentraler Indikator physiologischer Erregtheit mittels Armbändern gemessen werden.

Validität

Diese Beispiele verdeutlichen, dass im Labor eine sehr genaue Messung mit wenigen Störvariablen möglich ist und sich solche Experimente durch eine hohe interne Validität auszeichnen, das heißt, dass die Ergebnisse kausal auf die unabhängige Variable (Intervention) zurückgeführt werden können. Durch die künstlich-gehaltene Situation können die Ergebnisse jedoch nicht unmittelbar auf die Bildungspraxis übertragen werden, das heißt, die externe oder ökologische Validität solcher Laborstudien ist relativ gering. Insbesondere vor diesem Hintergrund sind aktuelle Debatten zu sehen, die bisherige psychologische Studien (und damit auch einen Großteil der labororientierten Lehr-Lernforschung) insbesondere dafür kritisieren, dass meist Effekte an lediglich hoch-selektiven Stichproben (z. B. weiße Universitätsstudierende des anglo-amerikanischen Bildungssystems) bzw. in sogenannten WEIRD societies (western, educated, industrialized, rich and democratic) erprobt wurden, um die Effektivität von Interventionen zu beschreiben. Ein solches Vorgehen kann potenziell das wissenschaftliche Verständnis von Lehren und Lernen verzerren (siehe Arnett, 2009, für eine allgemeine Diskussion). In solchen Kontexten können Feldstudien (optimalerweise Feldexperimente), die Effekte direkt in der

Feldstudien

natürlichen Umgebung von unterschiedlichen Populationen untersuchen, helfen, potenzielle Befundmuster im Feld zu erproben. Allerdings können im Feld nicht alle Störfaktoren reduziert werden. Insbesondere eine Kombination von Labor- und Feldforschung kann dabei helfen, belastbare Aussagen über die Effektivität von Interventionen zu treffen und dessen Generalisierbarkeit zu erhöhen (Renkl, 2013).

5.1.3 Synthese von Studienergebnissen

Die oben skizzierten Studiendesigns beziehen sich jeweils auf Einzelstudien, in denen eine bestimmte Fragestellung (z. B. „Fördert ein Lernstrategietraining den Lernerfolg?") in einem bestimmten Setting untersucht wurde. Da die in diesen Studien implementierten Settings in aller Regel sehr spezifisch sind, ist die Aussagekraft solcher Studien grundsätzlich beschränkt, da unklar ist, ob der gefundene Effekt auch in anderen Kontexten (z. B. mit anders gestalteten Lernmaterialien, anders gestalteten Tests oder anderen Versuchspersonen) Bestand haben würde. Um sich dieser Frage und somit der Generalisierbarkeit der jeweils interessierenden Effekte zu nähern, versucht man in Synthesen den aktuellen Forschungsstand zu einer bestimmten Fragestellung zusammenzufassen. Dabei lassen sich sogenannte Reviews und Metaanalysen unterscheiden. Reviews sind Überblicksarbeiten in Form einer Literaturübersicht, in denen das zentrale Wissen zu einer Fragestellung gesammelt, organisiert und zusammengefasst wird. Hierzu werden meist systematische Suchanfragen in einschlägigen Datenbanken durchgeführt, um die relevante Literatur zu selektieren. In einem zweiten Schritt werden diese narrativ gegenübergestellt und aufbereitet. Anders als bei systematischen Reviews versucht man in Metaanalysen, statistische Ergebnisse mehrerer Untersuchungen zu einer Forschungsfrage zusammenzufassen, indem die Effekte der einzelnen Studien verglichen werden. Ziel einer solchen Metaanalyse ist es, die Effektgröße beispielsweise von einer Intervention über mehrere Studien hinweg einzuschätzen und Einflussfaktoren zu berechnen. Dazu werden zunächst in einschlägigen Datenbanken relevante Studien identifiziert. Mittels vorab gestellter Inklusions- und Exklusionskriterien werden die resultierenden Studien eingegrenzt. Anschließend werden die Informationen der gesammelten Studien codiert und elektronisch aufbereitet. Mit Hilfe statistischer Methoden werden die Daten anschließend zu einer Effektgröße zusammengefasst.

Reviews

Metaanalysen

5.2 Das kleine Einmaleins der statistischen Kennwerte

Nachdem wir uns mit allgemeinen Forschungsdesigns in der Lehr-Lernforschung beschäftigt haben, wollen wir uns nun den verschiedenen Kennwerten, die in der Lehr-Lernforschung genutzt werden, zuwenden. Dies kann helfen, die in Originalstudien und teilweise auch in diesem Band angeführten statistischen Angaben nachzuvollziehen und einzuordnen.

Hypothesentestung

In der experimentellen Lehr-Lernforschung herrschen zumeist frequentistische Verfahren (zunehmend auch Bayes'sche Verfahren) vor, mittels denen untersucht wird, ob die erhaltenen Daten so stark von einer vorher festgelegten Annahme (Nullhypothese: Es gibt keinen Unterschied zwischen den Gruppen) abweichen, dass diese Annahme verworfen werden muss. Wenn eine solche Abweichung von der Nullhypothese festgestellt wird, spricht man gemeinhin von einem statistisch signifikanten Effekt oder Ergebnis. Um einen Signifikanztest durchzuführen, müssen vorab verschiedene Parameter festgelegt werden. Als Signifikanzniveau (α) bezeichnet man die vor einem Hypothesentest festgelegte maximale Wahrscheinlichkeit dafür, dass die Nullhypothese aufgrund der Testergebnisse fälschlicherweise abgelehnt wird, obwohl die Nullhypothese wahr ist. In der Lehr-Lernforschung, wie in der Psychologie allgemein, ist ein Signifikanzniveau von $\alpha = 5\,\%$ üblich. Das bedeutet, dass mit einem Risiko von 5 % fälschlicherweise die Alternativhypothese (es gibt einen Unterschied) angenommen wird, statt die Nullhypothese (es gibt keinen Unterschied) beizubehalten. Die Signifikanz eines Tests wird mit dem *p*-Wert angegeben. Der *p*-Wert ist eine Wahrscheinlichkeit und kann von 0 bis 1 variieren. Ist der *p*-Wert kleiner als das vorgegebene Signifikanzniveau, so ist der Test statistisch signifikant und die Nullhypothese kann abgelehnt werden. Neben dem Signifikanzniveau muss ebenfalls der β-Fehler festgelegt werden. Der β-Fehler bezeichnet die Wahrscheinlichkeit, dass der gewählte Test die Nullhypothese fälschlicherweise bestätigt, obwohl die Alternativhypothese (z. B. „Es besteht ein Unterschied zwischen den Gruppen") gültig ist. Der β-Fehler hängt dabei eng mit der Teststärke zusammen, die als die Gegenwahrscheinlichkeit zum β-Fehler ($1-\beta$) konzipiert ist. In der Lehr-Lernforschung wird meist eine Teststärke von $1-\beta = 80\,\%$ angesetzt, was bedeutet, dass die Stichprobengröße vorab so festgelegt wird, dass diese Teststärke mindestens erreicht wird. Eine Teststärke von 80 % bedeutet, dass man mit der jeweiligen Studie mit 80 %iger Sicherheit einen tatsächlich vorhandenen Unterschied von vorab festgelegter Größe auch statistisch identifizieren kann.

Signifikanzniveau

β-Fehler und Teststärke

In Bezug auf das Identifizieren tatsächlich vorhandener Unterschiede ist es wichtig zu wissen, dass die Chance, einen Unterschied nachweisen zu können, generell mit zunehmender Stichprobengröße zunimmt. Dies bedeutet allerdings nicht, dass eine Studie umso wertvoller ist, je größer der Stichprobenumfang ist. Bei sehr großen Stichprobenumfängen werden auch sehr kleine, eventuell wenig bedeutende Unterschiede signifikant, was schnell zu einer Verzerrung führt, wenn man statistische Signifikanz mit praktischer Bedeutsamkeit verwechselt. Bei der Interpretation empirischer Befunde ist es daher nicht nur wichtig zu schauen, ob ein Unterschied signifikant wurde, sondern auch, wie groß der erhaltene Unterschied ist. Um die Größe eines Unterschieds, bzw. genereller die Stärke eines Effekts, zu beschreiben, werden Effektstärkemaße genutzt. In der Literatur herrschen verschiedene Effektstärkemaße vor. Das bekannteste Effektstärkemaß ist d von Cohen (1988), welches ein Maß für den standardisierten Mittelwertsunterschied zweier Gruppen ist. Je größer der Mittelwertsunterschied und je geringer die Streuung bzw. Standardabweichungen innerhalb der Gruppen, desto größer ist d. Abbildung 5.2 zeigt die Unterschiede in den Effektstärken für ein einfaches Zweigruppendesign (Intervention versus Kontrolle). Ein Wert zwischen 0.20 und 0.50 gilt als kleiner Effekt, Werte zwischen 0.50 und 0.80 als mittlerer Effekt und Werte über 0.80 als großer Effekt. Im Bildungsbereich können nach Hattie (2009) Effekte ab einer Größe von $d = 0.40$ als „wünschenswerte Effekte" angesehen werden. Je kleiner die Effektstärke ist, desto stärker überlappen sich die beiden Verteilungen der Intervention und der Kontrollbedingung. Eine höhere Überlappung bedeutet, dass die Unterschiede zwischen den Gruppen kleiner sind als bei einer geringeren Überlappung. Bei einem $d = 0.00$ würden sich die beiden Verteilungen komplett überlappen. Bei einem kleinen Effekt von $d = 0.20$ überlappen sich 92 % der Werte der beiden Gruppen, bei einem mittleren Effekt von $d = 0.50$ überscheiden sich knapp noch 80 % der Werte und bei einem großen Effekt von $d = 0.80$ überschneiden sich nur noch knapp 69 % der Werte der beiden Verteilungen. Um ein besseres Verständnis von Effektstärken zu erhalten, ist die Website von https://rpsychologist.com/cohend/ zu empfehlen. Neben Cohens d wurden auch andere Effektstärkemaße, basierend auf unterschiedlichen Testverfahren, entwickelt (z. B. Hedges' g, partielles η^2, f, r). Insbesondere für Metaanalysen wird gerne Hedges' g als Effektstärkemaß verwendet. Die Grenzwerte für kleine, mittlere und große Effekte können analog interpretiert werden. Insgesamt lassen sich alle Effektstärkemaße in die anderen Metriken überführen.

Effektstärke

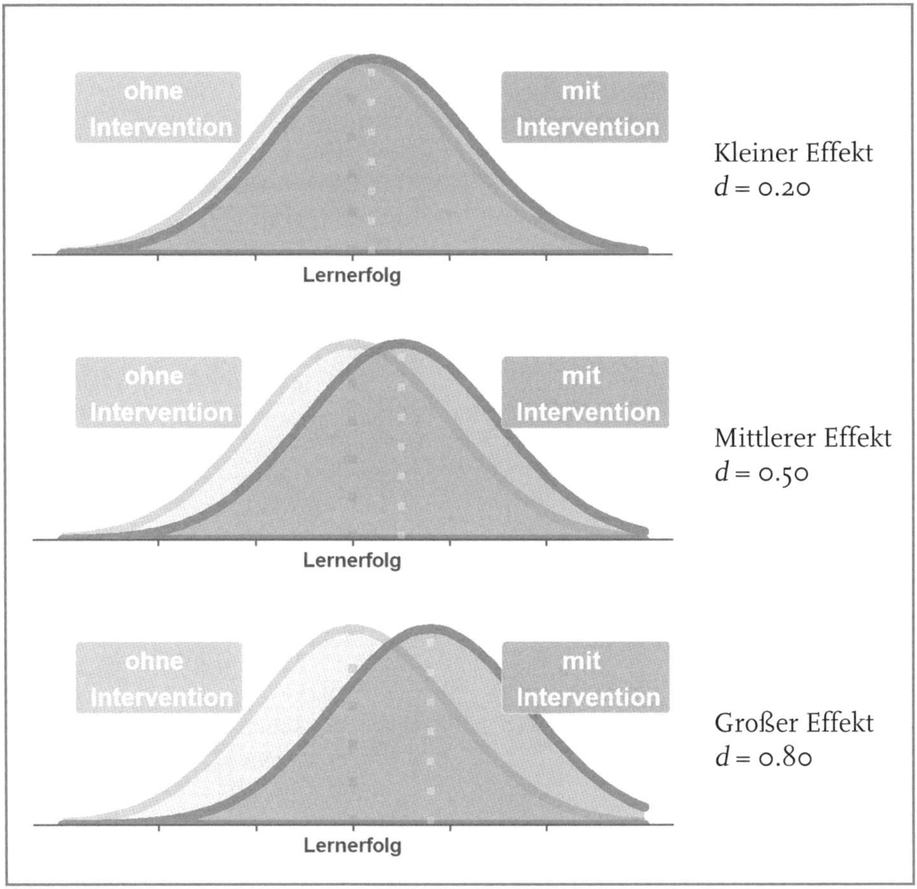

ohne Intervention
mit Intervention
Lernerfolg
Kleiner Effekt
$d = 0.20$

ohne Intervention
mit Intervention
Lernerfolg
Mittlerer Effekt
$d = 0.50$

ohne Intervention
mit Intervention
Lernerfolg
Großer Effekt
$d = 0.80$

Abbildung 5.2. Darstellung kleinerer, mittlerer und großer Effekte für Cohen's d.

Denkanstoß

In einer Metaanalyse von Yang et al. (2021) wurden die Effekte der Bearbeitung von Quizfragen untersucht. Die Autor*innen fanden einen signifikanten Effekt im Vergleich zur einfachen Wiederholung der Inhalte ($p < .001$, $g = 0.33$, bei 162 Studien). Welche Aussagen lassen sich aus der Studie von Yang et al. ableiten?

a) Der Effekt von Quizfragen war hochsignifikant. Daher besteht ein großer Vorteil bzgl. der Bearbeitung von Quizfragen.
b) Der Effekt von Quizfragen war knapp signifikant. Daher besteht ein mittlerer Vorteil bzgl. der Bearbeitung von Quizfragen.
c) Der Effekt von Quizfragen war klein. Daher besteht nur ein schwacher Vorteil bzgl. der Bearbeitung von Quizfragen.

d) Der Effekt von Quizfragen war mittel. Daher besteht ein mittlerer Vorteil bzgl. der Bearbeitung von Quizfragen.

(Die Auflösung finden Sie am Ende des Kapitels unter der Take-Home Message)
Analysieren Sie zudem, welche der in Kapitel 3 vorgestellten Lerntechniken kleine, mittlere, oder große Effekte auf den Lernerfolg erzielen.

5.3 Welche Art von Schlüssen werden angestrebt: Forschung vs. Praxis

Innerhalb der Lehr-Lernforschung werden häufig kausale Schlüsse auf Grundlage von Experimenten angestrebt. Oft werden Labor- und Feldexperimente kombiniert, um die interne und externe Validität zu steigern. Bei einem Vergleich verschiedener Interventionen wird häufig nur ein Sachverhalt systematisch variiert, damit eine Veränderung in der abhängigen Variablen genau auf eine Variation der unabhängigen Variablen zurückgeführt werden kann. Daher versucht man sogenannte „Pferderennen" zu vermeiden, in denen man beispielsweise verschieden funktionierende Lernumgebungen (z. B. Lösungsbeispiele versus adaptive Lernumgebungen) gegeneinander antreten lässt, auch wenn diese für die Praxis interessant sein können. Hintergrund ist, dass hier keine psychologischen Schlussfolgerungen darüber getroffen werden können, warum die Intervention funktioniert oder gerade nicht funktioniert hat und warum sich Interventionen gegebenenfalls unterscheiden. Zu dieser Problematik trägt auch der Tatbestand bei, dass üblicherweise unklar ist, ob die Implementationsqualität der substanziell verschiedenen Interventionen vergleichbar ist (vgl. Renkl, 2015a). Wird beispielsweise eine Intervention, die Lernende zum Erstellen von Concept Maps anregt (siehe Kapitel 3.3), mit einer Intervention, die Lernende zu Abrufübung bzw. zu freiem Gedächtnisabruf anregt (siehe Kapitel 3.5), verglichen, so ist es schwierig sicherzustellen, dass die Anregung zum Concept Mapping ähnlich „gut" war wie die Anregung zur Abrufübung (eine Studie, in der dieses Problem offensichtlich ist, findet sich in Karpicke & Blunt, 2011). Nicht nur die Sinnhaftigkeit des Vergleichs in Bezug auf den Erkenntnisgewinn, sondern auch die Fairness des Vergleichs in Bezug auf die Implementationsqualität ist bei Pferderennen-Studien also in Gefahr bzw. im Zweifel unzureichend ausgeprägt.

Pferderennen-Studien

Ein bedeutsamer Nachteil der sogenannten Ein-Variablen-Kontroll-Strategie als Goldstandard in der experimentellen Lehr-Lernforschung ist jedoch, dass der Erhalt bildungsrelevanter Befunde relativ langwierig und zeitaufwändig ist. Zudem wird hinsichtlich des Transfers sol-

Nachteile der Ein-Variablen-Kontroll-Strategie

cher Befunde in die Praxis häufig moniert, dass die Anwendbarkeit solcher systematisch erlangten Befunde nicht direkt gegeben ist. Daher verfolgen sogenannte „Design-Wissenschaften“, die ein starkes Interesse an der Entwicklung „funktionierender“ Lernumgebungen haben, häufig andere Forschungsansätze (Design-Based-Research), in denen iterativ Lernumgebungen in mehreren Designzyklen optimiert werden. Hier werden in der Regel Gefährdungen der internen Validität und Unklarheiten über den Beitrag einzelner Wirkmechanismen weniger stark gewichtet. Das verringert zwar aus der Perspektive einer nutzeninspirierten Grundlagenforschung (aus der ein bedeutsamer Teil der Lehr-Lernforschung durchgeführt wird) den wissenschaftlichen Wert der Untersuchungen bedeutend, führt aber schneller zu in der Praxis vorzeigbaren Produkten.

Take-Home Message

In der empirischen Lehr-Lernforschung herrschen meistens experimentelle Zugänge vor, um kausale Fragestellungen zu überprüfen.
Da meist frequentistische Methoden vorherrschen, spielt insbesondere die Signifikanz eines Inferenztests (*p*) eine Rolle, d. h. ob beispielsweise signifikante Unterschiede zwischen Interventionen bestehen. Neben der Signifikanz ist insbesondere die Effektstärke, also die Größe eines Effekts, wichtig.
Insgesamt sollte bei Studien neben der Qualität des Designs insbesondere die Stichprobengröße betrachtet werden. Eine ausreichende Strichprobengröße ist eine wichtige Voraussetzung, um Effekte zu finden und Ergebnisverzerrungen zu vermeiden.
Pferderennen-Studien, die substanziell voneinander verschiedene Instruktionsformen miteinander vergleichen, werden in der Lehr-Lernforschung vergleichsweise selten durchgeführt. Einem hohen Interesse der Praxis an diesen Studien stehen ein oftmals unzureichender Erkenntnisgewinn und ein unklarer Grad an Fairness gegenüber.
Die richtige Antwort der Frage im Denkanstoß unter Kapitel 5.2 ist „c) Der Effekt von Quizfragen war klein. Daher besteht nur ein schwacher Vorteil bzgl. der Bearbeitung von Quizfragen“.

6. Fazit

Wenn Sie die Take-Home Messages der einzelnen Kapitel jeweils nachvollziehen konnten, dann ist es wahrscheinlich, dass Sie das Ziel des vorliegenden Bandes zu großen Teilen erreicht haben. Somit haben Sie nun einen Einblick in zeitgenössische pädagogisch-psychologische Lerntheorien sowie in effektive, evidenzbasierte Lerntechniken, die auf diesen Lerntheorien basieren, bekommen. Sie haben sich außerdem mit aktuellen Hot Topics der Lehr-Lernforschung beschäftigt und gegebenenfalls Ihr Grundlagenwissen zu Versuchsdesigns und basalen statistischen Kennwerten aufgefrischt oder erweitert. Was aber sind die übergreifenden Botschaften, die nicht in einzelnen Kapiteln, sondern über den gesamten Band hinweg vermittelt werden sollten? Zwei übergreifende Take-Home Messages sind diesbezüglich aus unserer Sicht von besonderer Relevanz.

Zum einen möchten wir die besondere Rolle der Kenntnis der lernförderlichen Funktionen von Informationsverarbeitungsprozessen nach Renkl (2008, 2015b) und den damit in Verbindung stehenden konstruktions- und selbstregulationsorientierten Lerntheorien herausstellen. Im Grunde kann jede Lernaufgabe oder jede Lerntechnik, die dem Wissenserwerb dienen soll, hinsichtlich der durch sie angeregten Lernaktivitäten und der damit verbundenen Funktionen von Informationsverarbeitungsprozessen durchleuchtet werden. Dieses Durchleuchten von Lernaufgaben und Lerntechniken kann dazu dienen, heuristisch zu entscheiden, ob eine Lernaufgabe oder Lerntechnik prinzipiell das bedeutungshaltige Lernen fördern kann und ob sie dem jeweiligen Lernziel, das gerade verfolgt wird, potenziell zuträglich ist. Wir drei Autor*innen nutzen dieses Durchleuchten bzw. Analysieren bei der Gestaltung und Auswahl von Lernaufgaben, die wir in unseren Kursen einsetzen, seit vielen Jahren. Dieser lernprozessanalytische Blick auf Lernaufgaben und -techniken hilft immens dabei, potenziell lernförderliche von potenziell kaum lernförderlichen Lernaufgaben und -techniken zu unterscheiden. Wir empfehlen Ihnen daher aus vollster Überzeugung, für sich ein Schema zur Analyse von Lernaufgaben- und techniken auf Basis der Renkl'schen Funktionen von Verarbeitungsprozessen zu entwickeln. Sowohl für das eigenen Lernen als auch für das Lernen Ihrer zukünftigen Schüler*innen dürfte sich dies aus unserer Sicht förderlich auswirken.

In Bezug auf die neun in diesem Band vorgestellten Lerntechniken liegt Ihnen diese Analyse bereits vor. Dies bedeutet allerdings nicht – und das ist die zweite angekündigte übergreifende Take-Home Message –, dass es zu diesen Lerntechniken für Sie (und selbstverständlich auch für uns) nichts mehr zu lernen gäbe. In der Praxis werden Sie – dies wäre unsere Vorhersage und Erfahrung – ständig neue Randbedingungen identifizieren, welche die Effektivität der Lerntechniken bedeutend beeinflussen. Das könnten Zielstrukturen im Unterricht (z. B. Steht Lernen oder steht Leisten im Vordergrund?), der Grad an Abwechslung zwischen verschiedenen Lerntechniken (z. B. mag mehrmaliges Wiederholen einer bestimmten Lerntechnik Sättigungseffekte mit sich bringen, selbst wenn sie effektiv ist), mangelnde Überzeugung der Lernenden bezüglich der Effektivität der jeweilige Lerntechnik (z. B. könnten Lernende denken, Lernen durch Zeichnen sei nur effektiv für Lernende mit einem bestimmten „Lernstil" – auch wenn es zu Lernstilen kaum überzeugende empirische Evidenz gibt; vgl. Pashler, McDaniel, Rohrer & Bjork, 2008) oder zahlreiche weitere potenzielle moderierende Bedingungen sein. Auch wenn Sie vermutlich immer besser darin werden, die Potenziale der Lerntechniken bei sich und Ihren zukünftigen Schüler*innen auszuschöpfen, wird die Effektivität der Lerntechniken doch von Mal zu Mal schwanken. Im Sinne der oben beschriebenen Phasen des Expertiseerwerbs werden Sie jedoch ebenfalls immer besser darin werden, flexibel auf die jeweils auftretenden Moderatoren der Effektivität zu reagieren, ohne dass es Sie allzu viel Aufwand kosten wird. Es gibt Studien, die würden darauf hinweisen bzw. annehmen, dass eine solche Expertiseentwicklung ca. 10000 Stunden an Auseinandersetzung und Übung erfordert – wir sind aber davon überzeugt, dass Sie es schneller schaffen können. Auf Ihrem Weg hin zu Expert*innen der jeweiligen Lerntechniken wünschen wir Ihnen viel Spaß und Erfolg!

Literaturverzeichnis

Abott, E. E. (1909). On the analysis of the factor of recall in the learning process. *The Psychological Review: Monograph Supplements, 11*(1), 159–177. https://doi.org/10.1037/h0093018

Adesope, O. O., Trevisan, D. A. & Sundararajan, N. (2017). Rethinking the use of tests: A meta-analysis of practice testing. *Review of Educational Research, 87*(3), 659–701. https://doi.org/10.3102/0034654316689306

Agarwal, P. K., Karpicke, J. D., Kang, S. H. K., Roediger III, H. L. & McDermott, K. B. (2008). Examining the testing effect with open- and closed-book tests. *Applied Cognitive Psychology, 22*(7), 861–876. https://doi.org/10.1002/acp.1391

Akçayır, M. & Akçayır, G. (2017). Advantages and challenges associated with augmented reality for education: A systematic review of the literature. *Educational Research Review, 20*, 1–11. https://doi.org/10.1016/j.edurev.2016.11.002

Alesandrini, K. L. (1981). Pictorial-verbal and analytic-holistic learning strategies in science learning. *Journal of Educational Psychology, 73*(3), 358–368. https://doi.org/10.1037/0022-0663.73.3.358

Aleven, V. A. W. M. M. & Koedinger, K. R. (2002). An effective metacognitive strategy: Learning by doing and explaining with a computer-based cognitive tutor. *Cognitive Science, 26*(2), 147–179. https://doi.org/10.1207/s15516709cog2602_1

Alqassab, M., Strijbos, J. W. & Ufer, S. (2018). Training peer-feedback skills on geometric construction tasks: Role of domain knowledge and peer-feedback levels. *European Journal of Psychology of Education, 33*(1), 11–30. https://doi.org/10.1007/s10212-017-0342-0

Anderson, J. R. (1983). A spreading activation theory of memory. *Journal of Verbal Learning and Verbal Behavior, 22*, 261–295. https://doi.org/10.1016/S0022-5371(83)90201-3

Anderson, L. W. & Krathwohl, D. R. (2001). *A taxonomy for learning, teaching, and assessing: A revision of Bloom's taxonomy of educational objectives.* New York, NY: Longman.

Arnett, J. J. (2009). The neglected 95%, a challenge to psychology's philosophy of science. *American Psychologist, 64*, 571–574. https://doi.org/10.1037/a0016723

Arnold, K. M. & McDermott, K. B. (2013). Test-potentiated learning: Distinguishing between direct and indirect effects of tests. *Journal of Experimental Psychology: Learning, Memory, and Cognition, 39*(3), 940–945. https://doi.org/10.1037/a0029199

Atkinson, R. C. & Shiffrin, R. M. (1968). Human memory: A proposed system and its control processes. *Psychology of Learning and Motivation, 2*, 89–195. https://doi.org/10.1016/S0079-7421(08)60422-3

Atkinson, R. K., Renkl, A. & Merrill, M. M. (2003). Transitioning from studying examples to solving problems: Combining fading with prompting fosters learning. *Journal of Educational Psychology*, 95(4), 774–783. https://doi.org/10.1037/0022-0663.95.4.774

Aufenanger, S. (1997). Medienpädagogik und Medienkompetenz. Eine Bestandsaufnahme. *Medienkompetenz im Informationszeitalter*, 15–22.

Ausubel, D. P. (1960). The use of advance organizers in the learning and retention of meaningful verbal material. *Journal of Educational Psychology, 51*(5), 267–272. https://doi.org/10.1037/h0046669

Baacke, D. (1996). Medienkompetenz- Begrifflichkeit und sozialer Wandel. In A. Von Rein (Hrsg.), *Medienkompetenz als Schlüsselbegriff* (S. 112–124). Bad Heilbrunn: Klinkhardt.

Baddeley, A. (2012). Working memory: Theories, models, and controversies. *Annual Review of Psychology, 63*, 1–29. https://doi.org/10.1146/annurev-psych-120710-100422

Baker, J. P., Goodboy, A. K., Bowman, N. D. & Wright, A. A. (2018). Does teaching with PowerPoint increase students' learning? A meta-analysis. *Computers & Education, 126*, 376–387. https://doi.org/10.1016/j.compedu.2018.08.003

Ball, D. L. (1992). Magical hopes: Manipulatives and the reform of math education, American Educator: The Professional Journal of the American Federation of Teachers, 16(2), 14; 16–18; 46–47.

Bandura, A. (1976). *Lernen am Modell. Ansätze zu einer sozial-kognitiven Lerntheorie.* Stuttgart: Klett.

Bandura, A. (1979). *Sozial-kognitive Lerntheorie.* Stuttgart: Klett-Cotta.

Bangert-Drowns, R. L., Hurley, M. M. & Wilkinson, B. (2004). The effects of school-based writing-to-learn interventions on academic achievement: A meta-analysis. *Review of Educational Research, 74(1)*, 29–58. https://doi.org/10.3102/00346543074001029

Barsalou, L. W. (2008). Grounded cognition. *Annual Review of Psychology, 59(1)*, 617–645. https://doi.org/10.1146/annurev.psych.59.103006.093639

Bartlett, F. C. (1932). *Remembering: A study in experimental and social psychology*. Cambridge: Cambridge University Press.

Berthold, K., Nückles, M. & Renkl, A. (2007). Do learning protocols support learning strategies and outcomes? The role of cognitive and metacognitive prompts. *Learning and Instruction, 17*(5), 564–577. https://doi.org/10.1016/j.learninstruc.2007.09.007

Berthold, K. & Renkl, A. (2009). Instructional aids to support a conceptual understanding of multiple representations. *Journal of Educational Psychology, 101*(1), 70–87. https://doi.org/10.1037/a0013247

Berthold, K. & Renkl, A. (2010). How to foster active processing of explanations in instructional communication. *Educational Psychology Review, 22*(1), 25–40. https://doi.org/10.1007/s10648-010-9124-9

Bertram, C., Wagner, W. & Trautwein, U. (2017). Learning historical thinking with oral history interviews: A cluster randomized controlled intervention study of oral history interviews in history lessons. *American Educational Research Journal, 54*, 444–484. https://doi.org/10.3102%2F0002831217694833

Bisra, K., Liu, Q., Nesbit, J. C., Salimi, F. & Winne, P. H. (2018). Inducing self-explanation: A meta-analysis. *Educational Psychology Review, 30*(3), 703–725. https://doi.org/10.1007/s10648-018-9434-x

Bjork, R. A. & Bjork, E. L. (1992). A new theory of disuse and an old theory of stimulus fluctuation. In A. Healy, S. Kosslyn & R. Shiffrin (Eds.), *From learning processes to cognitive processes: Essays in honor of William K. Estes* (pp. 35–67). Hillsdale, NJ: Erlbaum.

Bjork, E. L. & Bjork, R. A. (2011). Making things hard on yourself, but in a good way: Creating desirable difficulties to enhance learning. In M. A. Gernsbacher, R.W. Pew, L. M. Hough & J. R. Pomerantz (Eds.), *Psychology and the real world: Essays illustrating fundamental contributions to society* (pp. 56–64). New York, NY: Worth Publisher.

Bloom, B. S., Engelhart, M. D., Furst, E. J., Hill, W. H. & Krathwohl, D. R. (1956). *Taxonomy of educational objectives: The classification of educational goals. Handbook 1: Cognitive domain.* New York, NY: David McKay.

Blunt, J. R. & Karpicke, J. D. (2014). Learning with retrieval-based concept mapping. *Journal of Educational Psychology, 106*(3), 849–858. https://doi.org/10.1037/a0035934

Bohl, T., Budde, J. & Rieger-Ladich, M. (2017). *Umgang mit Heterogenität in Schule und Unterricht: Grundlagentheoretische Beiträge und didaktische Reflexionen* (Vol. 4755). Bad Heilbrunn: Julius Klinkhardt.

Boshuizen, H. P. & Schmidt, H. G. (1992). On the role of biomedical knowledge in clinical reasoning by experts, intermediates and novices. *Cognitive Science, 16(2)*, 153–184. https://doi.org/10.1207/s15516709cog1602_1

Brod, G. (2021). Generative Learning: Which Strategies for What Age? *Educational Psychology Review, 33*(4), 1295–1318. https://doi.org/10.1007/s10648-020-09571-9

Brödel, R. (2015). Lebenslanges Lernen. In G. Mertens, W. Böhm, U. Frost & V. Ladenthin (Hrsg.), *Handbuch der Erziehungswissenschaft* (S. 975–985). Paderborn: Ferdinand Schöningh. https://doi.org/10.30965/9783657784691_138

Buder, J. & Bodemer, D. (2008). Supporting controversial CSCL discussions with augmented group awareness tools. *International Journal of Computer-Supported Collaborative Learning, 3*(2), 123–139. https://doi.org/10.1007/s11412-008-9037-5

Buhl, H. M., Bonanati, S. & Eickelmann, B. (2021). *Schule in der digitalen Welt* (Reihe Psychologie im Schulalltag). Göttingen: Hogrefe

Burkhart, C., Lachner, A. & Nückles, M. (2020). Assisting students' writing with computer-based concept map feedback: A validation study of the CohViz feedback system. *PLOS ONE, 15*(6). https://doi.org/10.1371/journal.pone.0235209

Burkhart, C., Lachner, A. & Nückles, M. (2021). Using spatial contiguity and signaling to optimize visual feedback on students' written explanations. *Journal of Educational Psychology, 113*(5), 998–1023. https://doi.org/10.1037/edu0000607

Butler, D. L. & Winne, P. H. (1995). Feedback and self-regulated learning: A theoretical synthesis. *Review of Educational Research, 65*(3), 245–281. https://doi.org/10.3102/00346543065003245

Cantrell, R. J., Fusaro, J. A. & Dougherty, E. A. (2000). Exploring the effectiveness of journal writing on learning social studies: A comparative study. *Reading Psychology, 21*(1), 1–11. https://doi.org/10.1080/027027100278310

Carbonneau, K. J., Marley, S. C. & Selig, J. P. (2013). A meta-analysis of the efficacy of teaching mathematics with concrete manipulatives. *Journal of Educational Psychology, 105*(2), 380–400. https://doi.org/10.1037/a0031084

Carpenter, S. K. (2009). Cue strength as a moderator of the testing effect: The benefits of elaborative retrieval. *Journal of Experimental Psychology: Learning, Memory, and Cognition, 35*(6), 1563–1569. https://doi.org/10.1037/a0017021

Carraher, T. N., Carraher, D. W. & Schliemann, A. D. (1985). Mathematics in the streets and in schools. *British Journal of Developmental Psychology, 3*(1), 21–29. https://doi.org/10.1111/j.2044-835X.1985.tb00951.x

Carroll, W. M. (1994). Using worked examples as an instructional support in the algebra classroom. *Journal of Educational Psychology, 86*(3), 360–367. https://doi.org/10.1037/0022-0663.86.3.360

Catrambone, R. (1996). Generalizing solution procedures learned from examples. *Journal of Experimental Psychology: Learning, Memory, and Cognition, 22*(4), 1020–1031. https://doi.org/10.1037/0278-7393.22.4.1020

Cheung, A. C. & Slavin, R. E. (2013). The effectiveness of educational technology applications for enhancing mathematics achievement in K-12 classrooms: A meta-analysis. *Educational Research Review, 9*, 88–113. https://doi.org/10.1016/j.edurev.2013.01.001

Chi, M. T. H. (2009). Active-constructive-interactive: A conceptual framework for differentiating learning activities. *Topics in Cognitive Science, 1*, 73–105. https://doi.org/10.1111/j.1756-8765.2008.01005.x

Chi, M. T. H., Bassok, M., Lewis, M. W., Reimann, P. & Glaser, R. (1989). Self-explanations: How students study and use examples in learning to solve problems. *Cognitive Science, 13*(2), 145–182. https://doi.org/10.1207/s15516709cog1302_1

Chi, M. T. H., Feltovich, P. J. & Glaser, R. (1981). Categorization and representation of physics problems by experts and novices. *Cognitive Science, 5*, 121–152.

Chi, M. T. H. & Wylie, R. (2014). The ICAP framework: Linking cognitive engagement to active learning outcomes. *Educational Psychologist, 49*(4), 219–243. https://doi.org/10.1080/00461520.2014.965823

Chin, D. B., Dohmen, I. M., Cheng, B. H., Oppezzo, M. A., Chase, C. C. & Schwartz, D. L. (2010). Preparing students for future learning with teachable agents. *Education Technology Research and Development, 58*(6), 649–669. https://doi.org/10.1007/s11423-010-9154-5

Cho, Y. H. & Cho, K. (2011). Peer reviewers learn from giving comments. *Instructional science, 39*(5), 629–643. https://doi.org/10.1007/s11251-010-9146-1

Cho, K. & MacArthur, C. (2010). Student revision with peer and expert reviewing. *Learning and Instruction, 20*(4), 328–338. https://doi.org/10.1016/j.learninstruc.2009.08.006

Cho, K. & MacArthur, C. (2011). Learning by reviewing. *Journal of Educational Psychology, 103*(1), 73–84. https://doi.org/10.1037/a0021950

Clark, H. H. & Brennan, S. E. (1991). Grounding in communication. In L. B. Resnick, J. M. Levine & S. D. Teasley (Eds.), *Perspectives on socially shared cognition* (pp. 127–149). Washington, DC: American Psychological Association. https://doi.org/10.1037/10096-006

Clark, R. E. (1994). Media will never influence learning. *Educational Technology Research and Development, 42*(2), 21–29. https://doi.org/10.1007/bf02299088

Clark, R. E. (2004). The classical origins of Pavlov's conditioning. *Integrative Physiological & Behavioral Science, 39*(4), 279–294. https://doi.org/10.1007/BF02734167

Cohen, J. (1988). *Statistical power analysis for the behavioral sciences* (2nd ed). Hillsdale, NJ: Erlbaum. http://doi.org/10.4324/9780203771587

Conati, C. & Vanlehn, K. (2000). Toward computer-based support of meta-cognitive skills: A computational framework to coach self-explanation. *International Journal of Artificial Intelligence in Education, 11*, 398–415.

Craik, F. I. & Lockhart, R. S. (1972). Levels of processing: A framework for memory research. *Journal of Verbal Learning and Verbal Behavior, 11*(6), 671–684. https://doi.org/10.1016/S0022-5371(72)80001-X

Dackermann, T., Fischer, U., Nuerk, H. C., Cress, U. & Moeller, K. (2017). Applying embodied cognition: From useful interventions and their theoretical underpinnings to practical applications. ZDM Mathematics Education, *49*(4), 545–557. https://doi.org/10.1007/s11858-017-0850-z

Dargue, N., Sweller, N. & Jones, M. P. (2019). When our hands help us understand: A meta-analysis into the effects of gesture on comprehension. *Psychological Bulletin, 145*(8), 765–784. https://doi.org/10.1037/bul0000202

De Bruin, A. B., Dunlosky, J. & Cavalcanti, R. B. (2017). Monitoring and regulation of learning in medical education: The need for predictive cues. *Medical Education, 51*(6), 575–584. https://doi.org/10.1111/medu.13267

Decety, J. & Grèzes, J. (2006). The power of simulation: Imagining one's own and other's behavior. *Brain Research, 1079*(1), 4–14. https://doi.org/10.1016/j.brainres.2005.12.115

De Jong, T. & Ferguson-Hessler, M. G. (1996). Types and qualities of knowledge. *Educational psychologist, 31,* 105–113. https://doi.org/10.1207/s15326985ep3102_2

De Jong, T., Linn, M. C. & Zacharia, Z. C. (2013). Physical and virtual laboratories in science and engineering education. *Science, 340*(6130), 305–308. https://doi.org/10.1126/science.1230579

Dmoshinskaia, N., Gijlers, H. & De Jong, T. (2022). Does Learning from Giving Feedback Depend on the Product Being Reviewed: Concept Maps or Answers to Test Questions?. *Journal of Science Education and Technology, 31*(2), 166–176. https://doi.org/10.1007/s10956-021-09939-8

Dohmen, G. (2002). Lebenslang lernen- und wo bleibt die „Bildung ". *Literatur- und Forschungsreport Weiterbildung, 49*(2), 8–14.

Dreyfus, H. L. & Dreyfus, S. E. (1986). *Mind Over Machine. The Power of Human Intuition and Expertise in the Era of the Computer.* New York: The Free Press.

Dunlosky, J., Rawson, K. A., Marsh, E. J., Nathan, M. J. & Willingham, D. T. (2013). Improving students' learning with effective learning techniques: Promising directions from cognitive and educational psychology. *Psychological Science in the Public Interest, 14*(1), 4–58. https://doi.org/10.1177/1529100612453266

Durik, A. M. & Harackiewicz, J. M. (2007). Different strokes for different folks: How individual interest moderates the effects of situational factors on task interest. *Journal of Educational Psychology, 99*(3), 597. https://doi.org/10.1037/0022-0663.99.3.597

Durkin, K. & Rittle-Johnson, B. (2012). The effectiveness of using incorrect examples to support learning about decimal magnitude. *Learning and Instruction, 22*(3), 206–214. https://doi.org/10.1016/j.learninstruc.2011.11.001

European Commission (2021). *Digital Education Action Plan 2021–2027. Resetting education and training for the digital age.* https://ec.europa.eu/education/education-in-the-eu/digital-education-action-plan_de

Feierabend, S., Rathgeb, T., Kheredmand, H. & Glöckler, S. (2020). *JIM-Studie 2020. Jugend, Information, Medien.* Medienpädagogischer Forschungsverbund Südwest. https://www.mpfs.de/fileadmin/files/Studien/JIM/2020/JIM-Studie-2020_Web_final.pdf

Feldon, D. F., Callan, G., Juth, S. & Jeong, S. (2019). Cognitive load as motivational cost. *Educational Psychology Review, 31*(2), 319–337. https://doi.org/10.1007/s10648-019-09464-6

Fiorella, L. & Mayer, R. E. (2014). Role of expectations and explanations in learning by teaching. *Contemporary Educational Psychology, 39*(2), 75–85. https://doi.org/10.1016/j.cedpsych.2014.01.001

Fiorella, L. & Mayer, R. E. (2016). Eight ways to promote generative learning. *Educational Psychology Review, 28*(4), 717–741. https://doi.org/10.1007/s10648-015-9348-9

Fiorella, L. & Zhang, Q. (2018). Drawing boundary conditions for learning by drawing. *Educational Psychology Review, 30*(3), 1115–1137. https://doi.org/10.1007/s10648-018-9444-8

Fischer, F., Kollar, I., Stegmann, K. & Wecker, C. (2013). Toward a script theory of guidance in computer-supported collaborative learning. *Educational Psychologist, 48*, 56–66. https://doi.org/10.1080/00461520.2012.748005

Flavell, J. H. (1979). Metacognition and cognitive monitoring: A new area of cognitive–developmental inquiry. *American psychologist, 34*, 906–911. https://doi.org/10.1037/0003-066X.34.10.906

Foster, N. L., Rawson, K. A. & Dunlosky, J. (2018). Self-regulated learning of principle-based concepts: Do students prefer worked examples, faded examples, or problem solving? *Learning and Instruction, 55*, 124–138. http://dx.doi.org/10.1016/j.learninstruc.2017.10.002

Froese, L. & Roelle, J. (2022). Expert example standards but not idea unit standards help learners accurately evaluate the quality of self-generated examples. *Metacognition and Learning*, 1–24. https://doi.org/10.1007/s11409-022-09293-z

Fütterer, T., Hoch, E., Stürmer, K., Lachner, A., Fischer, C. & Scheiter, K. (2021). Was bewegt Lehrpersonen während der Schulschließungen? – Eine Analyse der Kommunikation im Twitter- über Chancen und Herausforderungen digitalen Unterrichts. *Zeitschrift für Erziehungswissenschaft, 24*(2), 443–477. https://doi.org/10.1007/s11618-021-01013-8

Fyfe, E. R., De Leeuw, J. R., Carvalho, P. F., Goldstone, R. L., Sherman, J., Admiraal, D., ... & Motz, B. A. (2021). ManyClasses 1: Assessing the generalizable effect of immediate feedback versus delayed feedback across many college classes. *Advances in Methods and Practices in Psychological Science, 4*(3). https://doi.org/10.1177/25152459211027575

Fyfe, E. R. & Nathan, M. J. (2019). Making "concreteness fading" more concrete as a theory of instruction for promoting transfer. *Educational Review, 71*(4), 403–422. https://doi.org/10.1080/00131911.2018.1424116

Fyfe, E. R. & Rittle-Johnson, B. (2016a). The benefits of computer-generated feedback for mathematics problem solving. *Journal of Experimental Child Psychology, 147*, 140–151. https://doi.org/10.1016/j.jecp.2016.03.009

Fyfe, E. R. & Rittle-Johnson, B. (2016b). Feedback both helps and hinders learning: The causal role of prior knowledge. *Journal of Educational Psychology, 108*, 82–97. https://doi.org/10.1037/edu0000053

Gallagher, S. & Lindgren, R. (2015). Enactive metaphors: Learning through full-body engagement. *Educational Psychology Review, 27*(3), 391–404. https://doi.org/10.1007/s10648-015-9327-1

Gerjets, P. & Scheiter, K. (2019). Digitale Medien in Unterrichtskontexten. In O. Köller, M. Hasselhorn, F. W. Hesse, K. Maaz, J. Schrader, H. Solga, K. Spieß & K. Zimmer (Hrsg.), *Das Bildungswesen in Deutschland. Bestand und Potenziale* (S. 865–894). Bad Heilbrunn: Klinkhardt.

Gijlers, H. & De Jong, T. (2013). Using concept maps to facilitate collaborative simulation-based inquiry learning. *Journal of the Learning Sciences, 22*(3), 340–374. https://doi.org/10.1080/10508406.2012.748664

Glenberg, A. M. (2010). Embodiment as a unifying perspective for psychology. *Wiley Interdisciplinary Reviews: Cognitive Science, 1*(4), 586–596. https://doi.org/10.1002/wcs.55

Glenberg, A. M., Gutierrez, T., Levin, J. R., Japuntich, S. & Kaschak, M. P. (2004). Activity and imagined activity can enhance young children's reading comprehension. *Journal of Educational Psychology, 96*(3), 424–436. https://doi.org/10.1037/0022-0663.96.3.424

Glogger, I., Schwonke, R., Holzäpfel, L., Nückles, M. & Renkl, A. (2012). Learning strategies assessed by journal writing: Prediction of learning outcomes by quantity, quality, and combinations of learning strategies. *Journal of Educational Psychology, 104*(2), 452–468. https://doi.org/10.1037/a0026683

Goetz, E. T., Schallert, D. L., Reynolds, R. E. & Radin, D. I. (1983). Reading in perspective: What real cops and pretend burglars look for in a story. *Journal of Educational Psychology, 75*(4), 500–510. https://doi.org/10.1037/0022-0663.75.4.500

Golke, S., Dörfler, T. & Artelt, C. (2015). The impact of elaborated feedback on text comprehension within a computer-based assessment. *Learning and Instruction, 39*, 123–136. https://doi.org/10.1016/j.learninstruc.2015.05.009

Graesser, A. C., Hu, X. & Sottilare, R. (2018). Intelligent tutoring systems. In F. Fischer, C. E. Hmelo-Silver, S. R. Goldman, P. Reimann (Eds.) *International handbook of the learning sciences* (pp. 246–255). New York, NY: Routledge. https://doi.org/10.4324/9781315617572-24

Graesser, A. C., Singer, M. & Trabasso, T. (1994). Constructing inferences during narrative text comprehension. *Psychological Review, 101*(3), 371–395. https://doi.org/10.1037/0033-295X.101.3.371

Groeben, N. & Hurrelmann, B. (2002). *Medienkompetenz: Voraussetzungen, Dimensionen, Funktionen*. Weinheim: Juventa.

Große, C. S. & Renkl, A. (2007). Finding and fixing errors in worked examples: Can this foster learning outcomes? *Learning and Instruction, 17*(6), 612–634. https://doi.org/10.1016/j.learninstruc.2007.09.008

Gurlitt, J., Dummel, S., Schuster, S. & Nückles, M. (2012). Differently structured advance organizers lead to different initial schemata and learning outcomes. *Instructional Science, 40*(2), 351–369 (2012). https://doi.org/10.1007/s11251-011-9180-7

Gurlitt, J. & Renkl, A. (2008). Are high-coherent concept maps better for prior knowledge activation? Differential effects of concept mapping tasks for high school versus university students. *Journal Computer Assisted Learning, 24(5)*, 407–419. http://dx.doi.org/10.1111/j.1365-2729.2008.00277.x

Gurlitt, J. & Renkl, A. (2010). Prior knowledge activation: How different concept mapping tasks lead to substantial differences in cognitive processes, learning outcomes, and perceived self-efficacy. *Instructional Science, 38*(4), 417–433. https://doi.org/10.1007/s11251-008-9090-5

Händel, M., Harder, B. & Dresel, M. (2020). Enhanced monitoring accuracy and test performance: Incremental effects of judgment training over and above repeated testing. *Learning and Instruction, 65*, 101245. https://doi.org/10.1016/j.learninstruc.2019.101245

Hattie, J. (2009). *Visible learning: A synthesis of over 800 meta-analyses relating to achievement.* New York, NY: Routledge.

Hattie, J. & Timperley, H. (2007). The power of feedback. *Review of Educational Research, 77*(1), 81–112. https://doi.org/10.3102/003465430298487

Hausmann, R. G. & VanLehn, K. (2010). The effect of self-explaining on robust learning. *International Journal of Artificial Intelligence in Education, 20*(4), 303–332. https://doi.org/10.3233/JAI-2010-010

Hefter, M. H., Berthold, K., Renkl, A., Riess, W., Schmid, S. & Fries, S. (2014). Effects of a training intervention to foster argumentation skills while processing conflicting scientific positions. *Instructional Science, 42*(6), 929–947. https://doi.org/10.1007/s11251-014-9320-y

Heitmann, S., Grund, A., Berthold, K., Fries, S. & Roelle, J. (2018). Testing is more desirable when it is adaptive and still desirable when compared to note-taking. *Frontiers in Psychology, 9,* 2596. https://doi.org/10.3389/fpsyg.2018.02596

Heitmann, S., Grund, A., Fries, S., Berthold, K. & Roelle, J. (2022). The quizzing effect depends on hope of success and can be optimized by cognitive load-based adaptation. *Learning and Instruction, 77,* 101526. https://doi.org/10.1016/j.learninstruc.2021.101526

Heitmann, S., Obergassel, N., Fries, S., Grund, A., Berthold, K. & Roelle, J. (2021). Adaptive practice quizzing in a university lecture: A pre-registered field experiment. *Journal of Applied Research in Memory and Cognition, 10*(4), 603–620. https://doi.org/10.1037/h0101865

Hilbert, T. S., Nückles, M., Renkl, A., Minarik, C., Reich, A. & Ruhe, K. (2008). Concept Mapping zum Lernen aus Texten: Können Prompts den Wissens- und Strategieerwerb fördern? *Zeitschrift für Pädagogische Psychologie, 22*(2), 119–225. https://doi.org/10.1024/1010-0652.22.2.119

Hiller, S., Rumann, S., Berthold, K. & Roelle, J. (2020). Example-based learning: Should learners receive closed-book or open-book self-explanation prompts? *Instructional Science, 48(6),* 623–649. https://doi.org/10.1007/s11251-020-09523-4

Hoogerheide, V., Deijkers, L., Loyens, S. M., Heijltjes, A. & Van Gog, T. (2016). Gaining from explaining: Learning improves from explaining to fictitious others on video, not from writing to them. *Contemporary Educational Psychology, 44,* 95–106. https://doi.org/10.1016/j.cedpsych.2016.02.005

Hoogerheide, V., Renkl, A., Fiorella, L., Paas, F. & Van Gog, T. (2019). Enhancing example-based learning: Teaching on video increases arousal and improves problem-solving performance. *Journal of Educational Psychology, 111*(1), 45–56. https://doi.org/10.1037/edu0000272

Hu, F. T., Ginns, P. & Bobis, J. (2015). Getting the point: Tracing worked examples enhances learning. *Learning and Instruction, 35,* 85–93.

Hübner, S., Nückles, M. & Renkl, A. (2010). Writing learning journals: Instructional support to overcome learning-strategy deficits. *Learning and Instruction, 20*(1), 18–29. https://doi.org/10.1016/j.learninstruc.2008.12.001

Huisman, B., Saab, N., Van den Broek, P. & Van Driel, J. (2019). The impact of formative peer feedback on higher education students' academic writing: A Meta-Analysis. *Assess-*

ment & Evaluation in Higher Education, 44(6), 863–880. https://doi.org/10.1080/02602938.2018.1545896

Ifenthaler, D. (2014). AKOVIA: Automated Knowledge Visualization and Assessment. *Technology, Knowledge and Learning, 19*(1), 241–248. https://doi.org/10.1007/s10758-014-9224-6

Ifenthaler, D. & Seel, N. M. (2011). A longitudinal perspective on inductive reasoning tasks. Illuminating the probability of change. *Learning and Instruction, 21,* 538–549. https://doi.org/10.1016/j.learninstruc.2010.08.004

Iske, S., Klein, A. & Verständig, D. (2016). Informelles Lernen und digitale Spaltung. In M. Rohr (Hrsg.), *Handbuch informelles Lernen* (S. 567–584). Wiesbaden: Springer VS.

Jacob, L., Lachner, A. & Scheiter, K. (2020). Learning by explaining orally or in written form? Text difficulty matters. *Learning and Instruction, 68,* 101344. https://doi.org/10.1016/j.learninstruc.2020.101344

Jacob, L., Lachner, A. & Scheiter, K. (2022). Do school students' academic self-concept and prior knowledge constrain the effectiveness of generating technology-mediated explanations? *Computers & Education, 182*(6), 104469. https://doi.org/10.1016/j.compedu.2022.104469

Jaeger, A. J., Marzano, J. A. & Shipley, T. F. (2020). When seeing what's wrong makes you right: The effect of erroneous examples on 3D diagram learning. *Applied Cognitive Psychology, 34*(4), 844–861. https://doi.org/10.1002/acp.3671

Jeong, H. & Hmelo-Silver, C. E. (2016). Seven affordances of computer-supported collaborative learning: How to support collaborative learning? How can technologies help? *Educational Psychologist, 51*(2), 247–265. https://doi.org/10.1080/00461520.2016.1158654

Johnson-Glenberg, M. C., Birchfield, D. A., Tolentino, L. & Koziupa, T. (2014). Collaborative embodied learning in mixed reality motion-capture environments: Two science studies. *Journal of Educational Psychology, 106*(1), 86–104. https://doi.org/10.1037/a0034008

Johnson-Laird, P. N. (1989). Mental models. In M. I. Posner (Hrsg.), *Foundations of cognitive science* (S. 469–499). Cambridge, MA: The MIT Press.

Jonassen, D. H. (1996). *Computer in the classroom: Mindtools for critical thinking.* Eaglewoods, NJ: Merill/Prentice Hall.

Jonassen, D. H. & Grabowski, B. (1993). Individual differences and instruction. *New York: Allen & Bacon.*

Kalyuga, S. (2009). The expertise reversal effect. In *Managing cognitive load in adaptive multimedia learning,* 58–80. Pennsylvania: IGI Global. https://doi.org/10.4018/978-1-60566-048-6.ch003

Kalyuga, S., Chandler, P., Tuovinen, J. & Sweller, J. (2001). When problem solving is superior to studying worked examples. *Journal of Educational Psychology, 93*(3), 579. https://doi.org/10.1037/0022-0663.93.3.579

Karpicke, J. D. (2017). Retrieval-based learning: A decade of progress. In J. H. Byrne (Ed.), *Learning and memory: A comprehensive reference* (2nd ed., pp. 487–514). Academic Press.

Karpicke, J. D. & Aue, W. R. (2015). The testing effect is alive and well with complex materials. *Educational Psychology Review, 27*(2), 317–326. https://doi.org/10.1007/s10648-015-9309-3

Karpicke, J. D. & Blunt, J. R. (2011). Retrieval practice produces more learning than elaborate studying with concept mapping. *Science, 331*(6018), 772–775. https://doi.org/10.1126/science.1199327

Karpicke, J. D., Lehman, M. & Aue, W. R. (2014). Retrieval-based learning: An episodic context account. In B. H. Ross (Ed.), *Psychology of learning and motivation* (Vol. 61, pp. 234–287). New York: Elsevier. https://doi.org/10.1016/B978-0-12-800283-4.00007-1

Kates, A. W., Wu, H. & Coryn, C. L. (2018). The effects of mobile phone use on academic performance: A meta-analysis. *Computers & Education, 127,* 107–112. https://doi.org/10.1016/j.compedu.2018.08.012

Kiewra, K. A. (2005). *Learn how to study and SOAR to success.* London: Pearson.

Kiili, K., Moeller, K. & Ninaus, M. (2018). Evaluating the effectiveness of a game-based rational number training-In-game metrics as learning indicators. *Computers & Education, 120,* 13–28. https://doi.org/10.1016/j.compedu.2018.01.012

Kintsch, W. (2004). The construction-integration model of text comprehension and its implications for instruction. In R. Ruddell & N. Unrau (Eds.), *Theoretical models and processes of reading* (5th ed., pp. 1270–1328). Newark, DE: International Reading Association.

Kintsch, W. (2018). Revisiting the construction-integration model of text comprehension and its implications for instruction. In D. E. Alvermann, N. J. Unrau, M. Sailor & R. B. Ruddell (Eds.), *Theoretical models and processes of literacy* (7th ed., pp. 178–203). New York: Routledge.

Kluger, A. N. & DeNisi, A. (1996). The effects of feedback interventions on performance: A historical review, a meta-analysis, and a preliminary feedback intervention theory. *Psychological Bulletin, 119*(2), 254–284. https://doi.org/10.1037/0033-2909.119.2.254

Kobayashi, K. (2019). Learning by preparing-to-teach and teaching: A meta-analysis. *Japanese Psychological Research, 61*(3), 192–203. https://doi.org/10.1111/jpr.12221

Kobayashi, K. (2021). Learning by teaching face-to-face: The contributions of preparing-to-teach, initial-explanation, and interaction phases. *European Journal of Psychology of Education,* 37(2), 551–566. https://doi.org/10.1007/s10212-021-00547-z

Kühn, A. (1914). Über Einprägung durch Lesen und durch Rezitieren. *Zeitschrift für Psychologie, 68,* 396–481.

Kulik, J. A. & Fletcher, J. D. (2016). Effectiveness of intelligent tutoring systems: a meta-analytic review. *Review of Educational Research, 86*(1), 42–78. https://doi.org/10.3102/0034654315581420

Kulik, J. A. & Kulik, C. L. C. (1988). Timing of feedback and verbal learning. *Review of Educational Research, 58*(1), 79–97. https://doi.org/10.3102/00346543058001079

Kultusminiserkonferenz (KMK) (Hrsg.). (2016). *Strategie der Kultusministerkonferenz. „Bildung in der digitalen Welt.“* https://www.kmk.org/fileadmin/Dateien/pdf/PresseUndAktuelles/2017/Strategie_neu_2017_datum_1.pdf

Kunter, M. & Trautwein, U. (2013). *Psychologie des Unterrichts.* Paderborn: Ferdinand Schöningh.

Lachner, A., Backfisch, I., Hoogerheide, V., Van Gog, T. & Renkl, A. (2020). Timing matters! Explaining between study phases enhances students' learning. *Journal of Educational Psychology, 112*(4), 841–853. https://doi.org/10.1037/edu0000396

Lachner, A., Burkhart, C. & Nückles, M. (2017). Formative computer-based feedback in the university classroom: Specific concept maps scaffold students' writing. *Computers in Human Behavior, 72*(4), 459–469. http://dx.doi.org/10.1016/j.chb.2017.03.008

Lachner, A., Hoogerheide, V., Van Gog, T. & Renkl, A. (2022). Learning-by-teaching without audience presence or interaction: When and why does it work? *Educational Psychology Review, 34*, 575–607. https://doi.org/10.1007/s10648-021-09643-4

Lachner, A., Ly, K.-T. & Nückles, M. (2018). Providing written or oral explanations? Differential effects of the modality of explaining on students' conceptual learning and transfer. *Journal of Experimental Education, 86*(3), 344–361. https://doi.org/10.1080/00220973.2017.1363691

Lachner, A. & Nückles, M. (2015). Bothered by abstractness or engaged by cohesion? Experts' explanations enhance novices' deep-learning. *Journal of Experimental Psychology: Applied, 21*, 101–115. https://doi.org/10.1037/xap0000038

Lachner, A., Weinhuber, M. & Nückles, M. (2019). To teach or not to teach the conceptual structure of mathematics? Teachers undervalue the potential of principle-oriented explanations. *Contemporary Educational Psychology, 58*, 175–185. https://doi.org/10.1016/j.cedpsych.2019.03.008

Lakoff, G. & Johnson, M. (1980). Conceptual metaphor in everyday language. *Journal of Philosophy, 77*(8), 453–486. https://doi.org/10.2307/2025464

Lapan, R. & Reynolds, R. E. (1994). The selective attention strategy as a time-dependent phenomenon. *Contemporary Educational Psychology, 19*(4), 379–398. https://doi.org/10.1006/ceps.1994.1028

Lave, J. & Wenger, E. (1991). *Situated learning. Legitimate peripheral participation*. Cambridge: Cambridge University Press. https://doi.org/10.1017/CBO9780511815355

Lazonder, A. W. & Ehrenhard, S. (2014). Relative effectiveness of physical and virtual manipulatives for conceptual change in science: How falling objects fall. *Journal of Computer Assisted Learning, 30*(2), 110–120. https://doi.org/10.1111/jcal.12024

Lechuga, M. T., Ortega-Tudela, J. M. & Gómez-Ariza, C. J. (2015). Further evidence that concept mapping is not better than repeated retrieval as a tool for learning from texts. *Learning and Instruction, 40*, 61–68. http://dx.doi.org/10.1016/j.learninstruc.2015.08.002

Leinhardt, G. (1990). Towards Understanding Instructional Explanations (Technical Report No. CLIP-90-03). Pittsburgh: University of Pittsburgh, Learning Research and Development Center.

Leopold, C. & Leutner, D. (2012). Science text comprehension: Drawing, main idea selection, and summarizing as learning strategies. *Learning and Instruction, 22*(1), 16–26. https://doi.org/10.1016/j.learninstruc.2011.05.005

Leutner, D., Leopold, C. & Sumfleth, E. (2009). Cognitive load and science text comprehension: Effects of drawing and mentally imagining text content. *Computers in Human Behavior, 25*(2), 284–289. https://doi.org/10.1016/j.chb.2008.12.010

Leutner, D. & Schmeck, A. (2021). The drawing principle in multimedia learning. In R. Mayer & L. Fiorella (Eds.), *The Cambridge handbook of multimedia learning* (pp. 360–369). Cambridge: Cambridge University Press. https://doi.org/10.1017/9781108894333.038

Li, L., Liu, X. & Steckelberg, A. L. (2010). Assessor or assessee: How student learning improves by giving and receiving peer feedback. *British Journal of Educational Technology, 41*(3), 525–536. https://doi.org/10.1111/j.1467-8535.2009.00968.x

Lindgren, R., Tscholl, M., Wang, S. & Johnson, E. (2016). Enhancing learning and engagement through embodied interaction within a mixed reality simulation. *Computers & Education, 95*, 174–187. https://doi.org/10.1016/j.compedu.2016.01.001

Lorch Jr, R. F., Lorch, E. P. & Mogan, A. M. (1987). Task effects and individual differences in on-line processing of the topic structure of a text. *Discourse Processes, 10*, 63–80. https://doi.org/10.1080/01638538709544659

Lu, J. & Zhang, Z. (2012). Understanding the effectiveness of online peer assessment: A path model. *Journal of Educational Computing Research, 46*(3), 313–333. https://doi.org/10.2190%2FEC.46.3.f

Ma, W., Adesope, O. O., Nesbit, J. C. & Liu, Q. (2014). Intelligent tutoring systems and learning outcomes: A meta-analysis. *Journal of Educational Psychology, 106*(4), 901. https://doi.org/10.1037/a0037123

Makransky, G., Terkildsen, T. S. & Mayer, R. E. (2019). Adding immersive virtual reality to a science lab simulation causes more presence but less learning. *Learning and Instruction, 60*, 225–236. https://doi.org/10.1016/j.learninstruc.2017.12.007

Marsh, H. W., Pekrun, R., Parker, P. D., Murayama, K., Guo, J., Dicke, T. & Arens, A. K. (2019). The murky distinction between self-concept and self-efficacy: Beware of lurking jingle-jangle fallacies. *Journal of educational psychology, 111*(2), 331. https://doi.org/10.25656/01:18125

Mayer, R. E. (2009). *Multimedia learning. Second edition.* New York: Cambridge University Press. https://doi.org/10.1017/CBO9780511811678

Mayer, R. E. (2014a). Cognitive theory of multimedia learning. In R. E. Mayer (Ed.), *The Cambridge handbook of multimedia learning* (2nd ed., pp. 43–71). New York: Cambridge University Press. https://doi.org/10.1017/CBO9781139547369

Mayer, R. E. (2014b). Incorporating motivation into multimedia learning. *Learning and Instruction, 29*, 171–173. https://doi.org/10.1016/j.learninstruc.2013.04.003

McCrindle, A. R. & Christensen, C. A. (1995). The impact of learning journals on metacognitive and cognitive processes and learning performance. *Learning and Instruction, 5*(2), 167–185. https://doi.org/10.1016/0959-4752(95)00010-Z

McCrudden, M. T. & Schraw, G. (2007). Relevance and goal-focusing in text processing. *Educational Psychology Review, 19*(2), 113–139. https://doi.org/10.1007/s10648-006-9010-7

McCrudden, M. T., Schraw, G. & Kambe, G. (2005). The effect of relevance instructions on reading time and learning. *Journal of Educational Psychology, 97*(1), 88–102. https://doi.org/10.1037/0022-0663.97.1.88

McNamara, D. S., Crossley, S. A., Roscoe, R. D., Allen, L. K. & Dai, J. (2015). A hierarchical classification approach to automated essay scoring. *Assessing Writing, 23*, 35–59. https://doi.org/10.1016/j.asw.2014.09.002

McNeill, D. (1992). Hand and mind: What gestures reveal about thought. Chicago, IL: University of Chicago Press.

Meurers, D., De Kuthy, K., Nuxoll, F., Rudzewitz, B. & Ziai, R. (2019). Scaling up intervention studies to investigate real-life foreign language learning in school. *Annual Review of Applied Linguistics, 39,* 161–188. https://doi.org/10.1017/s0267190519000126

Miller, G. A. (1956). The magical number seven, plus or minus two: Some limits on our capacity for processing information. *The Psychological Review, 63*(2), 81–97. https://doi.org/10.1037/h0043158

Möller, J., Pohlmann, B., Köller, O. & Marsh, H. W. (2009). A meta-analytic path analysis of the internal/external frame of reference model of academic achievement and academic self-concept. *Review of Educational Research, 79*(3), 1129–1167. https://doi.org/10.3102/0034654309337522

Moning, J. & Roelle, J. (2021). Self-regulated learning by writing learning protocols: Do goal structures matter? *Learning and Instruction, 75,* 101486. https://doi.org/10.1016/j.learninstruc.2021.101486

Narvaez, D., Van den Broek, P. & Ruiz, A. B. (1999). The influence of reading purpose on inference generation and comprehension in reading. *Journal of Educational Psychology, 91*(3), 488–496. https://doi.org/10.1037/0022-0663.91.3.488

Nelson, T. O. & Narens, L. (1990). Metamemory: A theoretical framework and new findings. In G. Bower (Ed.), *Psychology of Learning and Motivation* (Vol. 26, pp. 125–173). New York: Academic Press. https://doi.org/10.1016/S0079-7421(08)60053-5

Nelson, T. O. & Narens, L. (1994). Why investigate metacognition? In J. Metcalfe & A. P. Shimamura (Eds.), *Metacognition: knowing about knowing* (pp. 1–25). Cambridge: MIT Press. https://doi.org/10.7551/mitpress/4561.003.0003

Nisa, A. & Setiyawati, D. (2019). A systematic review of digital literacy training for high school students. In *Third International Conference on Sustainable Innovation 2019–Humanity, Education and Social Sciences (IcoSIHESS 2019)* (pp. 376–381). Atlantis Press.

Novak, J. D. & Gowin, D. B. (1984). *Learning how to learn.* New York: Cambridge University Press.

Nückles, M., Hübner, S., Dümer, S. & Renkl, A. (2010). Expertise reversal effects in writing-to-learn. *Instructional Science, 38*(3), 237–258. https://doi.org/10.1007/s11251-009-9106-9

Nückles, M., Hübner, S. & Renkl, A. (2009). Enhancing self-regulated learning by writing learning protocols. *Learning and Instruction, 19*(3), 259–271. https://doi.org/10.1016/j.learninstruc.2008.05.002

Nückles, M., Roelle, J., Glogger-Frey, I., Waldeyer, J. & Renkl, A. (2020). The self-regulation-view in writing-to-learn: Using journal writing to optimize cognitive load in self-regulated learning. *Educational Psychology Review, 32*(4), 1089–1126. https://doi.org/10.1007/s10648-020-09541-1

Nückles, M., Schwonke, R., Berthold, K. & Renkl, A. (2004). The use of public learning diaries in blended learning. *Journal of Educational Media, 29*(1), 49–66. https://doi.org/10.1080/1358165042000186271

O'Day, G. M. & Karpicke, J. D. (2021). Comparing and combining retrieval practice and concept mapping. *Journal of Educational Psychology, 113*(5), 986-997. https://doi.org/10.1037/edu0000486

O'Donnell, A. M., Dansereau, D. F. & Hall, R. H. (2002). Knowledge maps as scaffolds for cognitive processing. *Educational Psychology Review, 14*(1), 71–86. https://doi.org/10.1023/A:1013132527007

Paas, F. G. W. C. (1992). Training strategies for attaining transfer of problem-solving skill in statistics: A cognitive-load approach. *Journal of Educational Psychology, 84*(4), 429–434. https://doi.org/10.1037/0022-0663.84.4.429

Panadero, E. (2017). A review of self-regulated learning: Six models and four directions for research. *Frontiers in Psychology, 8*, 1–28. https://doi.org/10.3389/fpsyg.2017.00422

Paris, S. G., Lipson, M. Y. & Wixson, K. K. (1983). Becoming a strategic reader. *Contemporary Educational Psychology, 8*, 293–316. https://doi.org/10.1016/0361-476X(83)90018-8

Pashler, H., McDaniel, M., Rohrer, D. & Bjork, R. (2008). Learning styles: Concepts and evidence. *Psychological Science in the Public Interest, 9*(3), 105–119. https://doi.org/10.1111/j.1539-6053.2009.01038.x

Patchan, M. M., Schunn, C. D. & Correnti, R. J. (2016). The nature of feedback: How peer feedback features affect students' implementation rate and quality of revisions. *Journal of Educational Psychology, 108*(8), 1098–1120. https://doi.org/10.1037/edu0000103

Pavlov, I. P. (1906). The scientific investigation of the psychical faculties or processes in the higher animals. *Science, 24*(620), 613–619. https://doi.org/10.1126/science.24.620.613

Pavlov, I. P. (1927). *Conditioned reflexes: An investigation of the physiological activity of the cerebral cortex* (G.V. Anrep, Trans.). London: Oxford University Press.

Piaget, J. (1926). *The language and thought of the child*. London: Kegan Paul, Trench, Trubner and Company.

Pichert, J. W. & Anderson, R. C. (1977). Taking different perspectives on a story. *Journal of Educational Psychology, 69*(4), 309–315. https://doi.org/10.1037/0022-0663.69.4.309

Pouw, W. T., Van Gog, T. & Paas, F. (2014). An embedded and embodied cognition review of instructional manipulatives. *Educational Psychology Review, 26*(1), 51–72. https://doi.org/10.1007/s10648-014-9255-5

Price, D. (2007). SPLASH: An Interactive Visualisation Tool for Smoothed Particle Hydrodynamics Simulations. *Publications of the Astronomical Society of Australia, 24*(3), 159–173. https://doi.org/10.1071/AS07022

Quilici, J. L. & Mayer, R. E. (1996). Role of examples in how students learn to categorize statistics word problems. *Journal of Educational Psychology, 88*(1), 144–161. https://doi.org/10.1037/0022-0663.88.1.144

Rawson, K. A. & Dunlosky, J. (2012). When is practice testing most effective for improving the durability and efficiency of student learning? *Educational Psychology Review, 24*(3), 419–435. https://doi.org/10.1007/s10648-012-9203-1

Reimann, P. (1997). *Lernprozesse beim Wissenserwerb aus Beispielen. Analyse, Modellierung, Förderung*. Bern, CH: Huber.

Renkl, A. (1996). Träges Wissen: Wenn Erlerntes nicht genutzt wird. *Psychologische Rundschau, 47*, 78–92.

Renkl, A. (1997). Learning from worked-out examples: A study on individual differences. Cognitive Science, 21(1), 1–29. https://doi.org/10.1207/s15516709cog2101_1

Renkl, A. (2001). Explorative Analysen zur effektiven Nutzung von instruktionalen Erklärungen beim Lernen aus Lösungsbeispielen. *Unterrichtswissenschaft, 29*(1), 41–63. https://doi.org/10.25656/01:7677

Renkl, A. (2008). Lehren und Lernen im Kontext der Schule. In A. Renkl (Hrsg.), *Lehrbuch Pädagogische Psychologie* (S. 109–153). Bern: Huber.

Renkl, A. (2013). Why practice recommendations are important in use-inspired basic research and why too much caution is dysfunctional. *Educational Psychology Review, 25,* 317–324. https://doi.org/10.1007/s10648-013-9236-0

Renkl, A. (2014). Toward an instructionally oriented theory of example-based learning. *Cognitive Science, 38*(1), 1–37. https://org/10.1111/cogs.12086

Renkl, A. (2015a). Different roads lead to Rome: The case of principle-based cognitive skills. *Learning: Research and Practice, 1*(1), 79–90. https://doi.org/10.1080/23735082.2015.994255

Renkl, A. (2015b). Wissenserwerb. In E. Wild & J. Möller (Hrsg.), *Pädagogische Psychologie* (2. Aufl., S. 3–24). Heidelberg: Springer.

Renkl, A. & Atkinson, R. K. (2007). Interactive learning environments: Contemporary issues and trends. An introduction to the special issue. *Educational Psychology Review, 19*(3), 235–238. https://doi.org/10.1007/s10648-007-9052-5

Renkl, A., Gruber, H., Weber, S., Lerche, T. & Schweizer, K. (2003). Cognitive Load beim Lernen aus Lösungsbeispielen. *Zeitschrift für Pädagogische Psychologie, 17*(2), 93–101. https://doi.org/10.1024//1010-0652.17.2.93

Renkl, A., Stark, R., Gruber, H. & Mandl, H. (1998). Learning from worked-out examples: The effects of example variability and elicited self-explanations. *Contemporary Educational Psychology, 23,* 90–108. https://doi.org/10.1006/ceps.1997.0959

Rey, G. D. (2012). A review of research and a meta-analysis of the seductive detail effect. *Educational Research Review, 7*(3), 216–237. https://dx.doi.org/10.1016/j.edurev.2012.05.003

Richter, J., Scheiter, K. & Eitel, A. (2016). Signaling text-picture relations in multimedia learning: A comprehensive meta-analysis. *Educational Research Review, 17,* 19–36. https://dx.doi.org/10.1016/j.edurev.2015.12.003

Roediger III, H. L. & Karpicke, J. D. (2006). Test-enhanced learning: taking memory tests improves long-term retention. *Psychological Science, 17*(3), 249–255. https://doi.org/10.1111/j.1467-9280.2006.01693.x

Roelle, J. & Berthold, K. (2017). Effects of incorporating retrieval into learning tasks: The complexity of the tasks matters. *Learning and Instruction, 49,* 142–156. https://doi.org/10.1016/j.learninstruc.2017.01.008

Roelle, J., Berthold, K. & Fries, S. (2011). Effects of feedback on learning strategies in learning journals: Learner-expertise matters. *International Journal of Cyber Behavior, Psychology and Learning, 1*(2), 16–30. https://doi.org/10.4018/ijcbpl.2011040102

Roelle, J., Endres, T. & Renkl, A. (2022). Wie können Abrufübungen (nicht) für das Lernen in Schule und Hochschule relevant gemacht werden? *Unterrichtswissenschaft, 50*(1), 1–15. https://doi.org/10.1007/s42010-021-00139-2

Roelle, J., Nowitzki, C., & Berthold, K. (2017). Do cognitive and metacognitive processes set the stage for each other? Learning and Instruction, 50, 54-64. doi:10.1016/j.learninstruc.2016.11.0092

Roelle, J., Krüger, S., Jansen, C. & Berthold, K. (2012). The use of solved example problems for fostering strategies of self-regulated learning in journal writing. *Education Research International, 2012,* 751625. https://doi.org/10.1155/2012/751625

Roelle, J., Lehmkuhl, N., Beyer, M.-U. & Berthold, K. (2015). The role of specificity, targeted learning activities, and prior knowledge for the effects of relevance instructions. *Journal of Educational Psychology, 107(3)*, 705–723. https://doi.org/10.1037/edu0000010

Roelle, J. & Nückles, M. (2019). Generative learning versus retrieval practice in learning from text: The cohesion and elaboration of the text matters. *Journal of Educational Psychology, 111(8)*, 1341–1361. https://doi.org/10.1037/edu0000345

Roelle, J. & Nückles, M. (2022). Zwei auf einen Streich? Der Nutzen der Integration von Abrufübungen in Aufgaben zur Verständnisförderung. *Unterrichtswissenschaft, 50*(1), 53–73. https://doi.org/10.1007/s42010-021-00134-7

Roelle, J. & Renkl, A. (2020). Does an option to review instructional explanations enhance example-based learning? It depends on learners' academic self-concept. *Journal of Educational Psychology, 112*(1), 131–147. https://doi.org/10.1037/edu0000365

Roscoe, R. D. & McNamara, D. S. (2013). Writing Pal: Feasibility of an intelligent writing strategy tutor in the high school classroom. *Journal of Educational Psychology, 105*(4), 1010–1025. https://doi.org/10.1037/a0032340

Rothkopf, E. Z. & Billington, M. J. (1979). Goal-guided learning from text: Inferring a descriptive process model from inspection times and eye movements. *Journal of Educational Psychology, 71*(3), 310–327. https://doi.org/10.1037/0022-0663.71.3.310

Rottman, B. M., Gentner, D. & Goldwater, M. B. (2012). Causal systems categories: Differences in novice and expert categorization of causal phenomena. *Cognitive Science, 36,* 919–932. https://doi.org/10.1111/j.1551-6709.2012.01253.x

Rowland, C. A. (2014). The effect of testing versus restudy on retention: A meta-analytic review of the testing effect. *Psychological Bulletin, 140*(6), 1432–1463. https://doi.org/10.1037/a0037559

Rummer, R. & Schweppe, J. (2022). Komplexität und der Testungseffekt: Die mögliche Bedeutung der Verständnissicherung für den Nutzen von Abrufübung bei komplexem Lernmaterial. *Unterrichtswissenschaft, 50*(1), 37–52. https://doi.org/10.1007/s42010-021-00137-4

Rummer, R., Schweppe, J., Gerst, K. & Wagner, S. (2017). Is testing a more effective learning strategy than note-taking? *Journal of Experimental Psychology: Applied, 23*(3), 293–300. https://doi.org/10.1037/xap0000134

Salmerón, L., Baccino, T., Cañas, J. J., Madrid, R. I. & Fajardo, I. (2009). Do graphical overviews facilitate or hinder comprehension in hypertext? *Computers & Education, 53*(4), 1308–1319. https://doi.org/10.1016/j.compedu.2009.06.013

Schalk, L., Roelle, J., Saalbach, H., Berthold, K., Stern, E. & Renkl, A. (2020). Providing worked examples for learning multiple principles. *Applied Cognitive Psychology, 34*(4), 813–824. https://doi.org/10.1002/acp.3653

Schank, R. C. & Abelson, R. P. (1977). *Scripts, plans, goals and understanding.* Hillsdale, NJ: Lawrence Erlbaum Associates.

Scheiter, K. (2017). Lernen mit digitalen Medien- Potenziale und Herausforderungen aus Sicht der Lehr- Lernforschung. In K. Scheiter & T. Riecke-Baulecke (Hrsg.), *Lehren und Lernen mit digitalen Medien* (S. 33–53). München: Oldenbourg.

Scheiter, K. & Eitel, A. (2015). Signals foster multimedia learning by supporting integration of highlighted text and diagram elements. *Learning and Instruction, 36*, 11–26. https://doi.org/10.1016/j.learninstruc.2014.11.002

Scheiter, K., Gerjets, P. & Schuh, J. (2003). Are multiple examples necessary for schema induction? In F. Schmalhofer, R. Young & G. Katz (Eds.), *Proceedings of EuroCogSci 03. The European Cognitive Science Conference 2003* (pp. 283–288). Mahwah, NJ: Erlbaum.

Schmeck, A., Mayer, R. E., Opfermann, M., Pfeiffer, V. & Leutner, D. (2014). Drawing pictures during learning from scientific text: Testing the generative drawing effect and the prognostic drawing effect. *Contemporary Educational Psychology, 39*(4), 275–286. https://doi.org/10.1016/j.cedpsych.2014.07.003

Schmidgall, S. P., Eitel, A. & Scheiter, K. (2019). Why do learners who draw perform well? Investigating the role of visualization, generation and externalization in learner-generated drawing. *Learning and Instruction, 60*, 138–153. https://doi.org/10.1016/j.learninstruc.2018.01.006

Schmidt, H. G. & Boshuizen, H. (1993). On acquiring expertise in medicine. *Educational Psychology Review, 5*(3), 205–221. https://doi.org/10.1007/BF01323044

Schraw, G., Wade, S. E. & Kardash, C. A. (1993). Interactive effects of text-based and task-based importance on learning from text. *Journal of Educational Psychology, 85*(4), 652–661. https://doi.org/10.1037/0022-0663.85.4.652

Schroeder, N. L. & Cenkci, A. T. (2018). Spatial contiguity and spatial split-attention effects in multimedia learning environments: A meta-analysis. *Educational Psychology Review, 30*(3), 679–701. https://doi.org/10.1007/s10648-018-9435-9

Schroeder, N. L., Nesbit, J. C., Anguiano, C. J. & Adesope, O. O. (2018). Studying and constructing concept maps: A meta-analysis. *Educational Psychology Review, 30*(2), 431–455. https://doi.org/10.1007/s10648-017-9403-9

Schuster, C., Stebner, F., Leutner, D. & Wirth, J. (2020). Transfer of metacognitive skills in self-regulated learning: An experimental training study. *Metacognition and Learning, 15*(3), 455–477. https://doi.org/10.1007/s11409-020-09237-5

Schwamborn, A., Mayer, R. E., Thillmann, H., Leopold, C. & Leutner, D. (2010). Drawing as a generative activity and drawing as a prognostic activity. *Journal of Educational Psychology, 102*(4), 872–879. https://doi.org/10.1037/a0019640

Schworm, S. & Renkl, A. (2007). Learning argumentation skills through the use of prompts for self- explaining examples. Journal of Educational Psychology, 99(2), 285–296. https://doi.org/10.1037/0022-0663.99.2.285

Sfard, A. (1998). On two metaphors for learning and the dangers of choosing just one. *Educational Researcher, 27*(2), 4–13. https://doi.org/10.3102%2F0013189X027002004

Shute, V. J. (2008). Focus on formative feedback. *Review of Educational Research, 78*(1), 153–189. https://doi.org/10.3102/0034654307313795

Siegler, R. S. & Chen, Z. (2008). Differentiation and integration: Guiding principles for analyzing cognitive change. *Developmental Science, 11*(4), 433–448. https://doi.org/10.1111/j.1467-7687.2008.00689.x

Simonsmeier, B. A., Flaig, M., Deiglmayr, A., Schalk, L. & Schneider, M. (2022). Domain-specific prior knowledge and learning: A meta-analysis. *Educational Psychologist, 57*(1), 31–54. https://doi.org/10.1080/00461520.2021.1939700

Skinner, B. F. (1938). *The Behavior of Organisms. New York:* Appleton-Century-Crofts.

Skulmowski, A. & Rey, G. D. (2017). Bodily effort enhances learning and metacognition: Investigating the relation between physical effort and cognition using dual-process models of embodiment. *Advances in Cognitive Psychology, 13*(1), 3–10. https://doi.org/10.5709/acp-0202-9

Skulmowski, A. & Rey, G. D. (2018). Embodied learning: Introducing a taxonomy based on bodily engagement and task integration. *Cognitive Research: Principles and Implications, 3*(1), 1–10. https://doi.org/10.1186/s41235-018-0092-9

Sperber, D. & Wilson, D. (2002). Pragmatics, modularity and mind-reading. *Mind & Language, 17*(1–2), 3–23. https://doi.org/10.1111/1468-0017.00186

Spohr, D. (2017). Fake news and ideological polarization: Filter bubbles and selective exposure on social media. *Business Information Review, 34*(3), 150–160. https://doi.org/10.1177/0266382117722446

Staddon, J. E. R. & Cerutti, D. T. (2003). Operant conditioning. *Annual Review of Psychology, 54,* 115–144. https://doi.org/10.1146/annurev.psych.54.101601.145124

Ständige wissenschaftliche Kommission der Kultusministerkonferenz (SWK) (2021). *Stellungnahme zur Weiterentwicklung der KMK-Strategie „Bildung in der digitalen Welt".* Bonn, Berlin. https://www.kmk.org/fileadmin/Dateien/pdf/KMK/SWK/2021/2021_10_07-SWK_Weiterentwicklung_Digital-Strategie.pdf

Stark, R., Kopp, V. & Fischer, M. R. (2011). Case-based learning with worked examples in complex domains: Two experimental studies in undergraduate medical education. *Learning and Instruction, 21*(1), 22–33. https://doi.org/10.1016/j.learninstruc.2009.10.001

Stevenson, M. & Phakiti, A. (2014). The effects of computer-generated feedback on the quality of writing. *Assessing Writing, 19,* 51–65. https://doi.org/10.1016/j.asw.2013.11.007

Sweller, J. (1988). Cognitive load during problem solving: Effects on learning. *Cognitive Science, 12*(2), 257–285. https://doi.org/10.1207/s15516709cog1202_4

Sweller, J. (2011). CHAPTER TWO – Cognitive Load Theory. *Psychology of Learning and Motivation, 55,* 37–76. https://doi.org/10.1016/B978-0-12-387691-1.00002-8

Sweller, J., Ayres, P. & Kalyuga, S. (2011). Intrinsic and extraneous cognitive load. In J. Sweller, P. Ayres & S. Kalyuga (Eds.), *Cognitive load theory* (pp. 57–69). New York: Springer.

Sweller, J., Van Merriënboer, J. J. G. & Paas, F. (1998). Cognitive architecture and instructional design. *Educational Psychology Review, 10*(3), 251–296. https://doi.org/10.1023/A:1022193728205

Sweller, J., Van Merriënboer, J. J. G. & Paas, F. (2019). Cognitive architecture and instructional design: 20 years later. *Educational Psychology Review, 31*(2), 261–292. https://doi.org/10.1007/s10648-019-09465-5

Thorndike, E. L. (1898). Animal intelligence: an experimental study of the associative processes in animals. *The Psychological Review: Monograph Supplements, 2*(4), i-109. https://doi.org/10.1037/h0092987

Tippelt, R. (2018). Lebenslanges Lernen als Kompetenzentwicklung. In C. Hof & H. Rosenberg (Hrsg.), *Lernen im Lebenslauf. Theoretische Perspektiven und empirische Zugänge* (S. 105–120). Wiesbaden: Springer.

Trueman, R. J. (2014). Productive failure in STEM education. *Journal of Educational Technology Systems, 42*(3), 199–214. https://doi.org/10.2190/ET.42.3.b

Van den Broek, P., Lorch Jr, R. F., Linderholm, T. & Gustafson, M. (2001). The effects of readers' goals on inference generation and memory for texts. *Memory & Cognition, 29*(8), 1081–1087. https://doi.org/10.3758/BF03206376

Van den Broek, P., Tzeng, Y., Risden, K., Trabasso, T. & Basche, P. (2001). Inferential questioning: Effects on comprehension of narrative texts as a function of grade and timing. *Journal of Educational Psychology, 93*, 521–529. https://doi.org/10.1037/0022-0663.93.3.521

Van de Pol, J., De Bruin, A. B. H., Van Loon, M. H. & Van Gog, T. (2019). Students' and teachers' monitoring and regulation of students' text comprehension: Effects of comprehension cue availability. *Contemporary Educational Psychology, 56*, 236–249. https://doi.org/10.1016/j.cedpsych.2019.02.001

Van de Pol, J., Van Loon, M., Van Gog, T., Braumann, S. & De Bruin, A. (2020). Mapping and drawing to improve students' and teachers' monitoring and regulation of students' learning from text: Current findings and future directions. *Educational Psychology Review, 32*(4), 951–977. https://doi.org/10.1007/s10648-020-09560-y

Van Gog, T. & Sweller, J. (2015). Not new, but nearly forgotten: The testing effect decreases or even disappears as the complexity of learning materials increases. *Educational Psychology Review, 27*(2), 247–264. https://doi.org/10.1007/s10648-015-9310-x

Van Meter, P. (2001). Drawing construction as a strategy for learning from text. *Journal of Educational Psychology, 93*(1), 129–140. https://doi.org/10.1037/0022-0663.93.1.129

Van Meter, P., Aleksic, M., Schwartz, A. & Garner, J. (2006). Learner-generated drawing as a strategy for learning from content area text. *Contemporary Educational Psychology, 31*(2), 142–166. https://doi.org/10.1016/j.cedpsych.2005.04.001

Van Meter, P. & Firetto, C. M. (2013). Cognitive model of drawing construction. Learning through the construction of drawings. In G. Schraw, M. T. McCrudden & D. Robinson (Eds.), *Learning through visual displays* (pp. 247–280). Charlotte, NC: Information Age Publishing.

Van Meter, P. & Garner, J. (2005). The promise and practice of learner-generated drawing: Literature review and synthesis. *Educational Psychology Review, 17*(4), 285–325. https://doi.org/10.1007/s10648-005-8136-3

Van Popta, E., Kral, M., Camp, G., Martens, R. L. & Simons, P. R.-J. (2017). Exploring the value of peer feedback in online learning for the provider. *Educational Research Review, 20*, 24–34. https://doi.org/10.1016/j.edurev.2016.10.003

Villalon, J. & Calvo, R. A. (2011). Concept-maps as cognitive visualizations of writing assignments. *Journal of Educational Technology & Society, 14(3)*, 16–27.

Vuorikari, R., Punie, Y., Gomez, S. C. & Van den Brande, G. (2016). *DigComp 2.0: The digital competence framework for citizens. Update phase 1: The conceptual reference model* (No. JRC101254). Luxembourg: Publication Office of the European Union.

Vygotsky, L. S. (1978). *Mind in society: The development of higher psychological processes*. Cambridge, MA: Harvard University Press.

Waldeyer, J., Heitmann, S., Moning, J. & Roelle, J. (2020). Can generative learning tasks be optimized by incorporation of retrieval practice? *Journal of Applied Research in Memory and Cognition, 9(3)*, 355–369. https://doi.org/10.1016/j.jarmac.2020.05.001

Waldeyer, J. & Roelle, J. (2021). The keyword effect: A conceptual replication, effects on bias, and an optimization. *Metacognition and Learning, 16*(1), 37–56. https://doi.org/10.1007/s11409-020-09235-7

Wäschle, K., Gebhardt, A., Oberbusch, E. M. & Nückles, N. (2015). Journal writing in science: Effects on comprehension, interest, and critical reflection. *Journal of Writing Research, 7*(1), 41–64. https://doi.org/10.17239/jowr-2015.07.01.03

Watson, J. B. & Rayner, R. (1920). Conditioned emotional reactions. *Journal of Experimental Psychology, 3*(1), 1–14. https://doi.org/10.1037/h0069608

Weinert, F. E. (1982). Selbstgesteuertes Lernen als Voraussetzung, Methode und Ziel des Unterrichts. *Unterrichtswissenschaft, 10*(2), 99–110.

Weinstein, C. F. & Mayer, R. (1986). The teaching of learning strategies. In M. C. Wittrock (Ed.), *Handbook of research on teaching* (3th ed., pp. 315–327). New York: Macmillan.

Wenzel, K. & Reinhard, M. A. (2019). Relatively unintelligent individuals do not benefit from intentionally hindered learning: The role of desirable difficulties. *Intelligence, 77*, 101405. https://doi.org/10.1016/j.intell.2019.101405

Wenzel, K., Schweppe, J. & Rummer, R. (2022). Are open-book tests still as effective as closed-book tests even after a delay of 2 weeks? *Applied Cognitive Psychology, 36*(3), 699–707. https://doi.org/10.1002/acp.3943

Westerlund, M. (2019). The emergence of deepfake technology: A review. *Technology Innovation Management Review, 9*(11). https://doi.org/10.22215/timreview/1282

Wigfield, A. & Eccles, J. S. (2020). 35 Years of research on students' subjective task values and motivation: A look back and a look Forward. In A. Elliot (Ed.), *Advances in motivation science* (pp. 162–193). New York: Elsevier.

Willoughby, T., Wood, E. & Khan, M. (1994). Isolating variables that impact on or detract from the effectiveness of elaboration strategies. *Journal of Educational Psychology, 86*(2), 279–289. https://doi.org/10.1037/0022-0663.86.2.279

Wilson, D. & Sperber, D. (2004). Relevance theory. In L. Horn & G. Ward (Eds.), *Handbook of pragmatics* (pp. 607–632). Oxford: Blackwell.

Wischgoll, A. (2017). Improving undergraduates' and postgraduates' academic writing skills with strategy training and feedback. *Frontiers in Education*, 2, 33. https://doi.org/10.3389/feduc.2017.00033

Wisniewski, B., Zierer, K. & Hattie, J. (2020). The power of feedback revisited: A meta-analysis of educational feedback research. *Frontiers in Psychology, 10*, 3087. https://doi.org/10.3389/fpsyg.2019.03087

Wissman, K. T., Rawson, K. A. & Pyc, M. A. (2011). The interim test effect: Testing prior material can facilitate the learning of new material. *Psychonomic Bulletin & Review, 18*(6), 1140–1147. https:// doi.org/10.3758/s13423-011-0140-7

Wittrock, M. C. (1974). Learning as a generative process. *Educational Psychologist, 11*(2), 87–95. https://doi.org/10.1080/00461527409529129

Wittrock, M. C. (1989). Generative processes of comprehension. *Educational Psychologist, 24*(4), 345–376. https://doi.org/10.1207/s15326985ep2404_2

Wittwer, J. & Renkl, A. (2008). Why instructional explanations often do not work: A framework for understanding the effectiveness of instructional explanations. *Educational Psychologist, 43*(1), 49–64. https://doi.org/10.1080/00461520701756420

Wolff, C. E., Jarodzka, H., Van den Bogert, N. & Boshuizen, H. (2016). Teacher vision: Expert and novice teachers' perception of problematic classroom management scenes. *Instructional Science, 44,* 243–265. https://doi.org/10.1007/s11251-016-9367-z

Yang, C., Luo, L., Vadillo, M. A., Yu, R. & Shanks, D. R. (2021). Testing (quizzing) boosts classroom learning: A systematic and meta-analytic review. *Psychological Bulletin, 147*(4), 399–435. https://doi.org/10.1037/bul0000309

Zahn, C., Schaeffeler, N., Giel, K. E., Wessel, D., Thiel, A., Zipfel, S. & Hesse, F. W. (2014). Video clips for YouTube: Collaborative video creation as an educational concept for knowledge acquisition and attitude change related to obesity stigmatization. *Education and Information Technologies, 19*(3), 603–622. https://doi.org/10.1007/s10639-013-9277-5

Zimmerman, B. J. (2000). Attaining self-regulation: A social cognitive perspective. In M. Boekaerts, P. R. Pintrich & M. Zeidner (Eds.), *Handbook of self-regulation* (pp. 13–39). San Diego: Academic Press. https://doi.org/10.1016/B978-012109890-2/50031-7

Zimmerman, B. J. (2008). Investigating self-regulation and motivation: Historical background, methodological developments, and future prospects. *American Educational Research Journal, 45*(1), 166–183. https://doi.org/10.3102/0002831207312909